11

12

Lust auf ...

... besondere Kopenhagner Orte für Cocktails und Champagner, überwältigende Aussichten, Multikulti-Flair, Abkühlung an heißen Tagen oder Radeln mit Hightech-Rädern? Entdecken Sie Kopenhagen ganz nach Ihren persönlichen Interessen.

MODERNE ARCHITEKTUR

- **Wohnberg**
  Wie Legoklötzchen aus Holz und Beton stapelte Bjarke Ingels die Wohnungen seines Bjerget in der Ørestad.
  Seite 143
- **Schwarzer Diamant** ►
  Fast 5 Millionen Bücher hinter einer blank polierten Fassade aus südafrikanischem Granit, die sich im Hafenkanal spiegelt – Kopenhagens königliche Nationalbibliothek birgt außerdem zwei Museen.
  Seite 163

GRANDIOSE AUSBLICKE

- **Zur blauen Stunde**
  Cocktail oder Champagner? Die Karte der Skybar im Bella Sky Hotel ist eindrucksvoll, die Aussicht aus dem 23. Stock schlicht atemberaubend – bis rüber nach Malmö!
  Seite 122
- **Kulturhuset**
  Eine leckere Hummersuppe auf dem Teller, die Skyline des Stadt als Kulisse: Der Cityblick vom Kulturhaus auf Islands Brygge ist traumhaft schön.
  Seite 187
- ◄ **Turm ohne Treppe**
  Den schönsten Altstadtblick bietet die Aussichtsplattform des Runden Turms – rauf geht's ohne eine Stufe.
  Seite 242

KÖNIGLICHES SIGHTSEEING

- **Wachwechsel** ►
  Mit Musik und Tamtam wechselt täglich Punkt 12 die königliche Garde am Schloss Amalienburg.
  Seite 152
- **Poppige Geschichten**
  Im Rittersaal von Christiansborg erzählen farbenfroh-freche Wandteppiche die dänische Geschichte.
  Seite 160
- **Schloss Frederiksborg**
  Nordseeland ist Schlösserland und Frederiksborg Slot gilt als schönste Renaissanceanlage Skandinaviens.
  Seite 179

LEBENDIGE SZENEN

- ◄ **Christiania**
  Der einstige Hippie-Freistaat ist heute hip.
  Seite 167
- **Nørreport**
  Vom Arbeiterviertel zum Hotspot für Kunsthand und Kreative
  Seite 212
- **Nyhavn**
  Maritime Ausgehmeile am alten hyggeligen Hafenkanal
  Seite 219

FIT & FUN

- **GoBike**
  Radeln Sie mit Hightech-Alurädern durch die City – am Lenker sorgt ein Tablet-PC für Orientierung.
  Seite 107
- **Für Wasserratten**
  Abkühlung an heißen Tagen bieten Badestrände und Hafenbäder.
  Seite 114
- **Kanalrundfahrten** ►
  Vom Nyhavn und Gammel Strand starten einstündige Kanalrundfahrten mitten durch die Hauptstadt.
  Seite 186

HINTERGRUND

Auch Frauen zeigen beim Fußball Flagge – es lebe der Danebrog!

ERLEBEN UND GENIESSEN

Stephan Sindings »Sklave« gehört zur dänischen Skulpturensammlung des 19. Jahrhunderts in der wunderschönen Ny Carlsberg Glyptotek.

TOUREN

PREISKATEGORIEN

Restaurants

(Hauptgericht ohne Getränke)

€€€€ ab 300 DKK

€€€ 250 – 300 DKK

€€ 180 – 250 DKK

€ bi 180 DKK

Hotels

(DZ mit Frühstück)

€€€€ über 3000 DKK

€€€ 1800 – 3000 DKK

€€ 900 – 1800 DKK

€ bis 900 DKK

Hinweis

Gebührenpflichtige Servicenummern sind mit einem Stern gekennzeichnet: *0180 ...

SEHENSWERTES VON A BIS Z

Klassiker des guten Geschmacks im Designmuseum Danmark

PRAKTISCHE INFORMATIONEN

Hyggelige Hafenmeile: der Nyhavn

HINTERGRUND

Hyggelige Hafenstadt und prunkvolle Residenz, boomendes Wirtschaftszentrum, Shoppingparadies und Hochburg des Designs – kurz und knapp Wissenswertes über Dänemarks charmante Hauptstadt.

Muntere Metropole

»Alles in Kopenhagen ist Taverne und Vergnügungslokal« notierte einst Theodor Fontane. Fürchterlich falsch lag der deutsche Dichter nicht: Die dänische Hauptstadt liebt es »hyggelig« – gemütlich.

Traditionsreich und modern, groß und doch klein, geprägt von südlichem Flair und junger Lebenslust – dieser Mix macht Dänemarks Hauptstadt zu einer munteren Metropole. Kopenhagen ist Europas beliebtester Kreuzfahrthafen und wurde 2013 von Travellers' Choice zum besten Reiseziel in Dänemark gewählt. Kopenhagen lässt sich **herrlich zu Fuß entdecken**. Pulsierender Mittelpunkt ist der Rathausplatz, Knotenpunkt der Stadtbusse und Start aller Stadtrundfahrten. Bänke und Blumen schmücken den Platz, Gaukler und Geiger unterhalten Passanten, die gelassen das bunte Treiben beobachten. Andere lockt der **Strøget**, ein »Strich« aus fünf Gassen und idyllischen Plätzen, der die angeblich älteste und längste Fußgängerzone der Welt bildet.

Edel: kostbares Porzellan von Royal Copenhagen

ULTIMATIVES SHOPPING

Der Bummel gleicht einem Hindernislauf voller Highlights: Hier zeigt ein Zauberer seine Tricks, unterhält ein Jazz-Trio, dort locken Auslagen mit **dänischem Design** – Silberwaren von Georg Jensen, Hi-Fi von Bang & Olufsen, Glas von Holmegaard, Porzellan von Royal Copenhagen. Etablierte dänische Designer haben sich in der Kronprinsengade niedergelassen, der Nachwuchs eröffnet in der Elmegade sein erstes Geschäft. Flagship-Stores internationaler Designer wie Chanel oder Gucci säumen die Østergade. Schönste Verschnaufpause im Shoppingstress ist der Gråbrødtorv, ein lauschiger Altstadtplatz mit Cafés und Restaurants. Ein Storchenbrunnen ist das Wahrzeichen des eleganten **Amagertorv**, wo zwei In-Treffs um den besten Caffè Latte der Stadt konkurrieren.

MARITIME NOSTALGIE UND ZUKUNFT

Blaue Stunde: Der Abend beginnt im Ausgehviertel Nyhavn.

Am Kongens Nytorv endet der Strøget, beginnt der »neue Hafen« **Nyhavn**, das Ausgehviertel von Mittag bis Mitternacht. Im Stichkanal dümpeln wuchtige Holzkähne mit eingeholten Segeln neben restaurierten Dampfschiffen. Gedeckte Tische von einfach bis edel bilden am Kai den »längsten Esstisch Kopenhagens«. Wer keinen Platz ergattern kann, hockt auf den Pollern, Bier und Hotdog in der Hand. Offene Barkassen gleiten an den bunten Hafenhäusern vorbei, die den Märchendichter **Hans Christian Andersen** so begeisterten, dass er gleich dreimal dort einzog: in Nr. 12, 20 und 67. Kopenhagens neue Wasserfront erschließt der Havnebus – das Areal alter Fabriken und Militäranlagen befindet sich mitten im Umbruch, ist **Terrain für Trends,** bietet Freiraum für Visionen, Bauflächen für Büros, ausgefallene Museen und neue Hotels. Die einstige Flottenstation Holmen lockt heute Kreative und Künstler. Eine Kanonenhalle wandelte sich zum »Base Camp«, Nordeuropas größtem Restaurant für Kunst und Kultur. Innovativ und imposant dominieren neue Wahrzeichen die Skyline: der glänzende Kubus der Königlichen Bibliothek, das kühn konstruierte Opernhaus von Dänemarks Stararchitekt Henning Larsen und das neue Schauspielhaus am Nyhavn. Gewandelt hat sich auch Kopenhagens altes Rotlichtviertel Vesterbro. **Cafés, Kneipen und junge Boutiquen** haben die Straßenzüge der Gründerzeit erobert. Ein zweiter angesagter Multi-Kulti-Kiez ist Nørrebro mit seiner Schaubrennerei »Bryghus«.

Einzig **Tivoli** scheint unverändert, 1843 vom König nur gestattet, weil »wer sich amüsiert, nicht politisiert«. Trotz neuzeitlicher Spielgeräte ist Tivoli bis heute ein Park der Poesie, herrlich altmodisch und romantisch. Am Abend verzaubern mehr als 110 000 Lämpchen das Gelände, wie ein Traum aus 1001 Nacht leuchtet Tivoli im Herzen der Stadt, deren wunderbar anheimelnde Stimmung H. C. Andersen zu seinen weltberühmten Märchen inspirierte. Seine **»Kleine Meerjungfrau«** ist das beliebteste dänische Nationalsymbol – sehnsüchtig blickt sie am Langelinie-Kai aufs Meer hinaus ...

Fakten

hummel
Arla
hummel
Det kræver sin mælk
DANSK BOLDSPIL-UNION
DBU
1889

Bevölkerung · Politik · Wirtschaft

Kopenhagen ist das historische, wirtschaftliche, politische und kulturelle Herz Dänemarks. 1167 gründete Bischof Absalon auf Dänemarks größter Insel Seeland den »Hafen der Kaufleute«, der seit 1443 Residenz des Reiches und heute boomendes Zentrum der dänisch-schwedischen Øresundregion ist.

Charmante Metropole

Hauptstadt der ältesten europäischen Monarchie ist Kopenhagen, eine moderne Metropole mit Charme, die beweist, dass Weltstadtflair nichts mit der Größe einer Stadt zu tun hat. In Kopenhagen haben Parlament (Folketing) und Regierung des Landes ihren Sitz, residiert auf Schloss Amalienburg seit 1794 die königliche Familie.

Größte Hauptstadt Nordeuropas

Von der Größe und Einwohnerzahl ist Kopenhagen im europäischen Vergleich klein, in Skandinavien jedoch die größte Hauptstadt. In den **34 Kommunen** ihrer Hauptstadtregion »Hovedstadsområdet« (www.regionh.dk) lebt mit 1,9 Mio. Einwohnern fast ein Drittel der dänischen Bevölkerung. Die Entwicklung zur Millionenstadt wurde hauptsächlich durch die Ausdehnung des Stadtgebietes und Eingemeindungen erreicht. Seit der Verwaltungsreform 2007 ist Dänemark in fünf Regionen (regioner) unterteilt; Kopenhagen gehört zur **Region Sjælland** (Seeland).
Rund 86 % der Bevölkerung sind in der evangelisch-lutherischen **Staatskirche** »Folkekirken«, der als nominelles Oberhaupt die Königin vorsteht. In Kopenhagen gibt es auch für die Deutschen eine katholische und zwei evangelische Gemeinden.

Stadtwappen

Das 1296 erstmals dargestellte Stadtwappen zeigt die erste Backstein-**Burg des Stadtgründers Absalon** mit drei Türmen – im mittleren Tor bewacht ein Richter den Zugang zur Stadt. Vor ihm verweisen plätschernde Wellen darauf, dass Kopenhagen bereits damals ein wichtiger **Hafen** (Havn) war. Diese ursprüngliche Form des Stadtwappens lässt sich am Dach des Rathauses über dem Hauptportal besichtigen. 1661 ließ Frederik III. nach einem Sieg gegen schwedische Angreifer das Kopenhagener Wappen prunkvoll mit Kriegsgerät, Rüstungen, Flaggen und zwei Löwen einrahmen.

Monarchie

Nach der **Verfassung** von 1953 ist Dänemark eine demokratisch-parlamentarische Monarchie mit erblicher Königswürde (►Baedeker Wissen S. 150). Laut Verfassung hat der **Monarch**, das dänische

Auch Frauen zeigen beim Fußball Flagge – mit Begeisterung tragen sie den Danebrog im Gesicht.

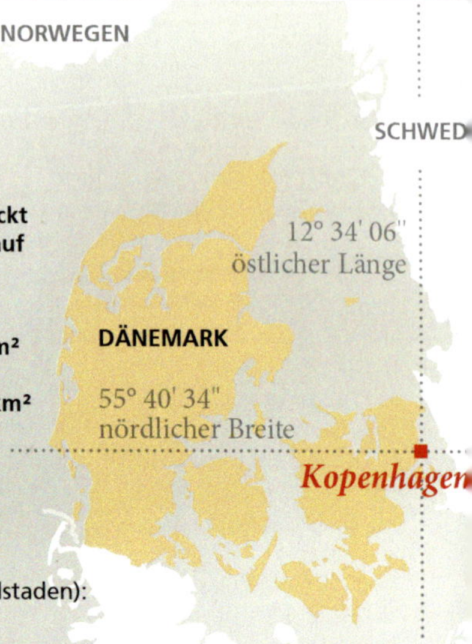

▶ Dänische Schreibweise:

København

Lage:
Die dänische Hauptstadt erstreckt sich am Ostufer Seelands und auf der Insel Amager im Øresund.

Fläche:
Københavns Kommune: **74,7 km²**
Stadt Kopenhagen: **108,4 km²**
Großraum Kopenhagen: **3030 km²**

Einwohner:
Københavns Kommune:
549 100 Einw.
Stadt Kopenhagen:
722 100 Einw.
Großraum Kopenhagen (Hovedstaden):
1,94 Mio. Einw.
Zum Vergleich:
Hamburg: **1,81 Mio. Einw.**
Mit 211 000 Ausländern leben fast 50 % aller Migranten im Hauptstadtgebiet.

Bevölkerungsdichte:
639 Einwohner/km²
Zum Vergleich:
Hamburg 2395 Einwohner/k

▶ Kommunen

Stadt Kopenhagen:
3 Kommunen (Københavns, Frederiksberg und Gentofte)
Københavns Kommune:
15 Stadtviertel und Brückenquartiere
Großraum Kopenhagen:
34 Kommunen

▶ Personennahverkehr

Der Personennahverkehr »Øresundståg« transportiert ober- und unterirdisch Fahrgäste von Malmö nach Kopenhagen.

111 Züge mit je **229** Sitzen sind im Einsatz

▶ Verkehr

350 km Radwege
(37 % Radfahrer)
3 Parkzonen
(pro Std. 10 bis 30 DKK, je näh am Zentrum, desto teurer)
Größter Kreuzfahrthafen Skandinaviens
mit drei Terminals
Kopenhagens Flughafen
in Kastrup hat drei Terminals.
2 Metrolinien
(M1, M2),
bis 2018 wird ein Cityring gebaut.
7 S-Bahn-Linien
(Täglich transportieren 11 000 Züge ca. 340 000 Fahrgä und 4000 Fahrräder.)
400 Stadtbuslinien
und 3 Hafenbusse (901, 902, 9

Wirtschaft

Bruttoinlandsprodukt 2012:
239 Mrd. Euro
Im Vergleich:
Deutschland: 2593 Mrd. Euro

Arbeitslosenquote 2012
Angaben in Prozent:

Kopenhagen	8,2
Hovedstaden	6,5
Dänemark	6,2

Wirtschaftsstruktur:

- führendes Dienstleistungs- und Logistikzentrum Nordeuropas
- Designmetropole
- Medicon Valley der Life Sciences
- ICT: größtes dänisches IT-Cluster mit mehr als 100 000 Mitarbeitern
- CleanTech-Cluster

▸ Klimastation Kopenhagen

Durchschnittstemperaturen

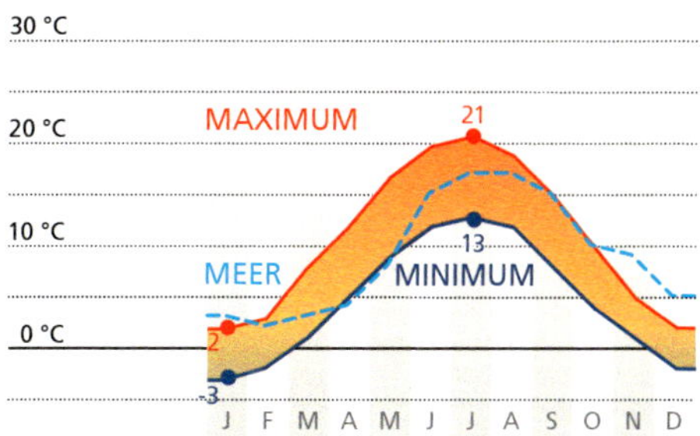

Niederschlag

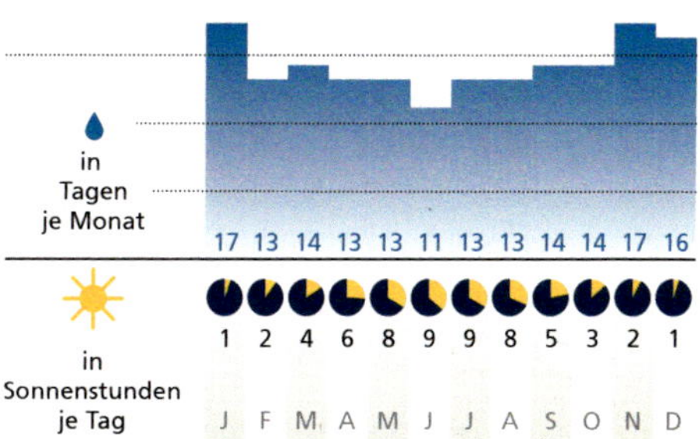

Kopenhagens Superlative

Seit 1443 ist Kopenhagen die älteste Hauptstadt Skandinaviens. Heute ist die dänische Metropole Drehscheibe Nordeuropas.

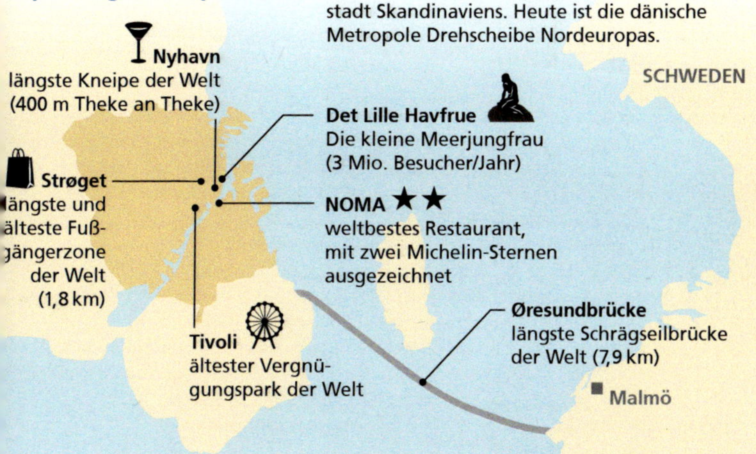

Staatsoberhaupt, »die höchste Gewalt in allen Angelegenheiten des Königreiches und übt diese durch die Minister aus«. Königin von Dänemark ist **Margrethe II.** aus dem Hause Glücksburg, Linie Schleswig-Holstein-Sonderburg-Glücksburg, die 2010 ihren 70. Geburtstag und 2012 ihr 40. Thronjubiläum feierte.
Im **Staatsrat** (König und Minister) wird über alle Gesetze und wichtigen Regierungsmaßnahmen verhandelt. Das Kabinett nennt sich Ministerrat. Jeder Minister ist als Ressortchef dem Parlament gegenüber verantwortlich und kann durch ein Misstrauensvotum gestürzt werden. Zudem kann jeder Minister vom König oder Parlament wegen seiner Amtsführung vor dem Staatsgerichtshof unter Anklage gestellt werden. Der **Premierminister** wird nicht vom Parlament gewählt, sondern nach Absprache mit den Obmännern der Parteien von der Königin ernannt. Seiner möglichen Abwahl durch ein Misstrauensvotum kann er einen eigenen Antrag auf Neuwahlen entgegensetzen. Daher ist es möglich, dass auch Minderheitsregierungen in Dänemark über längere Zeit regieren können.

Folketing

Das **Parlament** (Folketing) ist seit der Abschaffung der ersten Kammer (Landsting) 1953 die alleinige **Volksvertretung** und **gesetzgebendes Organ**. Seine 179 Mitglieder – darunter je zwei Abgeordnete von den Färöern und von Grönland – werden auf vier Jahre gewählt. **Ministerpräsidentin** ist seit dem 3. Oktober 2011 die Sozialdemokratin Helle Thorning-Schmidt, die – wie Angela Merkel – auch den Parteivorsitz innehat. Eine Frau in beiden Ämtern, für die Dänen ist das eine Premiere. Im roten Rathaus von Kopenhagen indes regiert seit Januar 2010 nach Ritt Bjerregard wieder ein Mann: der Sozialdemokrat Frank Jensen, zuvor Justiz- und Forschungsminister Dänemarks.

WIRTSCHAFT

Nordeuropas Boomregion

Kopenhagen ist Zentrum der dänischen Wirtschaft sowie Verwaltungssitz zahlreicher Banken und Industrieunternehmen. Typisch ist die Vielzahl **mittelständischer Dienstleistungsunternehmen**, die hoch spezialisiert, innovativ und exportstark sind wie z. B. Bang & Olufsen. Ebenfalls in der Hauptstadt ansässig ist die **weltgrößte Containerreederei** A. P. Møller-Mærsk. Im Hafen, den Kopenhagen gemeinsam mit Malmö betreibt, werden jährlich rund 18,3 Mio. Tonnen Massengut sowie 192 000 Standardcontainer (TEU) umgeschlagen. Seit Jahren im Aufwind wachsender Beliebtheit erfreut sich Kopenhagen als **Kreuzfahrtdestination** – seit 2007 wird die Stadt alljährlich als bester europäischer Kreuzfahrthafen bei den World Travel Awards ausgezeichnet. Mehr als 390 Traumschiffe machen jedes Jahr an den drei Kreuzfahrtterminals fest.

Øresundregion

Mit der Eröffnung der **Øresundbrücke** (►Baedeker Wissen S. 144) entstand entlang der Achse Malmö – Kopenhagen ein Wirtschaftsraum, dessen Dynamik europaweit spitze ist: Die 20 860 km² große Øresundregion, in der auch 3400 ausländische Unternehmen tätig sind, erwirtschaftet mit rund 130 Billionen Euro mehr als ein Viertel des gemeinsamen Bruttosozialproduktes von Dänemark und Schweden. Eine aktive Förder- und Ansiedlungspolitik unterstützt dabei besonders die Zukunftsbranchen **Life Sciences, IT und Clean Tech** und fördert den Ausbau sauberer Energien und Technologien in den Bereichen Windkraft, Brennstoffzellen und Biomasse sowie den Ausbau emissionsfreier Elektrofahrzeuge. In den letzten Jahren haben auch multinationale Food-Spezialisten wie Danisco, Arla Foods, Nestle und Procordia die Vorzüge der Øresundregion entdeckt.
Die exzellenten Verkehrsanbindungen machen Kopenhagen zudem zur **Drehscheibe Nordeuropas** und zum dynamischen Logistikzentrum. Maßgeblich zum Erfolg dänischer Unternehmen beigetragen hat das Dansk Design (►Baedeker Wissen S. 28). Das funktionale **Design** von Gebrauchsgegenständen, die Haus, Heim und Büro gestalten und verschönern, steht für innovative Produktionsideen und perfekte Form- und Farbgebung.

Heimathafen der Traumschiffe: Kopenhagens Langelinie

Willkommen im Alltag!

Kopenhagen tatsächlich einmal abseits der Touristenströme erleben, ganz »normale« Leute treffen oder den Hauptstädtern privat begegnen – hier einige Tipps:

KUNSTPRAKTIKUM

Konzeption und Umsetzung neuer Ausstellungen, museumspädagogische Seminare, Kunstkurse, Führungen oder Pressearbeit – bei einem Praktikum oder Trainee-Programm der **Nikolaj Kunsthal** können Sie Ihr Wissen und Ihre Ideen einbringen.

Andreas Brøgger (Ausstellungen), Tel. 33 18 17 83, ab@nikolajkunsthal.dk, Camilla Gerhardt (PR), Tel. 33 18 17 84, cg@nikolajkunsthal.dk, Hilde Østergaard (Museumspädagogik), Tel. 33 18 17 86, hoe@nikolajkunsthal.dk
www.nikolajkunsthal.dk/en

JOBXCHANGE

Welche Kopenhagener Unternehmen suchen neue Mitarbeiter oder vergeben Praktika? Wie wird man in Dänemark Au-pair? Infos bieten die Homepages der dänischen und deutschen Botschaft und European Employment Services. Bei der Deutsch-Dänischen Handelskammer können Sie in der Datenbank JobXChange neue Stellen suchen und Ihre Daten hinterlegen.

www.daenemark.org, www.kopenhagen.diplo.de, www.eures.dk
www.workindenmark.dk
www.handelskammer.dk

DÄNISCH LERNEN

Besonders günstig sind die öffentlichen **Sprogcenter**, da die Stadtverwaltung laut Gesetz Dänisch-Sprachkurse für auswärtige Einwohner anbieten muss – alle Kurse stehen auch Urlaubern offen. Zentralster Kursort ist die Studieskolen in der Borgergade 12. Preiswert sind auch die Kurzkurse der Kopenhagener **Volkshochschule** während der Sommerferien.

Studieskolen, Borgergade 12
Tel. 33 18 79 00, http://studieskolen.dk
Folkehojskolernes Forening
Tel. 33 36 40 40, www.hojskolerne.dk

KOST UND LOGIS

Mit dem Web 2.0 haben die Kopenhagener Hoteliers eine Konkurrenz bekommen, die weltweit in rasantem Tempo wächst: **soziale Netzwerke,** die im Internet Schlafplätze vom charmanten Minizimmer bis zur Designerwohnung anbieten. Alternative: **Haustauschferien** nach dem Motto »ich wohn bei Dir, Du wohnst bei mir«.

www.airnbn.com, www.wimdu.de
www.9flat.com, www.housetrip.com
www.haustauschferien.com

Oder möchten Sie bei einer **Kopenhagener Familie** zu Abend essen? Auf dem Tisch dampfen Kartoffeln und Brokkoli. Søren schneidet den Braten in Scheiben. Eva schenkt Rotwein und Wasser ein. Skål und herzlich willkommen! Beim »Homedinner« ist ein interessanter Abend garantiert! Vielleicht werden Sie ja Freunde und bleiben in Kontakt ...

Meet the Danes, Tel. 23 28 43 47
www.meetthedanes.dk, Erw. 375 DKK
Dine with the Danes, www.dinewiththedanes.dk, Erw. 400 DKK

STUDIUM

Keine Studiengebühren – so lockt Kopenhagen immer mehr Studenten an den Øresund. Unterstützt werden Studienaufenthalte im Nachbarland auch im Rahmen des europäischen Bildungsprogramms **Erasmus,** das Studierende für die Dauer von drei Monaten bis zu einem vollen Studienjahr im Ausland unterstützt. Wer bislang **BAföG** erhielt, wird ebenfalls gefördert – das neue Bundesausbildungsförderungsgesetz macht's möglich. Bei der Studienplatzvergabe gilt für fast alle Fächer ein Numerus clausus, die Königliche Akademie der Schönen Künste oder die Kopenhagener Journalistenhochschule haben eigene Zulassungsprüfungen.

Erasmus-Programm und -Stipendium:
http://eu.daad.de/eu
BAföG im Ausland:
www.das-neue-bafoeg.de
Infos zur dänischen Hochschullandschaft und zum dortigen Studium:
www.ba-auslandsvermittlung.de
http://studyindenmark.dk.

Stadtgeschichte

Karriere einer Hafenstadt

Rentierjäger, Lurenbläser, Wikinger, gewiefte Heringshändler, expansionsfreudige Herrscher und streitbare Bürger, die als Mäzene Zeichen in der Stadt setzen: Kopenhagens Geschichte ist so schillernd und spannend wie die Menschen der Øresundmetropole.

DIE ANFÄNGE

10 000 – 7400 v. Chr.	Brommekultur
720 – 1050	Wikingerzeit
1167	Gründung von Kopenhagen

Rentierjäger und Lurenbläser

Die nacheiszeitliche Besiedlung Seelands beginnt mit der **Brommekultur**, deren Vertreter Moschus, Elch und Rentier jagten. Zeugnisse ihrer Kultur sind in den Kopenhagener Museen zu besichtigen. Verpassen Sie auch nicht die **Luren**, hornartige Blasinstrumente der Bronzezeit, wie sie das Denkmal der Lurenbläser am Rathaus zeigt.

Gründung Kopenhagens

Als Krieger, Seefahrer und Bauern dringen Ende der Eisenzeit aus Südschweden nordgermanische Dänen, **Wikinger** genannt, ein. Ihr König **Harald Blauzahn** eint 980 erstmals ganz Dänemark, wie bis heute der Runenstein von Jelling in Jütland stolz verkündet. 1167 macht Waldemar I. der Große **Erzbischof Absalon** das Fischerdorf »Havn« zum Geschenk. Zehn Jahre später lässt Absalon den Hafen durch eine Burg am Standort des heutigen Schlosses Christiansborg auf Slotsholmen befestigen. Die aufstrebende Siedlung erhält den Namen »Købmandenes Havn« und 1254 von Bischof Jakob Erlandsen sein erstes Stadtrecht, wird jedoch 1369 als unliebsamer **Konkurrent der Hanse** zerstört. Doch schon 1416 wird der wieder aufgebaute »Kaufmannshafen« Residenz von Erik VII., der Kopenhagen mit königlichen Handelsprivilegien ausstattet. Die mittlerweile 10 000 Einwohner zählende Stadt avanciert zum gefragten Handelsplatz im Ostseeraum und übernimmt 1443 die

> **!** BAEDEKER WISSEN
>
> *Frauenpower*
>
> Es war eine dänische Frau, die das nordische Großreich schuf. Unter Dänemarks Königin Margrethe I. schlossen sich Dänemark, Schweden und Norwegen 1397 zur Kalmarer Union zusammen, die 126 Jahre hielt – bis Schweden 1523 ausscherte.

Städtischer »Regierungssitz« mit Lurenbläsern ante portas: das Rathaus

Hauptstadtfunktion von Roskilde. 1449 wird mit Christian I. der erste Dänenkönig in Kopenhagen gekrönt. Er gründet 1479 die **Universität** und macht Kopenhagen zum kulturellen Mittelpunkt des Landes. 1536 erreicht die Reformation Dänemark. Christian III. ernennt sich zum Oberhaupt der dänisch-lutherischen Staatskirche.

Renaissance und Barock

Der volkstümliche Monarch König **Christian IV.** lässt Kopenhagen glänzend ausgestalten, ohne in seiner Bauwut die kleinen Leute zu vergessen. 1588 – 1648 entstehen das neue Stadtviertel Christianshavn, die Wohnsiedlung Nyboder und prachtvolle Renaissancebauten wie Schloss Rosenborg, die Börse, das Zeughaus und die Trinitatiskirche. 1658 und 1659 belagern die Schweden Kopenhagen erfolglos. Als Lohn für die siegreiche Abwehr wird Kopenhagen 1660 **freie Stadt**, deren Bürger gleichberechtigt neben dem Adel stehen.

TURBULENTE ZEITEN

1711 – 1720	Pestepidemie
1801, 1807	Angriffe der englischen Flotte
1848	Bürgerliche Revolution
1894	Einweihung des Freihafens
1940 – 1945	Deutsche Besatzung

Seuchen und Kriege

Immer wieder erlebt die Stadt Katastrophen, Seuchen und Kriege. Während der **Pest** 1711 – 1712 stirbt fast ein Drittel der 60 000 Einwohner. Ein verheerender Brand verwüstet 1728 die Stadt und äschert mehr als 1670 Gebäude ein; 1795 fallen einem zweiten **Großbrand** mehr als 1000 Häuser zum Opfer. 1801 und 1807 beschießt die englische Flotte Kopenhagen, da Dänemark die von Napoleon I. gegen England verhängte Kontinentalsperre unterstützt, und löst durch den zweiten Angriff einen Großbrand in der Innenstadt aus. 1848 zwingen **öffentliche Demonstrationen** König Frederik VII. zu Reformen, die den 1660 von Frederik II. eingeführten Absolutismus beenden. Dänemark erhält eine liberale Verfassung.

Aufschwung und Zweiter Weltkrieg

Im 19. Jh. wächst Kopenhagen durch **Zuzüge vom Land** so stark an, dass die Mauern der 1662 erbauten Zitadelle 1867 geschleift werden müssen. Die Wirtschaft der Stadt erhält durch den 1894 fertiggestellten **Freihafen** und den 1924 eröffneten **Flughafen Kastrup** entscheidende Impulse. Am 9. April **1940** besetzt die Deutsche Wehrmacht mit der **»Operation Weserübung«** das neutrale Dänemark. Abgesehen vom passivem Widerstand, an dem auch **König Christian X.** teilnimmt, gelingt es 1943, rund 7300 dänische **Juden** über den Øresund nach Schweden vor der Deportation zu retten. Am 4. Mai 1945 wird Kopenhagen von der deutschen Besatzung befreit.

Abschied vom Inselleben: der Brückenschlag über den Øresund

VISIONÄRE UND PIONIERE

1962	Fußgängerzone Strøget
1971	Gründung des Freistaates Christiania
1998	Brückenschlag über den Großen Belt
2000	Einweihung der Øresundbrücke
2005	Eröffnung der Oper
2008	Eröffnung des Schauspielhauses
2014	Umwelthauptstadt Europas

Soziale Experimente und zukunftsorientierte Stadtpolitik

Mit Pionierprojekten macht Kopenhagen in der Nachkriegszeit von sich reden. Mit der Fußgängerzone **»Strøget«** entsteht 1962 die angeblich älteste und längste autofreie Einkaufsstraße der Welt. 1971 gründen Aussteiger und Hippies den **Freistaat Christiania**, der 2013 in eine Stiftung umgewandelt und damit völlig legalisiert wird. 1989 führt Dänemark als erstes Land der Welt die zivilrechtliche Partnerschaft für Homosexuelle ein. 1996 wird Kopenhagen »Europäische Kulturhauptstadt«. Große Bauprojekte binden die Hauptstadt besser in das Verkehrsnetz ein: 1998 wird die Brücken-/Tunnelverbindung über den **Großen Belt** fertiggestellt, am 1. Juli 2000 die **Øresundbrücke** (▶Baedeker Wissen S. 144) zwischen Kopenhagen und Malmö für den Verkehr freigegeben. Ab 2021 soll der Fehmarn-Belt-Tunnel Dänemark enger an das restliche Europa anbinden.

2005 schenkt Reeder Mærsk Mc-Kinney Møller seiner Heimatstadt ein **Opernhaus** auf der Dockinsel, 2008 eröffnet gegenüber das **Schauspielhaus**. Dank seiner konsequent nachhaltigen Stadtpolitik wird Kopenhagen **Umwelthauptstadt Europas 2014**. Ausschlaggebend für die Wahl der EU-Kommission war die Vorreiterrolle bei grüner Mobilität. 35 % der Kopenhagener fahren bereits mit dem Rad zur Arbeit und Ausbildung. Bis 2025 will die dänische Kapitale komplett CO_2-neutral sein. Bis 2014 sollen das neue UNO-Büroviertel und ein 1100 m langer Kreuzfahrtkai im aufstrebenden Stadtviertel Nordhavn fertig sein, an dem dann drei Traumschiffe gleichzeitig abgefertigt werden können.

Kunst und Kultur

Kulturmetropole mit Flair

Allein 50 Sammlungen in der City, davon drei mit internationalem Renommee: Kopenhagen ist ein Eldorado für Museumsfreunde. Nordische Mythen, antikes Erbe und europäische Kunstströmungen haben in der Hauptstadt eine reiche Kulturlandschaft geschaffen.

Europäische Kunst mit nordischer Note

Kopenhagen ist Schmelztiegel und Quintessenz dänischer Kultur, geprägt von nordischen Wurzeln und Einflüssen aus Frankreich, Deutschland, Italien und den Niederlanden. Berühmtestes Zeugnis der Bronzezeit sind **Luren**, hornartige Blasinstrumente, wie sie auch auf dem Rathausplatz zu sehen sind. Um Christi Geburt wurden aus Gold kleine Anhänger gefertigt, die **»Berlocken«**. Die typisch nordische **Tierornamentik**, die sich nach 400 n. Chr. entwickelte, fand auch Eingang in die frühmittelalterlichen Holzkirchen. Typisch für die dänische Romanik sind **Kalkmalereien** mit biblischen Motiven. Mitte 13. Jh.s erreichte die Gotik Kopenhagen. Nach dem Bruch mit der katholischen Kirche 1536 wurde die Krone größter Konsument der Kunst. Finanziell gestärkt durch den **Øresund-Zoll**, holte Christian IV. Künstler aus den Niederlanden und Deutschland an den Hof und damit die Renaissancekunst ins Königreich.

Goldenes Zeitalter und Moderne

Unter Christian V. wurde die erste **Kunstakademie** in Kopenhagen gegründet, an der auch ausländische Künstler lehrten. 1818 wurde **C. W. Eckersberg** Professor an der Akademie, einer der bedeutendsten dänischen Maler des 19. Jh.s – bis 1848 erlebte das Land sein »Goldenes Zeitalter«. Eckersbergs begabtester Schüler war **Christen Købke**, der die Landschaftsmotive zu seinen Meisterwerken rings um Kopenhagen fand. In Opposition zur Akademie – als Hochburg nationaler Selbstzufriedenheit kritisiert – bemühte sich in den 1880er-Jahren die **Freie Studienschule**, neue Wege in der Malerei zu finden. Als Gegenpart zur konservativen Kunstschau wurde in Charlottenburg die Freie Ausstellung eröffnet.

Die Moderne erreichte Kopenhagen spät. Erst der Künstlerbund **»Grønningen«** verhalf ihr 1915 zum Durchbruch. Von französischen Einflüssen angeregt, wurde 1947 in Kopenhagen die Künstlergruppe Linie II gegründet, zu der mit Richard Mortensen auch der Begründer des dänischen Surrealismus gehörte. Berühmter wurden jedoch die **CoBrA**-Künstler (1948 – 1951) um Asger Jorn, die in **Co**penhagen, **Br**uxelles und **A**msterdam arbeiteten.

In der Ny Carlsberg Glyptotek zu bewundern: Eckersbergs Porträt des Grafen Preben Bille-Brahe und seiner zweiten Frau (1817)

Edel, praktisch, formvollendet

Dänisches Design genießt in aller Welt einen hervorragenden Ruf. Man findet es im Kunsthandwerk, in der Architektur, im Handwerk und in der industriellen Fertigung. Selbst die einfachsten Gebrauchsgüter kommen in Dänemark nicht ohne Design aus.

Anno 1788 beauftragte der dänische Kronprinz Frederik die 1775 gegründete Königliche Porzellanmanufaktur, ein Tafelservice aus 2600 Teilen herzustellen. Dieses **»Flora Danica«**-Service, auf dem die gesamte Pflanzenwelt Dänemarks abgebildet war, wollte er Zarin Katharina II. schenken. Das Geschirr war 1803 fertig, die Zarin aber bereits 1796 verstorben. So behielt der mittlerweile zum König ernannte Frederik VI. das Service. »Flora Danica« ist das Flaggschiff einer eigenständigen kunstgewerblichen Entwicklung und gilt als Vorreiter des hoch geschätzten und gefeierten dänischen Designs.

Zum Markenzeichen ...

wurde »Dansk Design« nach dem Zweiten Weltkrieg, als Dänemark mit der Produktion von Mobiliar, Beleuchtung und Accessoires für Haus und Heim einen wirtschaftlichen Aufschwung erlebte. Der internationale Durchbruch gelang den Dänen mit ihren Designprodukten in den 1960er-Jahren. Dänisches Design steht für Erzeugnisse von hoher Qualität, die schlicht, doch originell, ja teilweise künstlerisch gestaltet, eine wichtige Forderung erfüllen: **Funktionalität**.

Die Vorliebe der Dänen für qualitätvolle, aber einfache, d. h. sparsam angefertigte **Gebrauchsgüter** reicht in frühere Zeiten zurück. Das Land besitzt kaum Bodenschätze und konnte sich nur mit einem hoch entwickelten Handwerk wirtschaftlich behaupten. Die Hersteller begannen daher, sich auf Gegenstände aus erlesenem Material zu spezialisieren, die leicht zu produzieren waren. Auf Zierrat verzichtete man großzügig, die Materie selbst war Dekoration genug. Veredelung wurde schließlich zum A und O. »Etwas Dauerhaftes, das gut zusammengebaut und aus hochwertigem Material ist und so klassisch aussieht, dass es jahrelang in Mode bleibt«, das ist nach den Worten von Christian Jacobsen, Direktor des Museums für angewandte Kunst in Kopenhagen, »echtes dänisches Design«.

Eine Vorreiterrolle bei der Entwicklung des dänischen Designs spielte nicht nur die 1775 unter dem Patronat der Königinmutter gegründete **Kongelige Porcelainsfabrik** (►Baedeker Wissen S. 94), auch die 1853 errichtete Porzellanfabrik **Bing & Grøndahl**, die 1904 gegründete Silberschmiede von **Georg Jensen** und die 1825 eröffneten **Holmegård Glaswerke** lieferten wichtige Impulse – bis heute. 1985 fusionierten diese drei inzwischen größten dänischen Kunstindustrieunternehmen zu **Royal Copenhagen**, jetzt **Royal Scandinavia**.

Pionierarbeit bei der Entwicklung leisteten auch Einzelpersonen. Als

Zeitlos modern: Seit 1775 ziert das blaue Musselmalet-Dekor der Königlichen Porzellanmanufaktur die dänischen Frühstückstische.

erster und größter Designer gilt **Thorwald Bindesbøll** (1846–1908), ein Architekt, der unter dem Einfluss japanischer Kunst eine organische und abstrakte Ornamentik entwarf, die in Keramik, Möbeln, Silber- und Stickereiarbeiten, Buchbinderei und Gebäuden zum Ausdruck kam.

Leuchtende Beispiele

Zu den bekanntesten Formgebern des dänischen Designs zählt das Multitalent **Poul Henningsen** (1894 bis 1967), von den Dänen kurz PH genannt. Für Zeitungen schrieb er kritische Artikel, als Architekt schuf er Villen und Industriebauten, als Designer entwarf er Haushaltsgüter wie einen Armstuhl, der gemütlicher, vom Gewicht her leichter und wesentlich billiger als vergleichbare Stühle war. Henningsen lieferte die theoretische Grundlage, nach der heute viele Designer arbeiten. Besonders mit seinen Lampen machte sich der Designer einen Namen. 1925 gewann er einen Wettbewerb für die Beleuchtung des dänischen Pavillons auf der Pariser Weltausstellung. Die hierfür aus lackiertem Aluminium geschaffene **PH-Lampe** – 1928 patentiert – zeigte ein schlichtes Design, nutzte die Lichtqualität und -stärke optimal aus und war einfach und preisgünstig herzustellen. Charakteristisch für PHs Beleuchtungskörper ist, dass sie mehrere Schirme besitzen, um die Farbe des elektrischen Lichts zu korrigieren. Die PH-Lampe wurde weiterentwickelt, zunächst von Henningsen selbst, dann von Louis Poulsen. Heute gehört Henningsens Pendelleuchte PH5 in drei von vier dänischen Haushalten zum Inventar.

Stilvoller Alltag

Das wohl berühmteste Beispiel dänischen Architekturdesigns ist **Jørn Utzons Opernhaus in Sydney** von 1973 mit seinen gewaltigen übergreifenden Dachschalen. In den 1930er-Jahren führte **Arne Jacobsen** (1902 – 1971) als Architekt den Funktionalismus in Dänemark ein. Zu seinen bekanntesten Gebäuden zählen das 1942 eingeweihte Rathaus von Århus, das Hotel SAS Royal als erstes Hochhaus in Kopenhagen und die Bellevue-Siedlung am Øresund. In Hamburg schuf er das HEW-Haus, 1973 das Mainzer Rathaus. Jacobsen widmete sich auch der Gestaltung von Möbeln. Sein **Siebener-Stuhl** aus den 1950ern wurde ein Bestseller und ist aus der heutigen Büro- und Geschäftswelt nicht mehr wegzudenken. Jacobsens AJ-Besteck gefiel Stanley Kubrick so gut, dass er es als Requisite im Kultfilm »2001: Odyssee im Weltraum« nutzte. Zu den Lichtgestalten im dänischen Möbeldesign gehörte bis zu seinem frühen Tod 1972 auch **Børge Mogensen**, der mit dem Asserbo-Stuhl und der Øresund-Serie, die seit 1955 unverändert hergestellt wird, zeitlose Klassiker kreierte. Poppige Farben und Formen prägen die Entwürfe von **Verner Panton** (1926 – 1998), dessen Möbel bis heute in Illums Bolighus verkauft werden. **Erik Magnussen** (geb. 1940) gilt als perfekter Gestalter anspruchsvoller Massenware. Seine Thermoskannen für **Stelton** sind seit 1977 Bestseller.

Monica Ritterband (geb. 1955) war bereits Vizedirektorin bei Carlsberg, als sie beschloss, sich ganz der Kunst zu widmen. Weiche, verspielte Formen mit gradlinigem Look sind ihr Markenzeichen. Sie

Formvollendet sitzen: Bis heute sind die Möbel von Arne Jacobsen allgegenwärtig.

entwarf das »Musica-Service« von Royal Copenhagen, edle Damaststoffe für Georg Jensen und Glaskunstwerke für Holmegaard. Im Laufe der 1950er-Jahre gelang der dänischen Möbelkunst der internationale Durchbruch. Wegbereiter war der Architekt **Kaare Klint** (1888 – 1954), der 1924 der erste Dozent für Möbelgestaltung an der Kopenhagener Kunstakademie wurde. Mit seinen Studien der menschlichen Proportionen und nach der Maxime »Die Form eines Gegenstandes folgt seiner Funktion« entwickelte Klint bestehende Möbeltypen weiter und vereinfachte unter anderem englische Chippendalemöbel.

Ausdrucksstarke organische Formen waren das Markenzeichen von **Finn Juhl** (1912 – 1989), dessen skulpturale Massivholzstühle, Tische und Sofas bis heute ungeheuer beliebt sind – besonders sein »Pelikan-Stuhl«, der den Sitzenden am Rücken und seitlich wie einen Mantel umhüllt. »The Chair« von 1949 war der größte Verkaufserfolg von **Hans J. Wegener** (1914 bis 2007). Sein runder Stuhl avancierte zum Star, nachdem er im Fernsehduell beim US-Präsidentenwahlkampf eingesetzt worden war. **Poul Kjærholm** (1929 – 1980) setzte auf die zeitlose Eleganz von Stahl und verband das Material mit Naturmaterialien wie Rattan, Leder oder Marmor. Sein schöpferisches Talent erbte Tochter **Krestine Kjærholm** (geb. 1957), heute eine der führenden Textildesignerinnen Dänemarks.

Dass dänisches Design auch bunt, verspielt und ausgefallen sein kann, beweist die junge Garde von Designern. Rationalismus und sinnliche Weiblichkeit verschmilzt **Louise Campbell** (geb. 1970) in ihren Möbeln und Leuchten zu ungewöhnlichen Lösungen. 2005 gestaltete sie das Foyer des dänischen Kultusministeriums neu – gemütlich, entspannt, effizient.

»Wer mag schon in den Möbeln seiner Eltern wohnen?« fragt Peter **Hay** und trifft damit den Zeitgeist. Große Möbelhäuser machen Platz für das junge Hay-Label und zeigen Dansk Design 2.0: farbenfroh, unkompliziert und deutlich preiswerter, als es die Dänen bislang gewohnt waren.

Formschöne Hightech

Bereits 1947 eröffneten **Sigvard Bernadotte** und **Acton Bjørn** das erste dänische Büro für Industriedesign. LEGO, Bodum, Biomega und Velux sind heute Ikonen für dänisches Design. Ein modern-minimalistischer Look ist auch charakteristisch für **Bang & Olufsen** aus dem jütländischen Struer, dessen TV- und Hi-Fi-Geräte sich durch die perfekte Verbindung von Spitzentechnik, Formvollendung und leichter Bedienbarkeit auszeichnen. Auch Dänemarks Königin Margrethe II. lässt sich gern von Bang & Olufsen beliefern, wenn sie Gastgeschenke für Staatsbesucher benötigt. Begehrte Klassiker und junges Design zeigt das **Designmuseum Danmark**. International vermarktet wird das dänische Design vom staatlichen Büro Danish Crafts, das auf seiner Website die wichtigsten dänischen Designer vorstellt, **www.danishcrafts.org**.

Klassiker des guten Geschmacks

Klare Linien, Funktionalität und ausgefallene Formen – bis heute setzen zahlreiche dänische Unternehmen auf die Kombination aus Design und Qualität als Grundlage ihres Geschäftserfolgs.

1775
Royal Copenhagen
Handbemaltes Porzellan, klassisch blau-weiß

1949
Lego-Stein
Ole Kirk Christiansen (1958 wurde das Patent angemeldet)

1958
PH Zapfen-Lampe
Poul Henningsen, produziert von Louis Poulsen

1960
Panton-Stuhl
Verner Panton, produziert von Vitra

1977
Thermoskanne LS 900
Erik Magnussen für
Stelton

1978
Ecco, Joke-Schnürschuh
Ejnar Truelsen für
Ecco

1984
hristiania Bike
ahrradmanufaktur des
reistaates« Christiania.
ogar die dänische Post
at die soliden Lasten-
äder in ihren Fuhrpark
aufgenommen.

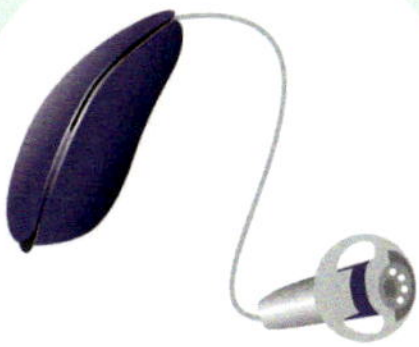

2011
Intiga Hörgerät
Christian Lockenwitz
für Oticon

2012
BeoLab 3D-Lautsprecher
David Lewis für
Bang & Olufsen

Berühmte Persönlichkeiten

ABSALON VON LUND (UM 1128 – 1201)

Stadtgründer Kopenhagens

Bischof Absalon, der 1901 zum 700. Todesjahr auf dem Højbro Plads ein Denkmal erhielt, gilt als Stadtgründer Kopenhagens. Der Enkel von Skjalm Hvide, der unter König Sven Estridsen Seeland regiert hatte, kam auf dem Familiensitz in Fjenneslev bei Sorø zur Welt. Nachdem Absalon im Jahr 1157 Waldemar I. im Kampf um die Königskrone unterstützt hatte, folgte 1158 die Ernennung zum **Bischof von Roskilde** und die Schenkung von »Havn«, der Keimzelle Kopenhagens (▶Stadtgeschichte). 1177 wurde Absalon, der als einflussreicher Ratgeber von Waldemar I. und Knut VI. die Stellung der dänischen Kirche maßgeblich stärkte, **Erzbischof von Lund**. Sein gnadenloses Einfordern des Kirchenzehnts führte 1181 zu Bauernaufständen in Schonen. Am 21. März 1201 starb Absalon in Sorø, wo er in der Klosterkirche beigesetzt wurde.

? BAEDEKER WISSEN

»Gesta Danorum«

... heißt das 16-bändige Werk des dänischen Geschichtsschreibers Saxo Grammaticus, in dem nachzulesen ist, dass Bischof Absalon und Dänenkönig Waldemar I. auch Rügen eroberten. 1168 unterwarfen sie die slawischen Ranen, deren Blitzüberfälle die Dänen fürchteten, forderten den Tempelschatz heraus, zerhackten deren vielgesichtige Gottheit Svantevit und steckten die Tempelfestung von Stammeshäuptling Jaromar auf Kap Arkona in Brand.

NIELS BOHR (1885 – 1962)

Erforscher der Atome

Nicht wenige Wissenschaftler schüttelten den Kopf, als Niels Bohr 1913 seine Hypothese von den Gesetzen der Atome veröffentlichte. Der junge Physiker erklärte, ein Atom sei nicht die kleinste unteilbare Einheit, sondern vielmehr ein positiv geladener Kern, um den negativ geladene Elektronen wie Planeten um die Sonne rotierten. 1922 erhielt er den **Nobelpreis** für Physik. Im gleichen Jahr wurde sein Sohn Aage geboren, der die Ideen seines Vaters verfolgte, die Rotationsbande in Kernspektren entdeckte und dafür 1975 ebenfalls den Nobelpreis erhielt. Mit Werner Heisenberg entwickelte Niels Bohr 1927 die »Kopenhagener Deutung der Quantenmechanik«. Aus Angst vor den Nazis – seine Mutter Ellen war Jüdin – emigrierte Bohr 1943 in die USA, wo er zusammen mit seinem Sohn an der **Atombombe** mitarbeitete, Roosevelt und Churchill aber vor ihren Folgen warnte. 1946 kehrte Bohr ans Institut für Theoretische Physik in Kopenhagen zurück. Nach seinem Tod 1962 wurde er auf dem Assistens-Friedhof beigesetzt.

Für »Dancer in the Dark« erhielt der Kopenhagener Regisseur Lars von Trier in Cannes die Goldene Palme – die Laudatio hielt Catherine Deneuve.

Fast wie ein Märchen

Hans Christian Andersen verbrachte den größten Teil seines Lebens in Kopenhagen. In der dänischen Hauptstadt fand der Märchendichter alles, was sein Herz begehrte: Menschen, die ihm halfen, und Orte, die ihn inspirierten.

Eine Karriere am Theater ist sein sehnlichster Wunsch. Gerade 14 Jahre alt, verlässt Andersen 1819 seinen Geburtsort Odense und reist, mit 13 Talern in der Tasche, nach Kopenhagen. Bei Steuermannswitwe Henckel findet er eine Bleibe. Sein Zimmer ist eine leere Speisekammer ohne Fenster und Licht. Als Mittagessen reicht das Geld nur für trockenes Brot, das er tagtäglich auf einer Bank im Kongens Have verzehrt. Der Anblick von **Rosenborg** lässt den hageren Jungen träumen. In seiner Fantasie verwandeln sich die bronzenen Löwen in drei schreckliche Hunde – nachzulesen im Märchen »Das Feuerzeug«.

Ausgestattet mit Empfehlungsschreiben wird Andersen bei Kopenhagener Künstlern vorstellig. In der Bredgade 19 überrascht er Madame Schall, zeigt Tanzschritte – und wird hinausgeworfen. Und auch Guiseppe Siboni, Chorleiter des Hoftheaters, ist überzeugt: Andersen hat kein Talent. Solotänzer Dahlén, Ballettmeister am Königlichen Theater, indes nimmt Andersen als Schüler an. Bei **Engelke Colbiørnsen**, die Andersen 1821 zunächst als Unikum in ihren literarischen Zirkel auf Bakkehuset einführt, wird der Junge erstmals als Dichter angesprochen. Beschwingt schickt er erste Stücke an das Königliche Theater. Die Ablehnung kommt prompt – doch Frederik VI. ist aufmerksam geworden und schickt Andersen 1822 zur **Lateinschule** in Slagelse. Fünf Jahre später kehrt er nach Kopenhagen zurück. Seinen abendlichen »Middag« erhält er als **Kostgänger** bei Kopenhagener Familien. Was aus Wohltätigkeit begann, wurde ein lebenslanger Brauch – und Andersen ein geschätzter Ehrengast.

Mit der »Fußreise vom Holmenkanal zur Ostspitze von Amager« gelingt Andersen 1828 der Durchbruch als Dichter, 1829 folgt mit der Vaudeville »Liebe auf dem Turm der Nicolai-Kirche« sein Debüt als Dramatiker. Als Andersen 1830 Riborg Voigt kennen lernt, sie aber seine Liebe nicht erwidert, flüchtet er ins Ausland – und findet den Rhythmus seines Lebens: Auf jede Krise in der Heimat folgen **Reisen** durch Europa und Kleinasien. »Ich wünschte, ich könnte auf einer Kanonenkugel durch die Sphären reiten«, schrieb Andersen, der London und Paris besucht, Berlin, Weimar und Konstantinopel.

Da er ledig ist, führt er keinen eigenen Haushalt, sondern wohnt in möblierten Zimmern, zeitweise auch im Hotel. Im Laufe seines Lebens gelingt es ihm, sich rund um den **Kongens Nytorv** einzuquartieren: im Hotel du Nord, im Gebäude des Café à Porta, im Hôtel d'Angleterre, in der Store Kongensgade, am Nyhavn und in der Tordenskjoldsgade. 1834 veröffentlicht Andersen seine ersten Märchen. Aus der unglücklichen Liebesgeschichte einer Nixe entsteht ein Nationalsymbol: »Den Lille Havfrue« – **»Die kleine Meerjungfrau«**.

Die Jahre bis Mai 1837 – Andersen wohnt in zwei Dachkammern des heutigen Magasin du Nord am Kongens Nytorv – gehören zu den besten seines Lebens. Der König zahlt jährlich 4000 Reichstaler Gage, seine Ideen sprudeln nur so hervor, im Ausland mehren sich die Übersetzungen seiner Werke und in Kopenhagen wird Andersen mit Ehrungen bedacht. Nur mit der Liebe will es nicht klappen: Auch die schwedische Opernsängerin Jenny Lind erwidert seine Gefühle nicht.

»Wie einsam bin ich doch ...«

»Mein Leben ist ein schönes Märchen, reich und glücklich!« So beginnt Andersens erste Autobiografie. Richtig glücklich aber ist der große Dichter nie. Zeitlebens schämt sich der Schustersohn seiner Herkunft, leidet er aufgrund seiner langen Nase und der schlacksigen Gestalt. Nyhavn 18 wird zur letzten Wohnstätte des zunehmend Rastlosen. Von Krankheit gezeichnet, sitzt er am Fenster und beobachtet das Treiben auf der Straße. Zum **70. Geburtstag** organisiert das jüdische Ehepaar Melchior eine Feier, die bis ins Detail auf Andersens Leben und Werk abgestimmt ist – selbst der Menüzettel ist von Märchen inspiriert. Moritz und Dorothea Melchior sind es auch, die 1874 eine landesweite Spendenaktion für eine **Andersen-Statue** im Kongens Have initiieren. Wie die Statue von August Såbye 1880 aufgestellt wird, kann Andersen nicht mehr erleben – er erliegt am 4. August seinem Krebsleiden und wird auf dem **Assistens Kirkegård** begraben. Sein Lebensziel aber hat er erreicht: Aus dem hässlichen Entlein, das 1819 vor den Toren Kopenhagens stand, ist ein glänzender Schwan geworden.

Im Herbst 2012 entdeckte der Lokalhistoriker Esben Brage per Zufall im Odenser Regionalarchiv in einem 190 Jahre alten Schreibheft ein bislang unbekanntes Märchen aus Andersens Frühzeit: »Die Talgkerze« (Tællelyset) – der dänische Regisseur Peter Flinth drehte dazu einen kurzen Animationsfilm.

Fast 160 Märchen und Geschichten verfasste H. C. Andersen – in seine berühmten »Gesammelten Werke« fanden jedoch nur 88 Märchen Eingang.

TYCHO BRAHE (1546 – 1601)

Blick in die Sterne

Kopernikus hatte mit seiner Theorie des Sonnensystems das Weltbild ins Wanken gebracht, Tycho Brahe entwickelte einen Kompromiss: Konform mit der Kirche, ruht die Erde im Zentrum, umkreist von Mond und Sonne, um die sich alle übrigen Planeten drehen. Mit seiner Schrift »De nova et nullius ævi memoria prius visa Stella«, die er nach der Beobachtung der **Supernovas** von 1560 und 1572 veröffentlichte, wurde er mit einem Schlag berühmt. Frederik II. erkannte sein Talent und stellte ihm auf Lebenszeit die Sternwarten Stjerneborg und Uranienborg auf der Øresund-Insel **Ven für Forschungen** zur Verfügung. Zusammen mit seiner Schwester Sophie baute Brahe alle Instrumente, druckte seine Bücher selbst und erstellte einen Fixsternkatalog mit 1000 Positionen. Nach dem Tod Frederiks II. schwand Brahes Ansehen bei Hofe. Als König Christian IV. die Mittel kürzte, ging Brahe 1597 als kaiserlicher Astronom von Rudolf II. nach Prag, wo er unter mysteriösen Umständen verstarb. Doch Brahe hatte einen Gehilfen, der seine Arbeiten entscheidend weiterführte: **Johannes Kepler**.

CHRISTIAN IV. (1577 – 1648)

Im Zeichen des C4

Er ist der volkstümlichste und bis heute beliebteste Monarch der dänischen Geschichte. Doch nicht alles, wofür König Christian IV. stritt, brachte seinem Land Glück. Ein großer **Baumeister** war er auf alle Fälle. Im alten Kopenhagen gibt es kaum ein prächtiges Gebäude,

wo nicht sein Signum prangt, ein großes »C« mit kleiner »4«. Für seine Seeleute und deren Familien gab er zudem die ersten Reihenhäuser Europas in Auftrag: Nyboder. Der Hof wurde zum Hort der Kultur. Der Musik liebende Monarch ließ die Hofkapelle vergrößern, Instrumente bauen und damalige Star-Musiker wie Heinrich Schütz, Michael Praetorius und John Dowland nach Kopenhagen holen. Seine Vision, Dänemark als Seemacht Gewicht zu verleihen und ein Großreich zu schaffen, scheiterten an einem mächtigen Gegenspieler: Gustav II. Adolf von Schweden. Die vielen Feldzüge schröpften die Kassen des Königsreiches und brachten keinen Landgewinn, sondern territoriale Verluste. Grönland fiel kampflos an die Krone – der junge König hatte die Insel bereits 1599 bei einer Nordkap-Umrundung in Besitz genommen. Seine exzessive Lebenslust kannte keine Grenzen, weder bei Saufgelagen noch beim Sex – mit vier Frauen zeugte er **23 Kinder**, zehn allein mit Ellen Marsvin.

NIKOLAJ FREDERIK SEVERIN GRUNDTVIG (1783–1872)

Singen und Lernen

Pfarrer Grundtvig war ein unermüdlicher Patriot: Mit **»Die Mythologie des Nordens«** (1808) brachte er den Dänen die nordisch-heidnischen Mythen nahe; mit mehr als 400 selbst verfassten Liedern dominiert er das **Kirchengesangbuch** – und damit jeden Gottesdienst im Land. Seine pädagogischen Ziele verwirklichte Grundtvig als Pionier der Erwachsenenbildung: 1844 gründete er in Rødding auf Jütland Dänemarks erste **Volkshochschule**, die ohne Lehrpläne und Examenszwang Erwachsenen eine allgemeine Orientierung über das tägliche Leben bot.

BJARKE INGELS (GEB. 1974)

Urbane Utopien

Er baut Großsiedlungen als geschwungene Acht (8 Tallet), Wohnkasernen als Berglandschaft in Stein (Bjerget) und versteckt ein Müllkraftwerk in einem Skiberg: Mit seiner ungewöhnlichen urbanen Architektur, die vom Streben nach sozialer Verantwortung und Nachhaltigkeit geprägt ist, wurde Bjarke Ingels zum **Shooting Star der dänischen Architekturszene**. 50 Jahre nach Le Corbusier gibt Ingels dessen »Unités d'Habitations«, riesigen, einst kastenförmigen Wohnmaschinen, eine menschenwürdigere Optik, die die Natur zitiert. Denn, so Bjarke Ingels: »Ich will Zeichen in die flache dänische Landschaft setzen – und eine neue Landschaft schaffen, die Lebensqualität bietet und Spaß macht.« Seine bekanntesten Bauten entstanden dort, wo er 1974 geboren wurde: in Kopenhagen. Nach seinem Studium an der Königlich Dänischen Akademie für Kunst und Architektur gründete er dort mit Julien de Smedt PLOT Architects, die für den Entwurf der Konzerthalle von Stavanger den Goldenen Löwen der Architekturbiennale von Venedig erhielten – und Kopenhagen das erste Hafenbad auf Islands Brygge schenkten. Trotz des großen Erfolges verließ Ingels 2006 seinen Partner bei PLOT und gründete das Architekturbüro BIG.
Zur Bjarke Ingels Group gehören heute 60 Architekten aus 17 Ländern, die in der Nørrebrogade nach dem Motto »Yes is More« Projekte austüfteln, die »gesellschaftlich, wirtschaftlich und umweltmäßig perfekte Orte« sind: die Nationalbibliothek von Kasachstan, der dänische Pavillon der Expo 2010 in Shanghai, eine energieautarke

Insel in der Bucht von Baku, die tanzenden Türme von Miami und das Tamayo-Museum in Mexico City. Seit 2011 baut Ingels das neue Müllheizkraftwerk der kommunalen Abfall- und Energiefirma Kopenhagen Amagerforbraending. Ab 2016 können die Kopenhagener dort dann erstmals mitten in der Stadt Ski fahren. Ursprünglich wollte Ingels Comic-Zeichner werden – sein Architekturstudium war, so sagt er selbst, eher eine Verlegenheitslösung. Und so fasst er sein Architekturcredo auch nicht in Worte, sondern zeichnete es mit schnellen Strichen auf Papier: »Yes is More: Eine Archicomic zur Evolution der Architektur« (Taschen Verlag 2012).

SØREN KIERKEGAARD (1813 – 1855)

Philosoph und Schriftsteller

»Was von einem Toten kommt«, prophezeite Søren Kierkegaard kurz vor seinem Tod, »darauf wird man weit eher hören!« Er behielt Recht. Von seinen Zeitgenossen wollten und konnten den schwermütigen Denker und dessen **quälenden Zwiespalt** zwischen pietistischem Herrnhutertum und Hegels Dialektik nur wenige begreifen. In rund 40 dichterisch-philosophischen Titeln behandelte der Sohn eines streng religiösen Wolltuchmachers die **Conditio Humana** des modernen Menschen. Von Gott isoliert, prägen Angst und Verzweiflung seine Existenz. Einzig im Augenblick des Glaubens befindet sich das Selbst im richtigen Verhältnis zu sich und ohne Verzweiflung. 1841 löste der zurückgezogene Philosoph die Verlobung mit Regine Olsen, weil er »in religiösem Sinn bereits als Kind Gott versprochen war«. 1854 begann er mit scharfen Angriffen gegen die offizielle Verkündigung des Christentums und kirchliche Autoritäten seinen **»Kirchenkampf«**. Am 2. November 1855 brach Kierkegaard ausgebrannt auf der Straße zusammen, kam ins Krankenhaus und starb neun Tage später. In der Nachfolge seiner Haltung stehen dialektische Theologen und Existenzphilosophen.

ARNOLD MÆRSK MC-KINNEY MØLLER (1913 – 2012)

Milliardär und Mäzen

Mit geschätzten 5 Mrd. Euro war der Industrielle laut Forbes die Nr. 90 unter den reichsten Menschen der Welt. 1965 übernahm der gebürtige Svendborger die Leitung der väterlichen Reederei und baute sie bis 2003 erst als Direktor, dann als Vorsitzender zum größten skandinavischen Unternehmen aus. Dazu gehören die weltgrößte

Containerlinie **Mærsk Line**, die mit 550 Schiffen rund 20 Prozent des Weltcontainermarktes abdeckt, die Supermarktketten Dansk Supermarked und Netto, die Volkswerft in Stralsund und eine Containerfabrik in Tinglev sowie Betriebe der Elektro-, Kunststoff und Autoteileindustie. Zusammen mit seiner Frau Chastine gründete er die mit 100 Mio. Kronen ausgestattete und damit reichste Stiftung Dänemarks, deren gemeinnützige Projekte für Furore sorgen. 2005 schenkte Møller mit Geldern seiner Stiftung Kopenhagen ein neues Opernhaus, 2006 der dänischen Minderheit in Schleswig eine Gemeinschaftsschule mit gymnasialer Oberstufe. 2009 wurde mit Stiftungsgeldern die Düppeler Mühle renoviert, die seit 1995 als Mahnmal und Museum an den Sturm auf die Düppeler Schanzen 1864 erinnert, 2011 das Aarhuser For Frue Kloster saniert, 2012 das Krankenhaus von Nuuk/Grönland modernisiert und erweitert. Møller war der einzige Träger des höchsten dänischen Ordens, des »Elefantenordens«, der nicht Mitglied des Königshauses oder ein ausländischer Staatschef ist.

ASTA NIELSEN (1881 – 1972)

Stummfilmmuse

Kein Hollywoodstar, sondern eine dänische Mimin erhielt die erste **Supergage** der Filmgeschichte: Asta Nielsen. Ihr erster Film, »Der Abgrund«, brachte ihr zwar nur 200 Kronen (53,60 Dollar), aber einen Vertrag für weitere Filme in Deutschland. Ende 1912 verdiente sie beim Berliner Produzenten Paul Davidson 1500 Dollar pro Woche – der bestbezahlte US-Star jener Zeit hingegen nur 250 Dollar. Bereits als Kind kam das einfache Arbeiterkind Asta mit dem Theater in Berührung, ab 1902 war sie in Kopenhagen fest angestellt, doch erst in Deutschland stieg sie zum **Stummfilmstar** auf. Berühmtheit erlangte sie vor allem durch Filme, die von der großen, unglücklichen Liebe handeln. Zu ihren bekanntesten Streifen gehören »Hamlet« (1920), »Fräulein Julie« (1922) und »Die freudlose Gasse« (1925). Ihre Filmkarriere endete mit dem Tonfilm, einzig in »Unmögliche Liebe« trat sie 1932 auf. Nielsen erkannte, dass trotz der angenehmen Stimme ihr gekonntes Mienenspiel im neuen Medium unterging. Konsequent lehnte sie Filmangebote ab, widmete sich dem **Theater** und veröffentlichte 1946 ihre Autobiografie »Die schweigende Muse«. 1968 erschien ein von ihr produzierter, autobiografischer Dokumentarfilm. Im Alter beinahe mittellos und durch den Selbstmord ihrer Tochter verzweifelt, wollte Asta Nielsen mit 83 Jahren nur noch sterben. Da begegnet ihr das

Wunder der Liebe: Christian Anders Theede (1899 – 1988). Nach überstandenem Herzinfarkt heiratete Asta im Januar 1970 den merklich jüngeren Galeristen. Intime Einblicke in ihre Beziehung geben die Briefe der beiden in **»Liebe mit Achtzig«** (Jovis 1997). Nach einem Sturz im Badezimmer starb sie am 25. Mai 1972 in Frederiksberg und wurde auf dem Vestre Kierkegård in Kopenhagen beigesetzt.

JOHANN FRIEDRICH GRAF VON STRUENSEE (1737 – 1772)

Aufgeklärter Staatsmann und Arzt

Eineinhalb Jahre leitete Johann Friedrich Struensee die politischen Geschicke Dänemarks. Der in Halle a. d. Saale geborene Arzt war 1758 – 1768 Stadtarzt im dänischen Altona, heute ein Hamburger Bezirk. 1769 holte ihn der kränkelnde, geistig labile König Christian VII. als **Leibarzt** an den dänischen Hof. Binnen kürzester Zeit gewann er – auch dank seines Verhältnisses mit der unglücklich verheirateten **Königin Caroline Mathilde**, die sein Kind gebar – zusehends politische Macht. Als **Geheimer Kabinettsminister** versuchte Struensee, das feudale Dänemark in einen aufgeklärten Staat zu reformieren. Er schaffte die Folter ab, lockerte die Leibeigenschaft und beschnitt die Rechte des Adels. Doch mit seiner Politik machte er sich am Hof auch Feinde. Unterstützt von der Presse – Struensee hatte die Zensur aufgehoben – hetzten sie gegen das »Deutschtum« des »Königinnenschänders« und »Tyrannen«. Am 17. Januar 1772 ließ der König Struensee und Caroline Mathilde verhaften. Die aus England stammende Königin durfte nach Celle ausreisen, wo sie drei Jahre später starb. Struensee wurde wegen **Hochverrats** zum Tode verurteilt und auf dem Osterfeld vor Kopenhagen unter dem Beifall der Bevölkerung enthauptet, nachdem ihm erst, wie es das Gesetz vorsah, die rechte Hand abgehauen worden war. Die royale Dreiecksgeschichte verfilmte der dänische Regisseur Nikolaj Arcel 2012 in »Die Königin und ihr Leibarzt« – ein Liebesdrama, das drei wunderbare Darsteller ganz menschlich werden lassen.

BERTEL THORVALDSEN (1768 – 1844)

Begnadeter Bildhauer

Der Sohn eines isländischen Holzschnitzers war zu Lebzeiten neben Antonio Canova der größte Bildhauer des Klassizismus. Den überwiegenden Teil seines Lebens, von 1797 bis 1838, verbrachte er als **»Sculptore Alberto«** in Rom, wo er die Werke der klassischen Kunst studierte. Am Ende seines Lebens besaßen viele europäische Metropolen ein Werk aus seinem Atelier, in dem ihn rund 50 Schüler und Mitarbeiter beim gewaltigen **Auftragspensum** unterstützten: U. a. fertigte er für Rom den Alexanderfries, für Kopenhagen die Ausschmückung der Trinitatiskirche, für Stuttgart eine Schillerstatue und für München ein Reiterdenkmal von Kurfürst Maximilian. Als er 1838 nach Kopenhagen zurückkehrte, bereitete ihm die Bevölkerung Kopenhagens einen triumphalen Empfang. Seinen Tod inmitten einer Theatervorstellung empfand ganz Dänemark als Unglück. Nachlassverwalter wurde seine Heimatstadt, mit der Auflage, ein **Thorvaldsenmuseum** zu bauen. Seit 1846 sind dort seine sämtlichen Werke und seine Kunstsammlungen ausgestellt.

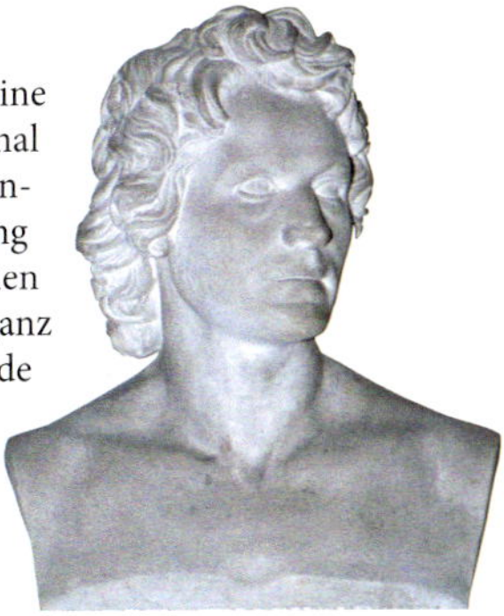

LARS VON TRIER (GEB. 1956)

Regisseur mit Regelwerk

▸Abb. S. 34

Unter Cineasten ist der Kopenhagener Filmemacher längst eine Legende – als Mitbegründer des Regelwerks **Dogma 1995**, das durch den Verzicht auf Spezialeffekte und künstliche Beleuchtung einen neuen Realismus im Film erreichen wollte. Dem breiteren Publikum bekannt wurde Lars von Trier durch die nordschottische Passionsgeschichte **»Breaking the Waves«** und das Musical-Melodrama **»Dancer in the Dark«** mit der isländischen Popsängerin Björk, das 2000 in Cannes die Goldene Palme erhielt. 1992 startete sein Projekt »Dimension«, für das er jährlich nur drei Minuten aufnimmt – Ende der Drehzeit 2024. Mit »Dogville« begann er 2003 eine filmische **USA-Trilogie**, obgleich er nie dort gewesen ist – von Trier leidet unter Flugangst –, gedreht wurde im schwedischen Trollhättan. 2005 folgte als zweiter Teil »Manderley«.
Ab 2001 arbeitete von Trier für die Bayreuther Festspiele an einer Inszenierung von Richard Wagners **»Der Ring des Nibelungen«**, 2005 gab er den Auftrag überraschend zurück mit der Begründung, der Opernzyklus übersteige seine körperlichen Kräfte. Die zweijährige Vorbereitung hat jedoch sein filmisches Schaffen beeinflusst: den futuristischen Katastrophenfilm »Melancholia«, 2010 mit Charlotte Gainsbourg und Kiefer Sutherland in Schweden gedreht, entspricht mit Ouvertüre, zwei Akten und Finale dem Aufbau einer Oper – und klingt auch so. Als Filmmusik wählte von Trier Wagners »Tristan und Isolde«. Bei den Filmfestspielen in Cannes kam es während der Pressekonferenz zu Melancholia zum Eklat – Lars von Trier, der dort Sympathie und Verständnis für Adolf Hitler zeigte, wurde prompt vom Festival ausgeschlossen. Später entschuldigte er sich für seine »dummen« und »falschen« Äußerungen. Doch bis heute liebt er es, zu provozieren, zuletzt mit seinem Erotikdrama **»Nymphomanic«** mit Charlotte Gainsbourg, Uma Thurman, Shia LaBeouf und Willem Dafoe in den Hauptrollen, das 2013 in einer zensierten und einer expliziten Fassung in die Kinos kam.

HAY
HAY
HAY
HAY
HAY
HAY
MONEY
CHANGE

ERLEBEN UND GENIESSEN

Was liegt im Trend? Wohin am Abend? Wo kann man besonders gut essen und am schönsten shoppen? Was unternimmt man mit Kindern, welche Hotels sind zu empfehlen, und wie bucht man die wichtigsten Events? Lesen Sie es nach – am besten schon vor der Reise!

Am Abend

Lange Nächte

In Kopenhagen pulsiert das Nachtleben. Ob Theater, Jazz oder Technoparty – hier kann jeder die Nacht zum Tage machen. Ausgehmeile ist der Hafenkanal Nyhavn, angesagt bei Szenegängern sind Vesterbro, Nørrebro und Nørreport.

Viele Spots in der Stadt

Wird es Nacht in Kopenhagen, gibt es keinen Zweifel mehr: Die Dänen sind ein fröhliches Völkchen. Ob in Bars, Kneipen, Clubs oder Diskotheken, die Kopenhagener sind Kulturfans und Nachtschwärmer. Jung, bunt und ausgelassen feiert die dänische Hauptstadt in hervorragenden Locations.

In Kopenhagen hat jedes Viertel sein eigenes Epizentrum für das Nachtleben, in der Innenstadt konzentriert es sich auf wenige Straßen. Auf der Vester- und Skindergade feiert ein junges Publikum gerne laut und trinkfest; in der Sværtegade und Pilestræde haben schon Generationen von Kneipengängern süffigen Gerstensaft durch die Kehle laufen lassen. Im Latinerviertel rund um die alte Uni machen Studenten zu später Stunde schwulen Nachtschwärmern Platz. Sie zieht es in der Studiestræde zur Masken-Bar, der ältesten Homo-Bar der Stadt – oder zu schweißtreibenden Nächten in die 800 m^2 große Amigo-Sauna gleich nebenan. Die Larsbjørnsstræde war früher Kopenhagens verrufener Strich. Wo einst Huren und Luden nach Freiern Ausschau hielten, treffen sich heute Trendbewusste in den Bars und Cafés. Beliebt ist Din Nye Ven. Beim »Neuen Freund« bieten Kunstausstellungen und Konzerte Abwechslung von Tischfußball und traditionellen Brettspielen. Im Café »The Living Room«, mit gemütlichen Oma-Sesseln und Chaiselongues bestückt, legen abends DJs auf.

Bars & Beats in Vesterbro

Das sündige Kopenhagen galt in den 1960er- und 1970er-Jahren als freizügigste Stadt Europas. Auf Schiffen im Øresund wurden Swingerparties gefeiert, an Land zog es die Sextouristen nach Vesterbro. Ins einstige Rotlichtviertel haben Künstler und Gastronomen längst frischen Wind und neue Ideen gebracht und eine bunte, experimentierfreudige Szene geschaffen, die auch nachts das Viertel pulsieren lässt. Hotspot des Nachtlebens ist das einstige Schlachthofareal Kødbyen, wo sich einige der angesagtesten Bars und Clubs des Nordens versammeln. In Nørrebrø trifft man sich nach dem Essen am Sankt Hans Torv, in Østerbro geht es – schick gestylt – ins Park-Café, das wie viele Kopenhagener Clubs erst früh um 5.00 Uhr schließt.

Wie wär's mit einem Aperitif vor dem Abendessen? In der Bar 1105 hat Gromit Eduardsen der Hauptstadt einen eigenen Cocktail gewidmet.

All that Jazz

Kopenhagen genießt seit Jahrzehnten Weltruf als Skandinaviens Jazzmetropole. In den 1960er- und 1970er-Jahren siedelten sich hier amerikanische Jazzmusiker an; Größen wie Dexter Gordon, Ben Webster oder Thad Jones spielten hier zusammen mit dänischen Jazzern.

Im Frühjahr 1925 gastierte der Pianist und Bandleader **Sam Wooding** mit seinem Orchester in Kopenhagen – und brachte damit den Jazz nach Dänemark. Für viele dänische Musiker waren seine Konzerte die erste Begegnung mit dieser Musik, so auch für **Erik Tuxen** (1902 – 1957), dem späteren Chefdirigenten des Dänischen Rundfunkorchesters. Zusammen mit dem Komponisten **Bernhard Christensen** (1906 – 2004) gründete er Dänemarks erstes Jazz-Orchester. Zu den populärsten Jazzern der »Goldenen 1930er-Jahre« zählt der charismatische Pianist und Bandleader **Leo Mathisen** (1906 – 1969) – ein dänisches Pendant zu Fats Waller. Doch erst zu Beginn der 1960er-Jahre öffnete mit dem **Montmartre** Kopenhagens erster Jazzclub. In dem intimen Café mit Club-Atmosphäre traten von Anfang an herausragende amerikanische Musiker auf – viele von ihnen wurden in Kopenhagen sesshaft. Bereits 1958 hatten der Tenorsaxophonist **Stan Getz** (1927 – 1991) und der Bassist **Oscar Pettiford** (1922 – 1960) Kopenhagen zur Wahlheimat erklärt, nun kamen der Saxophonist **Dexter Gordon** (1923 – 1990), der Pianist **Kenny Drew** (1928 – 1993) und der Saxophonist **Ben Webster** (1909 – 1973), der wie Pettiford und Drew auf dem Assistens Kirkegård begraben liegt.

In den 1970er- und 1980er-Jahren folgten die Pianisten Duke Jordan (1922 – 2006) und Horace Parlan (geb. 1931), der Schlagzeuger Ed Thigpen (1930 – 2010) und der Trompeter **Thad Jones** (1923 bis 1986), der Leiter der Big Band des Dänischen Rundfunks wurde.

Die US-Stars inspirierten die dänischen Musiker, statt sie zu ersticken. So gründeten Kenny Drew, der dänische Jazzbassist **Niels Henning Ørsted Pedersen** (1946 – 2005) und der Schlagzeuger **Axel Riel** (geb. 1940) im Montmartre eine Haus-Rhythmusgruppe, die bis zum Tode von Pedersen als eine der besten dänischen Jazz-Ensembles galt. Mittelpunkt der Freejazz-Szene wurde der dänische Saxophonist **John Tchicai** (1936 – 2012). **Finn Ziegler** (1935 – 2005) war ein gefeierter Geiger und Vibrafonist. Ein internationaler Star ist auch der dänische Jazztrompeter, Komponist und Band-Leader **Palle Mikkelborg** (geb. 1941), der 1984 für Miles Davies die Suite Aurora spielte. 2001 wurde Mikkelborg für sein Lebenswerk die höchste Ehrung für Musiker in Skandinavien verliehen – der Musikpreis des Nordischen Rates.

Neue Klänge

Als in den 1970er-Jahren die Rockmusik die führende Rolle auf dem Musikmarkt übernahm, wurden

Kopenhagen swingt – im Sommer gerne auch am Kai des Nyhavn.

zahlreiche öffentliche Förderungsmaßnahmen eingeführt, um die lebendige, vielfältige Jazzszene zu erhalten. Dazu gehört auch das 1979 gegründete **Copenhagen Jazz Festival** (www.jazz.dk). Von Anfang bis Mitte Juli schallt Kopenhagen-Besuchern alle paar Meter ein anderer Sound entgegen: von Bop bis Free, von früh bis spät nachts – mehr als 850 Konzerte in 15 Open-Air- und 50 Indoor-Stätten. Auf Plätzen und Booten, in Parks und Innenhöfen, in Theatern, Museen oder Studentenheimen, selbst im Polizeirevier wird während des größten europäischen Jazztreffens zehn Tage lang musiziert. Rund 80 Prozent der Konzerte bestreiten einheimische Künstler.

Im Januar sorgt der landesweit veranstaltete **Vinter Jazz** (www.vinterjazz.dk) mit 200 Konzerten für heiße Rhythmen in der kalten Saison. Seit 1991 ist das **Copenhagen Jazz-House** in der Niels Hemmingsgade 10 Topadresse für Jazzfans und Bühne international bekannter Musiker. Insider zieht es Freitag und Samstag um 15.30 Uhr zur **Jazzcup**, wo bekannte und unbekannte Jazzer vor zwei Dutzend kenntnisreicher Zuhörer zwei Stunden lang im intimen Kreis des Jazzfachgeschäftes musizieren – bester Jazz, ganz hautnah.

Ausgebildet wird der Jazznachwuchs an **Det Rytmiske Musikkonservatorium** (www.rmc.dk). 1996 bezog das einzige Konservatorium für Rhythmische Musik in Nordeuropa seine Räume auf der einstigen Militärinsel Holmen, wo regelmäßig bei kostenlosen Konzerten die Stars von morgen aufspielen.

Jazz wanted

Eine gute Einführung in die Jazzszene geben die rund fünfstündigen Stadtspaziergänge mit Kopenhagener **Jazz-Führer**, bei denen namhafte Musiker, Clubs und Konzerte präsentiert und drei bis vier Jazz-Locations auch besucht werden (www.jazzguides.dk).

Clubs, Bars und Szenekneipen

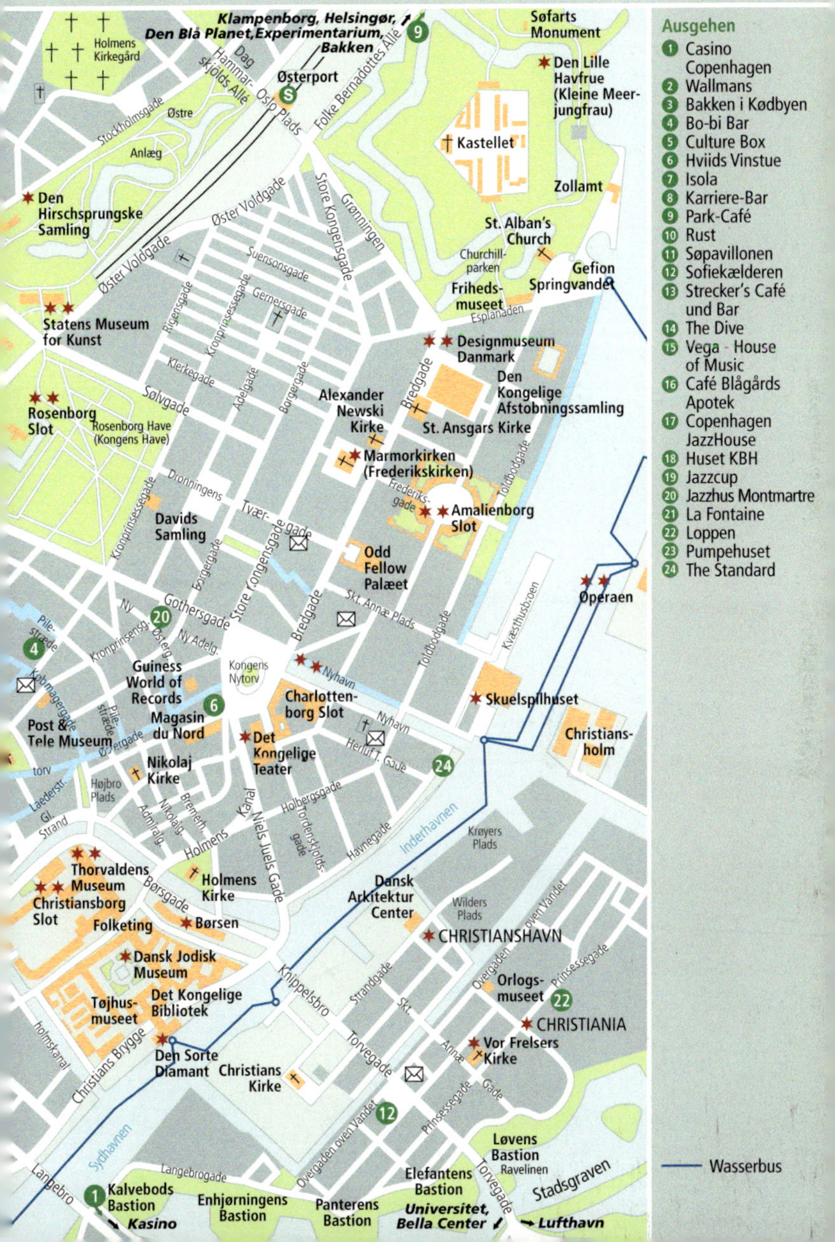
Ausgehen
1 Casino Copenhagen
2 Wallmans
3 Bakken i Kødbyen
4 Bo-bi Bar
5 Culture Box
6 Hviids Vinstue
7 Isola
8 Karriere-Bar
9 Park-Café
10 Rust
11 Søpavillonen
12 Sofiekælderen
13 Strecker's Café und Bar
14 The Dive
15 Vega - House of Music
16 Café Blågårds Apotek
17 Copenhagen JazzHouse
18 Huset KBH
19 Jazzcup
20 Jazzhus Montmartre
21 La Fontaine
22 Loppen
23 Pumpehuset
24 The Standard
Wasserbus
Klampenborg, Helsingør, Den Blå Planet, Experimentarium, Bakken
Holmens Kirkegård
Dag Hammarskjölds Allé
Østerport
Oslo Plads
Folke Bernadottes Allé
Søfarts Monument
Den Lille Havfrue (Kleine Meerjungfrau)
Kastellet
Zollamt
Stockholmsgade
Østre Anlæg
Den Hirschsprungske Samling
Øster Voldgade
Store Kongensgade
Grønningen
St. Alban's Church
Churchillparken
Gefion Springvandet
Frihedsmuseet
Esplanaden
Suensonsgade
Gernersgade
Rigensgade
Kronprinsessegade
Statens Museum for Kunst
Designmuseum Danmark
Den Kongelige Afstøbningssamling
Klerkegade
Adelgade
Borgergade
Alexander Newski Kirke
Bredgade
St. Ansgars Kirke
Sølvgade
Rosenborg Slot
Rosenborg Have (Kongens Have)
Marmorkirken (Frederikskirken)
Toldbodgade
Dronningens Tværgade
Frederiksgade
Amalienborg Slot
Davids Samling
Odd Fellow Palæet
Skt. Annæ Plads
Kvæsthusbroen
Operaen
Gothersgade
Ny Adelg.
Pilestræde
Kronprinsensg.
Østerg.
Kongens Nytorv
Nyhavn
Guiness World of Records
Magasin du Nord
Købmagergade
Charlottenborg Slot
Skuespilhuset
Post & Tele Museum
Det Kongelige Teater
Herluf T. Gade
Christianshholm
Nikolaj Kirke
Højbro Plads
Læderstr.
Gl. Strand
Admiralg.
Nikolajg.
Bremerh.
Holmens Kanal
Niels Juels Gade
Holbergsgade
Tordenskjoldsgade
Havnegade
Inderhavnen
Krøyers Plads
Thorvaldsens Museum
Christiansborg Slot
Børsgade
Holmens Kirke
Dansk Arkitektur Center
Wilders Plads
Folketing
Børsen
CHRISTIANSHAVN
Overgaden oven Vandet
Dansk Jodisk Museum
Knippelsbro
Strandgade
Orlogsmuseet
Prinsessegade
Det Kongelige Bibliotek
Tøjhusmuseet
CHRISTIANIA
Skt. Annæ Gade
Vor Frelsers Kirke
Holmskanal
Christians Brygge
Den Sorte Diamant
Christians Kirke
Torvegade
Sydhavnen
Langebro
Langebrogade
Løvens Bastion
Ravelinen
Stadsgraven
Kalvebods Bastion
Kasino
Enhjørningens Bastion
Panterens Bastion
Elefantens Bastion
Universitet, Bella Center
Lufthavn

SHOW & SPIEL

►Karte S. 50/51

❶ Casino Copenhagen

Amager Boulevard 70
Tel. 33 96 59 65
www.casinocopenhagen.dk
Roulette, Blackjack und einarmige Banditen: Nordeuropas größtes Kasino ist eine Spielhölle mit Stil.

❷ Wallmans

Jernbanegade 8, Circusbygningen
Tel. 33 16 37 00
www.wallmans.dk
Im zylinderförmigen Zirkus- und Varietégebäude von 1885 lädt Wallmans Salonger mit Akrobatik und Songs von Elvis Presley, Frank Sinatra und Donna Summer zur Dinnershow. Menü Erw. ab 615 DKK, Kinder ab 343 DKK

CLUBS, BARS UND SZENEKNEIPEN

❸ Bakken i Kødbyen

Flæsketorvet 17-19
www.bakkenkbh.dk
Der einstige Schlachthof ist heute der Hotspot für Nachtschwärmer.

❹ Bo-bi Bar

Klareboderne, Tel. 33 12 55 43
In der Seemannskneipe von 1917 genießen heute Geschäfts- und Medienleute Jazz-Sounds zum eisgekühlten Aquavit.

❺ Culture Box

Kronprinsessegade 54
Tel. 33 32 50 50
www.culture-box.com
Club im Underground-Ambiente, in dem nur Techno und Electronica erklingen, oft auch live.

❻ Hviids Vinstue

►Baedeker Tipp S. 192

❼ Isola

Israels Plads 16, Tel. 27 28 14 28
www.isolabar.dk
Mo. – Sa. bis 5.00 Uhr früh
Bodenständiger Rockclub mit interessantem Programm – getrunken werden Hopfen und Malz.

Der größte Partytempel Skandinaviens: das Vega

8 Karriere-Bar
Flæsketorvet 57, Tel. 33 21 55 09
www.karrierebar.com, ► S. 256
Interaktiver Kunstgenuss zum Cocktail beim Kødbyen

9 Park-Café
Østerbrogade 79, Tel. 70 33 32 22
www.parkcafe.dk
Schicker Nachtclub mit Restaurant, Bar und häufigen Live-Konzerten – die Türsteher achten auf den richtigen Look. Streetwear hat keine Chance, Turnschuhträger bleiben draußen.

10 Rust
Guldbergsgade 8, Tel. 35 24 52 00
www.rust.dk
Klub, Bar und Galerie in Nørrebro: Das warme Ambiente des Livingroom lädt zum Entspannen, die Mainbar lockt mit leckeren Cocktails, im Bassement wird zu Grunge und BritPop getanzt, im Upstairs am Tisch gekickt.

11 Søpavillonen
Gyldenløvesgade 24
Tel. 33 15 12 24
www.soepavillonen.dk
Der 1896 erbaute Seepavillon ist stilvolle Diskothek mit drei Bars, an denen sich 25- wie 50-Jährige wohl fühlen. Allabendlich von 22.00 – 0.30 Uhr treten Livebands auf, danach legen DJs Pop, Rock, Latin und Klassiker auf.

12 Sofiekælderen
Overgaden Oven Vandet 32
Tel. 32 57 27 87
www.sofiekaelderen.dk
Angesagter Keller-Club in Christianshavn mit Jazz und Rock, live und vom DJ aufgelegt

13 Strecker's Café und Bar
Vesterbrogade 2B, Tel. 33 11 17 05
www.streckers.dk
Beliebte Bar mit Live-Folk und Pop an sieben Abenden

14 The Dive
Nørrebrogade 41, Tel. 25 41 48 01
Lässig-trendige Cocktailbar mit Nachtclub, die von Latin bis House alle Stilrichtungen bietet.

15 Vega – House of Music
Enghavevej 40
Tel. 33 25 70 11, http://vega.dk
Das einstige Gewerkschaftshaus aus den 1950er-Jahren ist heute Skandinaviens größter Musikkomplex, hier sind schon Prince, Björk und David Bowie aufgetreten.

JAZZ, ROCK UND SALSA

16 Café Blågårds Apotek
Blågårds Plads 2, Tel. 35 37 24 42
www.kroteket.dk
Verpassen Sie nicht den kostenlosen Blue Monday Jazz Jam, jeden Montag 20.00 – 23.00 Uhr!

17 Copenhagen JazzHouse
Niels Hemmingsens Gade 10
Tel. 33 15 47 00
www.jazzhouse.dk
Im ehemaligen Theater geben unter der Woche internationale Jazzkünstler Konzerte, am Wochenende wird auf der Tanzfläche abgehottet.

18 Huset KBH
Rådhusstræde 13, Tel. 33 69 32 00
www.huset-kbh.dk
Kopenhagens größtes und ältestes Kulturzentrum unterhält mit Livemusik, Literatur, Film und Theater – viele Events sind kostenlos!

⑲ Jazzcup

Gothersgade 107, Tel. 33 33 87 40
www.jazzklubben.dk
Gegenüber vom Kongens Have Livejazz in gemütlicher Klein-Club-Atmosphäre im Jazzshop, 20 DKK, Fr./Sa. 15.30 Uhr

⑳ Jazzhus Montmartre

Store Regnegade 19 A
Tel. 31 72 34 94
www.jazzhusmontmartre.dk
Wo einst Stars wie Ben Webster, Dexter Gordon und Stan Getz unvergessene Auftritte hingelegt haben, sorgt der dänische Jazzpianist Niels Lan Doky heute für ein Programm quer durch alle Stile.

㉑ La Fontaine

Kompagnistræde 11
Tel. 33 11 60 98
www.lafontaine.dk
Fr. und Sa. wird live gejazzt von 22.00 bis 2.00 Uhr früh, Mo. bis Do. gibt's Jazz vom Plattenteller.

㉒ Loppen

Sydområdet 4B, Tel. 32 57 84 22
www.loppen.dk
Einer der besten Rockclubs der Stadt bringt seit 1973 ein Packhaus von Christiania zum Beben, Fr. und Sa. kann bei der Nachtdisco abgehottet werden. Bei Hunger geht's einen Stock höher in den Speiseloppen.

㉓ Pumpehuset

Studiestræde 52, Tel. 33 93 19 60
www.pumpehuset.dk
Ob Live-Gigs, Melody Maker-Contests oder harte Beats: Das ehemalige Wasserwerk ist eine In-Location für Rockfans.

㉔ The Standard

Havnegade 44
www.clausmeyer.dk/en/restaurants/the_standard.html
www.thestandardcph.dk
2013 eröffnete Starkoch Claus Meyer gemeinsam mit Jazzmusiker Niels Lan Doky im ehemaligen Zollhaus eine 1300 m² große Jazzlocation mit Bühne für nationale und internationale Gäste, drei Restaurants und zwei Bars.

Kulturtempel am Hafen: Von Holmen blickt man auf das Schauspielhaus.

THEATER, OPER, BALLETT UND KONZERTE

Vielfältiges Angebot

Wer des Dänischen nicht mächtig ist, wird kaum eine der hervorragenden Inszenierungen an den kleinen und großen Bühnen der Stadt genießen können. Auch viele bekannte Opern, die im **Opernhaus** zu hören sind, werden auf Dänisch gesungen. Das 1982 von Søren Hall gegründete **London Toast Theatre**, dessen Bühne der Glassalen des Tivoli ist, gilt als größtes englischsprachiges Theater Nordeuropas. 1998 wurde mit Shakespeares »Hamlet« das von Boje Lundgaard und Lene Tranberg entworfene **Schauspielhaus** am Sankt Annæ Plads 36 als Dänemarks Hauptbühne für Sprechtheater eröffnet.

Zu den Leitfiguren neuer Theaterformen gehört seit mehr als 30 Jahren **Trevor Davies**, der 1979 **Københavns Internationale Theater** (KIT) gegründet hat. Seitdem hat die Theatertruppe immer wieder mit experimentellen, Cross-over- und Mixed-Media-Produktionen für Furore gesorgt. Seit 2005 gehört dazu das **Ny Cirkus Festival** im August – 2014 steigt es das nächste Mal. Als Labor für Stadtkultur und -kunst versteht sich das **Laboratory Festival**, das alljährlich im Juni für Staunen in den Straßen sorgt.

Einen unvergesslichen Abend versprechen die Ballettaufführungen im **Königlichen Theater** am Kongens Nytorv. Zu den bekanntesten Inszenierungen gehören die Werke des dänischen Tänzers und Choreografen **August Bournonville**, (1805 bis 1879). Der Däne mit französischen Wurzeln war mit einigen Unterbrechungen von 1830 bis 1877 Direktor des Königlichen Dänischen Balletts gewesen. Unbeschwert, virtuous und lebendig sollte sein **Ballett** getanzt werden – denn das Publikum solle nicht sehen, wie schwer es in Wirklichkeit sei. Als »Bournonville-Schule« ging sein Ballettstil in die Geschichte ein. Fest zum Repertoire des Theaters gehören seine Stücke »Die Sylphide« (1832), »Napoli« (1842), »Das Konservatorium« (1849), »Die Kirmes in Brügge« (1851) und »Eine Volkssage« (1854), für das Königin Margrethe II. 1991 das Bühnenbild entwarf.

Hinweise zum Kulturkalender finden sich in den Broschüren **Copenhagen This Week**, jeden Freitag in der »Copenhagen Post« sowie online in der Eventdatenbank von **VisitCopenhagen**. Das ganze Jahr hindurch ist der Veranstaltungskalender mit Kunst und Kultur, Street Art und Happenings prallt gefüllt: Vinter Jazz in Kopenhagen oder lieber Rock in Roskilde – was lockt Sie?

> ! BAEDEKER TIPP
>
> ***Experimentelle Bühne***
>
> Über Nacht internationale Aufmerksamkeit erregte 2012 das **Café Teatret** mit der Ankündigung, ein Stück auf Basis des Manifests von Massenmörder Anders Breivik auf die Bühne zu bringen. Nur die Kopenhagener regten sich nicht auf: Sie kennen und schätzen den Spielplan der 1972 gegründeten Bühne, die es immer wieder wagt, komplexe und kontroverse Themen zur Sprache zu bringen (Skindergade 3, www.cafeteatret.dk).

THEATER, OPER, BALLETT UND KONZERTE

Ticketservice Billetnet

August Bournonvilles Passage 1
Kongens Nytorv
Tel. 33 69 69 69
www.billetnet.dk
Mo. – Sa. 10.00 – 16.00 Uhr
Last-Minute-Karten am Veranstaltungstag

Det Kongelige Teater

▸ Sehenswürdigkeiten, S. 191

Skuelspilhuset

▸ Sehenswürdigkeiten, S. 220

Operaen

▸ Sehenswürdigkeiten, S. 221

Dansehallerne

Pasteursvej 20
Tel. 33 88 80 00
www.dansehallerne.dk
S- Bahn: Enghave, Buslinien 1A, 3 A, 6A, 10, 18, 26, 832

Det Ny Teater

Gammel Kongevej 29
Tel. 33 25 50 75
www.detnyteater.dk
Bahn: Hauptbahnhof + 10 Min. Fußweg, Buslinien 6A, 14, 15, 26
Operetten und Musicals im Ambiente von 1908

DR Koncerthuset

Ørestads Boulevard 13
Tel. 35 20 30 40
www.dr.dk/koncerthuset
Metro: DR Byen, Vestamager
Buslinien: 33, 35, 77, 78
Das Konzerthaus des dänischen Rundfunks, 2009 als blauer Kubus von Jean Nouvel entworfen, ist Heimstatt klassischer Musik.

Folketeatret

Nørregade 39
Tel. 33 12 18 45
www.folketeatret.dk
Metro/S-Bahn: Nørreport
Buslinien: 5A, 6A, 14, 42, 43, 150 S, 350 S
Als Alternative zu den königlichen Theatern 1857 fürs Volk gegründet, werden heute drei Bühnen bespielt – auf der Store Scene populäre Werke und Musicals, auf der Hippodromen modernere Stücke, auf der Ung Scene kommen junge Autoren zu Wort.

Østre Gasværk Teater

Nyborggade 17
Tel. 39 27 91 11
www.gasvaerket.dk
S-Bahn: Svanemøllen, Nordhavn
Buslinien: 1A, 14, 18
Klassiker wie »Romeo und Julia«, aber auch Musicals wie »West Side Story« und neue Stücke wie »Dämonen« von Lars Norén werden auf der Bühne im alten Gasometer von 1883 gespielt.

Tivoli Konzertsaal

Vesterbrogade 3
Tel. 33 15 10 01
www.tivoli.dk
Klassische Symphonie-Konzerte, Jazz, Rock und Pop und während der Sommerpause des Königlichen Theaters auch Schauspiel werden auf der größten privaten Bühne Kopenhagens gezeigt.

KINO

Die Kinos in Kopenhagen präsentieren ausländische Filme im Originalton mit dänischen Untertiteln. Montagsvorstellungen sind meistens preiswerter.

Neue Blockbuster zeigt der Kinotempel Palads am Axeltorv.

Café-Biografen Vester Vov Vov
Absalonsgade 5
Tel. 33 24 42 00
www.vestervovvov.dk
Programmkino mit Café. Gezeigt werden Autorenfilme, unbekannte Festivalstreifen und alljährlich die Übertragung der Oscar-Nacht.

Cinemateket
Gothersgade 55
Tel. 33 74 34 12, www.dfi.dk
Im Programm: Höhepunkte der Filmgeschichte, dänische Kultstreifen und experimentelle Werke junger Filmemacher

Cinemaxx Fisketorvet
Kalvebod Brygge 52
Tel. 70 10 12 02
http://cinemaxx.dk/koebenhavn
Größter Kinokomplex im Einkaufszentrum Fisketorvet

Dagmar Teatret
Jernebanegade 2, Tel. 33 14 32 22
www.dagmar.dk
In den fünf Sälen des Dagmar füllen anspruchsvolle Filme und Blockbuster das Programm.

Imperial Biograf
Ved Vesterport 4, Tel. 70 13 12 11
www.imperialbio.dk
Kopenhagens schönster Kinosaal mit einmaliger Beinfreiheit

Palads
Axeltorv 9, Tel. 70 13 12 11
http://paladsbio.dk
Im 2013 renovierten Kinopalast warten 20 Säle mit Kinopremieren und aktuellen Blockbustern für jedes Alter. Die neun Bronzeskulpturen am Axeltorv stammen von Mogens Møller und sind abstrakte Interpretationen der Planeten unseres Sonnensystems.

Essen und Trinken

Smørrebrød & Sterneküche

Von der Würstchenbude bis zum weltbesten Restaurant: Kopenhagen bietet Gaumenfreunden für jeden Geschmack. Einen gut gefüllten Geldbeutel sollten Sie allerdings mitbringen für einen genussreichen Aufenthalt. Selbst in den preiswertesten Cafés liegen die Preise deutlich über dem deutschen Niveau. Schuld daran sind u. a. die MOMS, die 25-prozentige Mehrwertsteuer in Dänemark, und das Service-Entgeld, das 15 Prozent einer Restaurantrechnung ausmacht.

Reichhaltige Kost

Der Speiseplan beginnt mit einem reichen kontinentalen Frühstück, dem **Morgenmad** mit Brötchen, Ei, Orangensaft, Käse, Schinken und Aufschnitt. Das Mittagessen, **Frokost** genannt, wird ab 11.00 Uhr serviert. Besonders beliebt sind zur Tagesmitte die Buffets mit kalten und warmen Gerichten – Hering in vielerlei Marinaden, geräucherter oder Graved Lachs, deftige Frikadellen, Schweinebraten und Leberpastete. Den Magen schließt ein Stück Käse (ost), bei der Verdauung helfen Schnäpse wie Gammel Dansk oder Aquavit aus Aalborg. Das Abendessen wird ab 18.00 Uhr genossen, als kaltes **Aftensmad** oder warmes **Middag**-Menü, bei dem die vielfältige Restaurantszene und die Kür der Ny Nordisk Køkken (▶Baedeker Wissen S. 62) die Wahl schwer machen. Auch wenn an der Restaurantmeile des Nyhavn inzwischen eine überteuerte Touristenküche dominiert, gibt's nach wie vor hyggelige Lokale. Die idyllische Hafenfront lässt sich auch einfach nur mit einem frisch gezapften Bier oder einem Kännchen Kaffee genießen, im Blick die betagten Museumsschiffe. Wer die Dänen ganz privat kennenlernen möchte, kann ein **Homedinner** in einer dänischen Familie buchen (▶S. 21).

Pølsevogn

Seit 1910 gehören mobile **Würstchenbuden**, Pølsevogn, fest zum Stadtbild von Kopenhagen – in den 1950er-Jahren gab es mehr als 400 dieser Imbisse in der Stadt. 15 bis 25 DKK kosten hier die knallroten Würstchen mit Senf, Ketchup, Essiggurke und gerösteten Zwiebeln in der Weißbrotstange. Dass der Traditionssnack auch gesund sein kann, beweist seit 2009 der Ökotrophologe Claus Christensen mit dem ersten **Bio-Hotdog-Stand** der Stadt. Die Wurst beim Den økologiske Pølsemand (DØP, www.doep.dk) am Runden Turm besteht aus Rind-, Schweinefleisch oder Tofu, das Brötchen ist aus Vollkornroggenmehl und Leinsamen oder, ganz vegan, aus Sauerteig mit Kartoffel- oder Pastinakenmus. Gekocht wird mit Ökostrom, die Servietten und die Pappteller sind biologisch abbaubar.

2013 erhielt das Restaurant Geranium seinen zweiten Michelin-Stern.

Typisch dänische Gerichte

Die traditionelle dänische Küche liebt gehaltvolle Hausmannskost, ist reich an Brot- und Backspezialitäten und verwendet gerne Seefisch, würzigen Käse, Joghurt und Buttermilch.

Dansk bøf: Undenkbar, dass es in Det Lille Apotek auf der Karte fehlt: Dansk bøf ist dort seit 1720 ein Middag-Klassiker. Doch wer nun ein saftiges Steak erwartet, hat sich geirrt: Das Rindfleisch kommt als saftige, knusprig gebratene Frikadelle daher, die auf einem Spiegel brauner Bratensoße ruht – und ist nur echt mit gebratenen Zwiebeln, Kartoffeln und Roter Bete als Beilage.

Fyldt rødspætte: Ein Fischklassiker, der seit Jahrhunderten zum Speiseplan der Kopenhagener gehört, ist die gebratene Scholle, die heute meist am Sonntag auf den Tisch kommt. Besonders schmackhaft wird sie mit Spargelspitzen und Krabben gefüllt. Mit Zitronensoße und jungen Salzkartoffeln ein Gedicht für Fischfans!

Stegt ål: Bereits zur Eisenzeit wurde in Kopenhagen Aal genossen, wie Skelettfunde aus jener Zeit den Archäologen verrieten. Neben dem Räuchern ist besonders das Braten des äußerst fettreichen Fisches bei den Dänen beliebt. Dann heißt er »Stegt ål« und paart sich gerne mit jungen Salzkartoffeln und frischer Petersilie – und verlangt nach getaner Mahlzeit nach einem kleinen Verdauungshelfer: Wie wär's mit einem Gammel Dansk, dem berühmten Kräuterschnaps, oder einem eisgekühlten Aquavit aus Aalborg?

Flæskesteg: Heiligabend essen die Dänen am liebsten einen knusprigen Schweinebraten mit Rotkohl und karamellisierten Kartoffeln. Zum Nachtisch gibt es Mandelreis mit Kirschsoße. Im Reis ist nur eine ganze Mandel – wer sie findet, bekommt das erste Geschenk.

Bondepige med slør: Schwarzbrot, Apfelmus und Sahne sind die Zutaten für einen Traditionsnachtisch, der ein Festmahl abschließt. Die Zubereitung ist blitzschnell: Das zerkrümelte Schwarzbrot wird mit Butter und Fett in der Pfanne karamellisiert und dann abwechselnd schichtweise mit Apfelmus in eine Schale gefüllt. Ist das »Bauernmädchen« vollendet, erhält es einen weißen Schleier aus steif geschlagener Sahne, den eine Kirsche oder andere rote Frucht bekrönt.

Wienerbrød: 1850 streikten die dänischen Bäcker. Damit das Volk dennoch sein tägliches Brot hatte, wurden Bäcker aus Österreich geholt – die ihre eigenen Rezepte mitbrachten. Die Dänen liebten das neue Backwerk aus Blätterteig und tauften es »Wienerbrot«. Ganz klassisch kommt der Dänen-Plunder mit einer Füllung aus Marzipan oder Butterkrem daher, verziert wird er mit Mandelsplittern und Zuckerguss. Nicht immer kleine Teilchen oder nur handgroß – als »Kanelstang«, Zimstange, sind sie sogar selten weniger als einen halben Meter lang!

Die neue nordische Küche

Eine neue Generation kreativer Köche sorgt für frischen nordischen Genuss in Kopenhagens Küchen. Ny Nordisk Køkken macht die Hauptstadt zum Hotspot der Feinschmecker.

Als Hochburg der neuen nordischen Küche gilt das zweifach michelinbesternte **NOMA** (▸S. 70), das 2010 – 2013 vom britischen »Restaurant Magazine« alljährlich zum besten Restaurant der Welt gekürt worden ist. Hier komponieren die Küchenchefs **René Redzepi** und **Thorsten Vildgaard** raffinierte Gerichte aus typisch skandinavischen, aber weniger bekannten Produkten: Tang aus Island, Tiefseekrabben von den Färöer-Inseln, Moschusfleisch aus Grönland, Farn aus dänischen Buchenwäldern und Waldsauerklee aus Schweden. Ein Gedicht ist der in Met (Honigwein) pochierte Hummer mit Blumenkresse und karamellisiertem Topinambur.

Ny Nordisk Køkken

Gegründet wurde das NOMA 1999 von **Claus Meyer**, dem engagiertesten Verfechter der neuen nordischen Küche. Sein Ziel: die Rückbesinnung und Neuentdeckung der vielfältigen regionalen Produkte und Traditionen des Nordens. »In Finnland wachsen mehr als 50 verschiedene Beeren, in der Nordischen Genbank sind mehr als 150 Meerrettich-Sorten erfasst – doch wie sie schmecken, wissen wir nicht,« sagt Meyer. Um der nordischen Kochkunst zur gleichen Weltgeltung zu verhelfen wie der italienischen oder asiatischen Küche, hat er mittlerweile unzählige Kochbücher geschrieben, mehr als 300 Kochsendungen bestritten und ein Gastro-Imperium aufgebaut, zu dem neben dem NOMA die drei Kopenhagener Filialen von Meyer's Deli gehören, die Estate Kaffe og Chokolade Bar, zwei Bäckereien, eibn Catering-Service und Meyers Køkken, die 60 Betriebsküchen täglich mit frischer Regionalkost beliefert. Aus den frischen, regionalen Produkten eines biodynamischen Gemüsehofes am Stadtrand lässt Meyer im **Radio Restaurant** an der Julius Thomsens Gade 12 von Jesper und Rasmus ein täglich wechselndes Menü kochen – fünf Gänge für 400 DKK. Frische Feigen und alte Obstsorten bezieht Meyer von der Insel Lilleø, wo er auch Versuche mit Wein gestartet hat: Silvaner, Riesling und Veltliner aus eigenem Anbau werden im NOMA ausgeschenkt.

In Meyers Madhus führen Spitzenköche wie René Redzepi Kinder und Erwachsene in die Geheimnisse gesunder, regionaler Küche ein. Im neuen Jazzclub The Standard serviert Meyer in drei Restaurants regionale Küche zu heißen Jamsessions. Wie sein britischer Kollege Jamie Oliver setzt auch Meyer eine neue Esskultur als Mittel der Sozialarbeit ein. Im Gefängnis Vridsløselille werden straffällige Jugendliche am Herd resozialisiert: Was die schweren Jungs dort kochen, ist sterneverdächtig.

René Redzepi kocht im NOMA fast ausschließlich mit regionalen Zutaten.

Ein Feuerwerk aus gut 100 Gourmet-Events ist Ende August das Schlemmerfestival **Copenhagen Cooking**, bei dem Kopenhagens Restaurants und Spitzenköche eine Woche lang regionale Genüsse und internationale Spezialitäten präsentieren. Alljährlich mit dabei ist ein junger Koch, der für sein 2010 eröffnetes Restaurant **Geranium** (►S. 67) bereits den zweiten Michelin-Stern erhielt, den Bocuse d'Or Europe gewann und 2011 den Titel »Bester Koch der Welt« trug: **Rasmus Kofoed**. Seine Erfolgsrezept? »Meine Liebe zur Heimat und Natur« – eingefangen in Kreationen wie Seeteufel mit Kaiserhummer, Sødamgard-Huhn mit wildem Senf und sauren Pflaumen oder Emmerflocken-Grütze mit Moltebeeren, Milch und Butter.

Sterneküche

Mit 15 Sternen in der Schlemmerbibel »Guide Michelin 2013« erhielt Kopenhagen die größte Anzahl an Sternen, die je an eine skandinavische Stadt ging. Seit 2012 ist unter den dänischen Sterneköchen auch erstmals eine Frau vertreten: Anita Klemensen, die mit ihrem Kollegen Lars Thomsen in Klampenborg am Herd des **Den Røde Cottage** steht (►S. 67). Erstmals einen Stern erhielt 2013 das Kadeau, das Geranium bekam seinen zweiten Stern. Bestätigt wurden die zwei Sterne des NOMA sowie der Stern für Kong Hans Kælder, Grønbech & Churchill, Era Ora, Kiin Kiin, Kokkeriet, Formel B, AOC, Relæ und Søllerød Kro. Empfehlungen für alle, die gut genießen, aber nicht die sehr teuren Gourmetlokale besuchen wollen, werden vom Führer mit einem »Bib Gourmand« ausgezeichnet. Nach Ansicht der Tester bietet in Kopenhagen ein Dutzend Lokale gutes Essen zu angemessenen Preisen, darunter Marv & Ben, Famo, Kanalen, L'Altro, Le Sommelier, Kødbyens Fiskebar, Enomania, Orangeriet und Retour.

Noch nicht berücksichtigt ist ein Neuzugang, der junge Szene-Schlemmer zum Kongens Nytorv pilgern lässt: das »**Geist**« von Bo Bech (▸S. 70). Der ehemalige Küchenchef vom Paustian hat gemeinsam mit der Designagentur Space und dem Bar-Profi Torben Olsen einen Hotspot geschaffen, der Zeitgeist und Stil, Cool Contemporary und dänisches Hyggelig im Ambiente vereint. Die Küche folgt dem Motto: einfach, aber gut – kein Schnickschnack, keine Raffinesse, sondern klare, kreative Kompositionen. Der Auftakt: ein Avocado & Kaviar-Duo, der Abschluss: eine herrliche Crème brûlée aus roter Bete, dazwischen: 30 Hauptgerichte à la Carte.

Ultrahip ist auch das »**1. th**« von Mette Sia Martinussen (▸▸S. 70). Sein ungewöhnlicher Name erklärt Dänisch-Kundigen den Weg: »første til højre«, »auf der ersten Etage rechter Eingang« befindet sich die Tür zum privaten Dinner, bei dem 25 Gäste für 1350 DKK rundum bestens verköstigt werden: mit einem zehngängigen Überraschungsmenü, das vom Champagner über knusprig gebratenes Kalbsbries mit Holunderbeeren oder Jakobsmuscheln mit Möhren und Lakritz bis zum Espresso lauter Hochgenüsse verspricht.

Königin des Smørrebrød: Ida Davidsen

Hippe Schnittchen

Legendärer Mittagsklassiker ist das **Smørrebrød**, das der Weinhändler Oskar Davidsen 1888 erfand. Urenkelin Ida und Sohn Oscar bieten in ihrem Restaurant »**Ida Davidsen**« eine Auswahl von 178 Variationen

(►S. 74). Mit dabei: das weltlängste Smørrebrød – eine 140 cm lange Butterstulle, die Eingang ins Guinness-Buch der Rekorde fand. Roastbeef, Räucheraal, Leberpastete, Rührei, Matjes oder Schinken werden als Belag auf eine Scheibe Franskbrød (Weißbrot), Rugbrød (Roggenbrot) oder Surbrød (Graubrod) drapiert und mit Remoulade, Kräutern, Zwiebeln oder Ei kunstvoll bekrönt. Berühmte Zeitgenossen haben hier ihr Smørrebrød genossen. Hatten sie einen Favoriten unter den Broten, wurde er flugs nach ihnen benannt. »Victor Borge« ist ein elegantes Schnittchen mit rohem Lachs, Krabben, Seehasenrogen und Limetten, »Uffe Ellemann Jensen« ein Leckerbissen für Frikadellenfans.

Zu Kopenhagens Smørrebrod-Klassikern zählen auch das **Schønnemann's** (►S. 74), das mit einer eindrucksvollen Schnapsauswahl Verdauungshilfe leistet, und der **Slotskælderen** von Gitte Kik (►S. 74). Der Schlosskeller an der Fortunstræde 4 eröffnete 1797 als Teil einer Schnapsbrennerei, 1910 übernahm Familie Kik das Lokal. Da der Branntwein den Gästen zu schnell zu Kopfe stieg, wurden belegte Brote gereicht – und mit dem dänischen Wasser des Lebens, einem der 14 dänischen Aquavits, nachgespült.

Ebenfalls auf Smørrebrød setzt der junge Koch **Adam Aamann** (►S. 74). Doch er interpretiert den dänischen Klassiker in seinem Lokal Aamanns neu. Sprich, die Brote geraten leichter. Aber natürlich gehört auch für ihn eine große Auswahl an selbst angesetztem Aquavit zum Smørrebrød-Ritual. Auf der Suche nach dem perfekt belegten Mittagsbrot hilft eine **Smørrebrød-App** von VisitDenmark, die kostenlos im iTunes-Store heruntergeladen werden kann.

Süße Sünden

Rund 8 kg Schokolade nascht jeder Däne pro Jahr – und das nicht erst, seit handgemachte Schokolade weltweit Kult ist. Bereits seit 1933 wird im **Magasin du Nord** dunkle Schokolade der belgischen Firma Callebaud zu unwiderstehlichen Köstlichkeiten verarbeitet. Ein Mekka für feinste Schokolade sind auch die Läden von **Peter Beier** an der Falkoner Allé 43 in Frederiksberg und der Nordre Frihavnsgade 20 im Stadtteil Østerbro, wo es neben einer schier unendlichen Auswahl an hauseigener Schokolade auch Schokoladenfondue gibt (www.peterbeier chokolade.dk).

Summerbird Chocolaterie am Kongens Nytorv und in der Kronprinsensgade 11 stellt göttliches Marzipan her und macht daraus edle Pralinen und unwiderstehliche Schokoküsse. Oialla heißt die Schokolade aus Bio-Kakao von Bäumen im Amazonas-Dschungel, die der Kopenhagener **Rasmus Bo Bojesen** produziert. Kalorienreiche Kleinkunstwerke, göttliche Pralinen und eine Schokoladenbar warten im 2012 eröffneten **Hotel Chocolat** in der Østergade 13 (www.hotelcho colat.com). Und wer den zarten Schmelz der braunen Bohne nicht nur naschen, sondern hautnah fühlen will, kann in der **Amokka Butik** an der Grønnegade 4 Body Paint aus Schokolade kaufen.

WAS TRINKT MAN?

Dänische Nationalgetränke

Mit 9,7 kg pro Kopf und Jahr sind die Dänen Spitzenreiter im **Kaffee**konsum. Von früh bis spät begleitet sie die braune Bohne durch den Tag, mitunter auch mit Aquavit vermischt. Nationalgetränk Nummer zwei ist **Bier**. Wein – auch wenn er jetzt rund um Kopenhagen reift – wird meist aus Deutschland, Frankreich, Italien oder der Neuen Welt importiert und ist ziemlich teuer. Ein typisch dänischer Schnaps, der gern zum Verdauen fetter Gerichte getrunken wird, ist der **Aquavit** (lat. aqua vitae = Lebenswasser), ein mit Kümmel und anderen Gewürzen aromatisierter Branntwein mit mindestens 38 % Alkohol. Die gängigsten Sorten sind »Rød Aalborg« und »Jubilæums-Akvavit«. Als Magenbitter ist der »Gammel Dansk« zu empfehlen. Brausegetränke heißen »Vand« als Abkürzung von Sodavand (z. B. Appelsinvand, Citronvand). Da Mineralwasser – »Mineralvand« oder »Danksvand« – recht teuer ist, trinken die Dänen meist Leitungswasser.

Bier

156 Biermarken gibt es im Königreich. Am weitesten verbreitet ist helles Lagerbier (**Øl**), das in kleinen Flaschen abgegeben wird. Das dänische Fassbier wird mit deutlich weniger Kohlensäure als das deutsche gezapft. Die größte Braugruppe Dänemarks, die United Breweries **Carlsberg** und **Tuborg**, stellt allein mehr als 15 Sorten für den inländischen Verbrauch her. Dazu gehören verschiedene Biersorten wie das dem deutschen Pils entsprechende, wenngleich etwas leichtere »Grøn Tuborg« und »Hof« von Carlsberg, beide mit 3,7 % Alkoholgehalt, sowie das mit dem deutschen Alt vergleichbare »Rød Tuborg« und »Gammel Carlsberg«. Etwas mehr Alkohol enthalten das »Carlsberg Guld Export« mit 4,0 % und das »Guld Tuborg« mit 4,6 %. Stärkere Biersorten mit bis zu 6,2 % Alkoholgehalt sind das helle »Elefanten Beer«, das »Tuborg F.F.« (Schönes Fest) und das »Tuborg Påskebryg« (Osterbier) sowie das bernsteinfarbene »Carlsberg 47« oder kurz »C 47«, dessen Zahl auf das Gründungsjahr der Carlsbergbrauerei 1847 hinweist. Zu den Starkbieren zählt noch das im Aussehen dem irischen Guinness ähnelnde »Gammel Porter«, ein süßliches Imperials Stout mit 6,1 % Alkoholgehalt. Eine dänische Spezialität ist die »**Kande**«, eine verwegen klingende, doch von Kennern viel gelobte Mischung aus zwei Biersorten – Porter mit Pils oder Alt – und Aquavit, Pernod sowie Zitronenlimonade. Ein Treff für Bierkenner ist **Dänemarks kleinste Brauerei**, Apollo. Sie wurde mit Unterstützung der Wiibroe-Brauereien mitten im Restaurant »A Hereford Beefstouw« gegenüber vom Tivoli errichtet, wo Gäste zum Fassbier Sild (Hering), Lachs oder Spareribs genießen können. Fast jede Brauerei braut zur Weihnachtszeit ihr eigenes **»Julebryg«** mit 4,9 % – 7 % Alkohol, das landesweit alljährlich am 1. Freitag im Nov. Punkt 22.00 Uhr ausgeschenkt wird.

Ausgesuchte Restaurants

►Karte S. 68/69

PREISKATEGORIEN
der Restaurants

€€€€ über 300 DKK
€€€ 250 – 300 DKK
€€ 180 – 250 DKK
€ bis 180 DKK

für ein Hauptgericht

GOURMETTEMPEL UND STERNEKÖCHE

1 Alberto K. €€€€
Hammerichsgade 1
Tel. 33 42 61 61
www.alberto-k.com, So. geschl.
Seit 2013 steht das Gourmetlokal unter der Ägide von Starkoch Jeppe Foldager. Zum 7-Gänge-Menü mit Jakobsmuscheln, Hummer und Rind aus Himmerland kommen glasweise passende Weine aus aller Welt.

2 AOC – Aarø & Co. €€€€
Dronningens Tværgade 2
Tel. 33 11 11 45, So., Mo. geschl.
www.restaurantaoc.dk
Søren Selin serviert sinnliche Genüsse in klassischem Ambiente – ein kulinarischer Höhenflug: das 7-Gänge-Menü mit Austern, Langusten und einer unwiderstehlichen Crème Caramel.

3 Den Røde Cottage
€€€€/€€€
Strandvejen 550, Tel. 39 90 46 14
www.cottagerne.dk
Tgl. 18.00 – 24.00 Uhr
Okt. – Mai So. geschl., Lunch nur nach Vereinbarung.
Klein, aber sehr fein: Das monatlich wechselnde Menü aus Anitas Sterneküche wird auf Porzellan von Royal Copenhagen serviert. Sensationell: Wachteln mit Fenchel und Kirschen (► S. 63).

4 Era Ora €€€€
Overgaden Neden Vandet 33B
Tel. 32 54 06 93, www.era-ora.dk
Eine Sinfonie durch die Küchen von Sizilien, Sardinien, Umbrien und der Toskana, dirigiert von Elvio Milleri und Edelvita Santos

5 Formel B €€€€
Vesterbrogade 182, So. geschl.
Tel. 33 25 10 66, www.formel-b.dk
Fangfrischer Steinbutt von der Westküste mit geschmortem Ochsenschwanz – seit zehn Jahren halten Kristian Møller und Rune Jochumsen einen Michelinstern.

6 Geranium €€€€
Per Henrik Lings Allé 4
Tel. 69 96 00 20, Mo., Di. geschl.
http://geranium.dk, ►Abb. S. 58
Nordische Küche auf höchstem Niveau, ►Baedeker Wissen S. 63

7 Kiin Kiin €€€€
Guldbergsgade 21
Tel. 35 35 75 55, www.kiin.dk
Michelinbesternte Thaigerichte
Juli geschlossen

8 Kokkeriet €€€
Kronprinsessegade 64
Tel. 33 15 27 77
www.kokkeriet.dk
Innovativ und traditionell, deka-

Restaurants und Cafés

Essen

1. Alberto K.
2. AOC - Aarø & Co.
3. Den Røde Cottage
4. Era Ora
5. Formel B
6. Geranium
7. Kiin Kiin
8. Kokkeriet
9. Kong Hans Kælder
10. NOMA
11. 1. th
12. Cap Horn
13. Enomania
14. Famo
15. Frederiks Have
16. Geist
17. Grønnegade
18. Kanalen
19. Kødbyens Fiskebar
20. Krogs Fiskerestaurant
21. Langelinie Pavillonen
22. L'Altro
23. Le Sommelier
24. Madeleines Madteater
25. Marv & Ben
26. Mêlée
27. Oliver & The Black Circus
28. Orangeriet
29. Reef' n 'Beef
30. Restaurant Oubæk
31. Cocktailbar 1105
32. Salt Bar & Restaurant
33. Aamanns
34. Ida Davidsen
35. Schønnemann's
36. Slotskælderen hos Gitte Kik
37. Café Sorgenfri
38. Det Lille Apotek
39. Morgenstedet
40. Nørrebro Bryghus
41. RizRaz
42. 42° Raw

Cafés & Konditoreien

1. Café Dan Turèll
2. Café Norden
3. Coffee Collective
4. La Glace
5. Royal Smushi Café

Wasserbus

dent und minimalistisch – wie seine besten Rezepte gelingen, verrät David Johansen an einem Donnerstag im Monat.

9 Kong Hans Kælder €€€€/€€€

Vingårdstræde 6, Tel. 33 11 68 68
www.konghans.dk, So. geschl.
Die gotischen Gewölbe dienten König Hans um 1500 als Weinkeller. 300 Jahre später lebte H.C. Andersen unter diesem Dach. Heute verwöhnt Thomas Rode Andersen hier seine Gäste mit Seesaibling auf Chicorée und Kohlrabi, marinierter Entenbrust und Lakritze-Estragon-Sorbet.

10 NOMA €€€€

Strandgade 93, Tel. 32 96 32 97
www.noma.dk
Inkubator der Neuen Nordischen Küche, ►Baedeker Wissen S. 63

11 1.th €€€€

Herluf Trolles Gade 9
Tel. 33 93 57 70, http://1th.dk
Außergewöhnlich und spannend
►Baedeker Wissen S. 64

TRADITIONSLOKALE UND JUNGE KÜCHE

12 Cap Horn €€€/€€

Nyhavn 21, Tel. 33 12 85 04
www.caphorn.dk
Gemütliches Lokal am Nyhavn mit netter Bedienung. Kommen Sie zum Brunch mit hausgemachtem Müsli, Bioeiern und frischen Pfannkuchen oder kosten Sie den Hühnchensalat mit Sellerie, Äpfeln und Speckstreifen.

13 Enomania €€€/€€

Vesterbrogade 187
Tel. 33 23 60 80, Sa. – Mo. geschl.
www.enomania.dk
Dolce Vita in Vesterbro: feinste Pizza, Pasta und Risotto zu den allerbesten Weinen vom Stiefel

14 Famo €€€/€€

Saxogade 3, Tel. 33 23 22 50
www.famo.dk
Wie wär's mit einem richtigen T-Bone-Steak Fiorentine? Freitags gibt es bei Fabbio Mazzon und Morten Kaltoft nur fangfrische Meerestiere. Zur Osteria gehört auch eine Kochschule.

15 Frederiks Have €€€/€€€€

Smallegade 41, Tel. 38 88 33 35
www.frederikshave.dk
Ausschließlich Erzeugnisse aus Skandinavien werden von den zwei dänischen und zwei schwedischen Köchen zu monatlich wechselnden Menüs verarbeitet. Schlemmeridyll im Sommer: der Innenhof.

16 Geist €€€/€€€€

Kongens Nytorv 8
Tel. 33 13 37 13
http://restaurantgeist.dk
Reservieren Sie im schönen Innenhof, ►Baedeker Wissen S. 64

17 Grønnegade €€€

Grønnegade 39, Tel. 33 93 31 33
www.groennegade.dk
Einen grünen Veltliner empfiehlt Küchenchef Ulrich Doré zur gebratenen Scholle. Oder probieren Sie die Schweinebäckchen mit rotem Pfeffer und die Erdbeeren auf weißer Schokolade. Die Einrichtung dekorierte Blumenkünstler Tage Andersen.

Göttlich speisen in den Gewölben des Kong Hans Kælder

18 Kanalen €€€
Wilders Plads 2, Tel. 32 95 13 30
http://restaurant-kanalen.dk
Bezaubernde Idylle im ehemaligen Zollhaus am Kanal von Christianshavn mit Sommerterrasse. Die gebratenen Heringe und Fischfrikadellen werden nach einem alten Familienrezept zubereitet.

19 Kødbyens Fiskebar €€€/€€
Flæsketorvet 100
Tel. 32 15 56 56
http://fiskebaren.dk
Normannische Austern, schottische Schwertmuscheln oder Kabeljau vom Kattegat – in der angesagten, ungezwungenen Fischbar schmeckt alles.

20 Krogs Fiskerestaurant
€€€/€€€€
Gammel Strand 38
Tel. 33 15 89 15
www.krogs.dk, So. geschl.
Oléron-Austern, Oscietre-Kaviar und fangfrische Hummer stehen auf der Karte des eleganten Fischlokals in einem Patrizierhaus von 1798 gegenüber von Schloss Christiansborg.

21 Langelinie Pavillonen €€€
Langelinie, Tel. 33 12 12 14
www.langelinie.dk
Arne-Jacobsen-Stühle, Børge-Mortensens-Sofas, Else-Alfelts-Glasmosaiken und Lampen von Poul Henningsen – das Restaurant mit Hafenblick und französisch inspirierter Küche schwelgt in dänischem Design.

22 L'Altro €€€/€€
Torvegade 62, Tel. 32 54 54 06
www.laltro.dk
»La cucina di Mama« ist das

Motto des Ablegers vom Sterne-lokal Era Ora. Auf den Tisch kommen hausgemachte Gerichte nach Rezepten aus der Toskana.

23 Le Sommelier €€€

Bredgade 63, Tel. 33 11 45 15
www.lesommelier.dk
Kompromisslose französische Küche von Francis Cardenau – auf der Karte: gebratene Wachteln, Hummer mit Trüffelvinaigrette und gegrillter Tintenfisch

24 Madeleines Madteater €€€/€€

Drechselsgade 10, Tel. 33 14 05 56
http://madeleines.dk
In der ehemaligen Lagerhalle der Tuborg-Brauerei inszeniert Dänemarks erstes Gastronomie-Theater Essen als Erlebnis – jeder Gang wird von Nicolaj Danielsen mit Filmen, Tönen und fantasievollen Bewegungen begleitet.

25 Marv & Ben €€€

Snaregade 4, Tel. 33 91 01 91
http://cargocollective.com/marvogben
Schicker Gastropub mit kreativer, nordischer Küche – das Gemüse kommt vom hauseigenen Biohof.

26 Mêlée €€€/€€

Martensens Allé 16
Tel. 35131134, http://melee.dk
Jamie, Dan und Helge lieben

Im Salt Restaurant sitzt man direkt am Hafen mit Blick auf die Oper.

Rugby – und guten Wein. Zu ihren herrlichen Tropfen servieren sie ihren maximal 40 Gästen französische Landküche mit dänischem Einschlag.

27 Oliver & the Black Circus €€€
Teglgårdsstræde 8A
Tel. 74 56 88 88, http://oliverandtheblackcircus.com
Heavy Metal am Herd: Mitten im Gayviertel von Kopenhagen serviert Oliver Kilian erlesene Mittelmeerküche wie Tunfisch mit Avocado, Wassermelone und Wasabi.

28 Orangeriet €€€/€€
Kronprinsessegade 13
Tel. 33 11 13 07
www.restaurant-orangeriet.dk
In der ehemaligen Orangerie des Kongens Have, lichtdurchflutet und hell in Weiß, serviert Jasper Kure zur Mittagszeit Shrimps, Sandwiches und Salate, abends bei stilvoller Beleuchtung Jakobsmuscheln, Foie Gras und andere französische Klassiker.

29 Reef'n' Beef €€€
Jernbanegade 4, Tel. 33 33 00 30
www.reefnbeef.dk
Seit Kronprinzessin Mary ist australische Küche angesagt. Hier werden Emu, Känguru und Krokodil perfekt zubereitet – probieren Sie das tasmanische Teufelskänguru mit Süßkartoffeln!

30 Restaurant Oubæk €€€
Store Kongensgade 52
Tel. 33 32 32 09
www.restaurantoubaek.dk
Im modernen Bistro von Rasmus Oubæk sollten Sie das exzellente Bœuf Bearnaise bestellen, Vegetarier die köstlichen Pilz-Ravioli.

> **!** BAEDEKER TIPP
>
> *Skål!*
>
> **Der passende Aperitif oder Latenightdrink nach dem Hauptstadt-Dinner heißt »Copenhagen«. Der junge, umtriebige Barmann Gromit Eduardsen hat für seine Stadt einen eigenen Cocktail kreiert (▶S. 46). Mit Kirschlikör aus seeländischen Stevn-Krschen, den 1818 der dänische Kaufmann Peter Heering erfand. Und was ist sonst noch drin? Erkosten Sie es beim Besuch der 31 Cocktailbar 1105 in der Kristen Bernikows Gade 4 (www.1105.dk).**

32 Salt Bar & Restaurant €€€
Toldbodgade 24-28
Hotel Admiral, ▶S. 122
Tel. 33 74 14 44
www.saltrestaurant.dk
Stararchitekt Sir Terence Conran entwarf für das Hotel Admiral das stylische Feinschmeckerlokal, in dem die Farben des Meeres mit Bordeaux, viel Holz und schwarzem Basalt kontrastieren. Mit dem »weißen Gold« wurden Lebensmittel einst haltbar gemacht – ohne Salz keine Admiräle. In der Küche werden drei Salzsorten von der Insel Læsø, aus der Bretagne und Südengland verwendet. Küchenchef Rasmus Møller Nielsen verleiht besten dänischen Produkten eine französische Note – probieren Sie die Stubbenkücken aus Gråsten auf Erbsen, Kohl und Rhabarbar oder karamellisiertes Roggenbrot mit dunkler Schokolade zu Sauerampfersorbet.

SMØRREBRØD (►S. 64)

33 Aamanns €€
Øster Farimagsgade 10
Tel. 35 55 33 44
www.aamanns.dk
Hausgemachte Kabeljaupastete mit eingelegtem Wurzelgemüse, Estragon und Kapern ist nur ein Belag der vielen leckeren Smørrebrød-Varianten, serviert auf edlem Royal-Copenhagen-Porzellan.

34 Ida Davidsen €€/€
Store Kongensgade 70
Tel. 33 91 36 55
www.idadavidsen.dk
Mo. – Fr. 10.00 – 16.00 Uhr
Kopenhagens Smørrebrød-Königin, ►Baedeker Wissen S. 64

35 Schønnemann's €€/€
Hauser Plads 16
Tel. 33 12 07 85
www.restaurantschonnemann.dk
Mo. – Sa. 11.30 – 17.00 Uhr
Über 100 Smørrebrød-Klassiker und eingelegte Heringshappen

36 Slotskælderen hos Gitte Kik €€/€
Fortunstræde 4
Tel. 33 11 15 37, Mo. geschl.
www.slotskaelderen.dk
Das urige Kellerlokal ist immer proppenvoll.
►Baedeker Wissen S. 65

GÜNSTIG, GESUND UND GRÜN

37 Café Sorgenfri €/€€
Brolæggerstræde 8
Tel. 33 11 58 80
www.cafesorgenfri.dk
Für Liebhaber klassischer dänischer Küche wie »Flæskesteg med rødkål« – Schweinebraten mit knuspriger Schwarte und hausgemachtem Rotkohl

38 Det Lille Apotek €/€€
Store Kannikestr. 15
Tel. 33 12 56 06
http://detlilleapotek.dk
Umgeben von Antiquitäten genießt man im angeblich ältesten Lokal der Hauptstadt seit 1720 dänische Klassiker (►S. 60)

39 Morgenstedet €
Fabriksområdet 134, Christiania
www.morgenstedet.dk
Tortilla, Pasta, Salate und Rohkost, ideenreich und lecker

40 Nørrebro Bryghus €/€€
Ryesgade 3, Tel. 35 30 05 30
http://noerrebrobryghus.dk
Gute Bistroküche und sechs süffige Biersorten vom Fass

41 RizRaz €
Kompagniestræde 20
Tel. 33 15 05 75, www.rizraz.dk
Beliebtes Mittags- und Abendbuffet mit Mittelmeerküche und ägyptischen Spezialitäten, die größtenteils vegetarisch sind – abends gibt es auch gegrillten Lachs und Lamm.

42 42° Raw €/€€
Pilestræde 42
Tel. 32 12 32 10
www.42raw.com
Veganer und Rohkostfans pilgern zu Jesper Rydahl, der im Sommer 2012 die erste Roh-Bar Kopenhagens eröffnete: Keine Speise wird hier über 42 Grad Celsius erhitzt. Einzige Ausnahme: die Milch für den Caffè Latte – er wird mit Mandelmilch gemacht.

Smushi – das neue Fingerfood aus Dänemark wurde im Royal Café erfunden.

CAFES UND KONDITOREIEN

❶ Café Dan Turèll €

Store Regnegade 3
Tel. 33 14 10 47
www.cafedanturell.dk
Namensgeber des Avantgarde-Cafés war der dänische Krimiautor Turèll. Ab 8.00 Uhr gibt's Frühstück, nachts wird zu Live-Jazz geschwoft oder ein Schlummertrunk genossen – erst um 2.00 Uhr früh ist Zapfenstreich.

❷ Café Norden €/€€

Østergade 61, Tel. 33 11 77 91
www.cafenorden.dk
Beliebter Treff am Amagertorv mit täglichem Brunch, köstlichen Kuchen und nordischen Tapas.

❸ Coffee Collective €

Israels Plads
www.coffeecollective.dk
Liebhaber von perfekt zubereitetem Filterkaffee pilgern zu Rasmus und Morten vom Coffee Collective in die Torvehallerne – mit Hightech und alter Handwerkskunst brühen sie in der Markthalle den besten Kaffee.

❹ La Glace €€

Skoubogade 3, Tel. 33 14 46
http://laglace.dk
Sie hießen Karen Blixen, Rubinstein, H.C. Andersen oder Sarah Bernardt, die köstlichen Torten aus Dänemarks ältester Konditorei, die ihr nostalgisches Ambiente aus den 1890ern bis heute bewahrt hat. Ihr »Goldener Traum« mit Rhabarber-Kompott, weißer Schokolade, Zitronenmeringue, Mandelboden und geflammtem Marzinpanrand ist himmlisch!

❺ Royal Smushi Café €€

Amagertorv 6, Tel. 33 12 11 22
www.theroyalcafe.dk
Im frech-funkigen In-Café von Royal Copenhagen isst man mittags »smushies«, köstliche Minikombis aus Sushi & Smørrebrød. So bleibt noch Platz für die göttlichen Kuchenkreationen!

Feiertage · Feste · Events

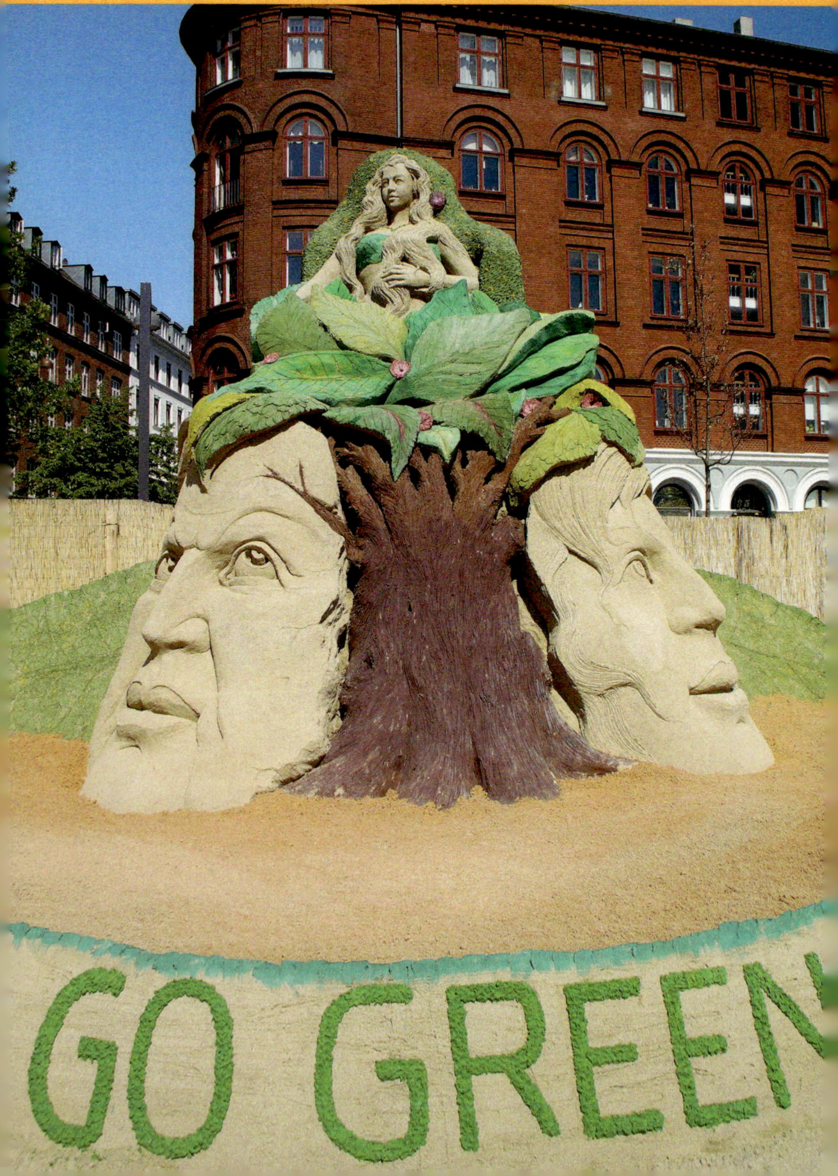

Feiern Sie mit!

Jedes Jahr bereichern neue Events den ohnehin schon prall gefüllten Veranstaltungskalender der Hauptstadt. Dazu gehören besonders die zahlreichen Musikfestivals von Klassik, Blues, Rock und Jazz bis zur experimentellen Musik und das Mega-Event Copenhagen Cooking, das einlädt, die neue nordische Küche zu entdecken – und zu kosten.

Wann, Was, Wo?

Einen guten Überblick über den Veranstaltungsreigen bieten die Website von **VisitCopenhagen** unter dem Stichwort »sehen und erleben/veranstaltungen« sowie die Broschüre »**Copenhagen This Week**«, die in allen Hotels ausliegt. Einblicke in die rege Kulturszene gewähren auch die kostenlosen Stadtmagazine, die in Kneipen und Cafés ausliegen, sowie die Veranstaltungsseiten der Tageszeitungen.

FEIERTAGE

Neujahr (Nytårsadag, 1. Januar)
Gründonnerstag (Skærtorsdag)
Karfreitag (Langfredag)
Ostersonntag (Påskesøndag)
Ostermontag (2. Påskedag)
Buß- und Bettag (Store Bededag, 4. Fr. nach Ostern)
Christi Himmelfahrt (Kristi Himmelfartsdag)
Pfingsten (Pinsedag)
Pfingstmontag (2. Pinsedag)
Verfassungstag (Grundlovsdag, 5. Juni)
Weihnachten (1. und 2. Juledag, 25. und 26. Dez.)
Silvester (Nytårsaften, 31. Dezember)

EVENTS IM JAN./FEBRUAR

Vinter Jazz

Eine Woche Livekonzerte im Jazz House und anderen Musikclubs www.vinterjazz.dk

Fastelavn

Buntes Faschingsfest auf dem Rathausplatz am Mo. nach dem 7. So. vor Ostersonntag

Wondercool

Winterfestival mit mehr als 100 Events. Mit dabei: das Kochfestival Copenhagen Cooking.
www.wondercoolcopenhagen.dk
www.copenhagencooking.dk

Copenhagen Fashion Week

Bei der größten Modewoche des Nordens zeigen 1100 Aussteller mehr als 2400 Kollektionen aller Stilrichtungen. Der Laufsteg wird im Rathaus aufgebaut. www.copenhagenfashionweek.com

MÄRZ/APRIL

Geburtstag der Königin

16. April: Margrethe II. winkt vom Balkon des Schlosses Ama-

Kopenhagen ist Umwelthauptstadt 2014 und setzt auch beim alljährlichen Festival der Sandskulpturen auf grüne Politik.

lienborg ihrem Volk zu, das die Parade der Palastwache verfolgt.

CPH:PIX

Dänemarks größtes Filmfestival www.cphpix.dk

MAI/JUNI

Tag der Arbeit (1. Mai)

Um 12.00 Uhr schließen die Geschäfte – dann gehen die Kopenhagener zu den traditionellen Kundgebungen und feiern anschließend im Fælledparken.

Copenhagen Carnival

Seit den 1980er-Jahren feiert Kopenhagen zu Pfingsten seinen »Pinsekarneval« nach brasilianischem Vorbild, heute Dänemarks größtes Festival der Weltmusik. www.copenhagencarnival.com

Copenhagen International Sand Sculpture Festival

Sensationelle Sandfiguren internationaler Künstler sind von Mitte Mai bis August zu bewundern. http://cphsand.com

Copenhagen Marathon

Am letzten So. im Mai geht's 42,195 km lang laufend durch die Innenstadt und die Brückenviertel. www.copenhagenmarathon.dk

Verfassungstag (Grundlovsdag)

Am 5. Juni 1849 gab König Frederik Dänemark eine bürgerliche Verfassung – das wird bis heute im ganzen Land groß gefeiert.

Sankt Hans Aften

Am 23. Juni feiern die Hauptstädter am Strand und in der City die Mittsommernacht mit Musik und ziemlich viel Alkohol.

JULI

Roskilde Festival

Bis zu 200 Bands und Solisten lassen vier Tage lang die Domstadt rocken, www.roskilde-festival.dk ►S. 234

Copenhagen Jazz Festival

Zehn Tage ist Kopenhagen alljährlich im Jazzfieber, viele Konzerte sind open-air. http://jazz.dk ►Baedeker Wissen S. 48

AUGUST

Dragør Musik Fest

Seit über 20 Jahren spielen die dänischen Rockgrößen auf dem sechs-Tage-Konzert Anfang August in Dragør. www.dragoermusikfest.dk

Copenhagen Opera Festival

Auf der großen Bühne der Torvehallerne, im Arbejdermusset, in Københavns Musikteater, im Pakhus 11 und auf den Kanälen singen tags wie nachts eine Woche lang berühmte Solisten und Chöre beliebte Arien. http://copenhagenoperafestival.com

Copenhagen Summer Festival

Zwölf Konzerte an zwölf Tagen, zu hören im Charlottenborg-Festsaal am Kongens Nytorv; www.copenhagensummerfestival.dk

Kulturhavn

Kunst und Kultur am Hafenkanal, besonders auf Islands Brygge, am 1. Wochenende im August http://kulturhavn.dk

An Pfingsten sind jedes Jahr in der Hauptstadt die Narren los.

SEPTEMBER

Copenhagen Blues Festival

The Nighthawks, Daniel Norgren, David Lindley und The Blues Overdrive gehören zu den Stars, die seit dem Jahr 2000 beim Bluesfestival aufgetreten sind.
www.copenhagenbluesfestival.dk

Golden Days

Mit Konzerten, Kunst, Ballett, Theater, Ausstellung und Vorträgen feiert Kopenhagen drei Wochen lang das Goldene Zeitalter Dänemarks um 1800 – 1850.
www.goldendays.dk

OKTOBER

Kulturnatten

Mehr als 300 Institutionen – Museen, Theater, Kirchen, Galerien und Kinos – öffnen von 18.00 bis 24.00 Uhr ihre Tore und unterhalten mit Lesungen, Happenings, Konzerten, Theater und anderen Events. Zwischen den Locations pendeln kostenlose Nachtbusse.
www.kulturnatten.dk

NOVEMBER

Hubertusjagd

Die traditionelle Jagd von 90 Reitern in roten Uniformen lockt am 3. November bis zu 50 000 Zuschauer in den Dyrehaven. Start ist 10.00 Uhr am Peter Lieps Hus.
www.hubertusjagt.dk

DEZEMBER

Weihnachtsmärkte

Vom Tivoli über den Højbro Plads bis zum Nyhavn verwandelt sich Kopenhagen zur Adventszeit in einen riesigen Weihnachtsmarkt mit Lichterglanz und Budenzauber. Am Sa. vor dem 1. Advent ziehen Dutzende von Weihnachtsmännern über den Strøget.

Mit Kindern unterwegs

Spannung, Spaß und Spiel

Kopenhagen bietet seinen kleinen Besuchern eine solche Vielzahl von Attraktionen und Unterhaltungsmöglichkeiten, dass es keinem Kind langweilig werden dürfte – wenn doch, dann muss es an den Eltern liegen.

Kinderstadt

Prognosen gehen davon aus, dass die Kapitale bis 2025 rund 22 000 Neubürger unter 18 Jahren zählen wird. Für gut 600 von ihnen entsteht bis 2014 in Nachbarschaft zum einstigen »Freistaat« Christiania an der Prinsessegade eine Kinderstadt der Superlative mit Kindertagesstätte, Konzerthalle, »Rathaus«, Restaurants, Stadium und anderen Sportstätten, »Fabrik« sowie vielen Tobe- und Erlebnisflächen drinnen und draußen. Entworfen wurde die Kinderstadt von COBE und NORD Arkitekten.

Kindgerecht

Kinder sind in Dänemark kleine Könige und gehören einfach zum Leben dazu. Kindermenüs und Hochstühle sind in Kopenhagener Restaurants ebenso selbstverständlich wie Wickeltische in den WCs. Im Kaufhaus Magasin du Nord gibt es für Mütter sogar einen Stillraum. Mit Familienzimmern, Beistellbetten, Babyphones und Flaschenwärmern hat sich die Hotellerie auf den Nachwuchs eingestellt. In den Bussen und Zügen sind Stellplätze für Kinderwagen vorhanden, Kinder unter zwölf Jahren fahren gratis in Begleitung eines Erwachsenen. Der Besuch sämtlicher **staatlichen Museen** ist für Kinder kostenlos; private Sammlungen bieten günstige Kinder- oder **Familientarife** an. Das Staatliche Kunstmuseum hat sogar eine eigene Abteilung für Kinder, das **Børnenes Museum for Kunst**, das Ausstellungen für jüngere Besucher zeigt. Und wollen sie danach selbst mit Pinsel und Farbe Kunst schaffen, gibt es dazu in der Werkstatt Gelegenheit.

HITS FÜR KIDS

Bakken

Seit 400 Jahren ein Familienklassiker in Klampenborg, ►S. 155; Eintritt zum Gelände frei, Preise für Fahrgeschäfte unterschiedlich.

BonBon-Land

Gartnervej 2, Holmegaard
Tel. 55 53 07 00
www.bonbonland.dk
Eintritt pro Person 199 DKK, im Juli/Aug. 219 DKK
60 Fahrgeschäfte 50 Autominuten südwestlich von Kopenhagen in Holme-Olstrup

Tivoli

Vesterbrogade 3, www.tivoli.dk
ab 8 Jahre: 95 DKK, 0-8 Jahre frei

Alles aus Lego: Am Amagertorv schlagen Kinderherzen höher.

Nicht billig, aber jede Krone wert: Kopenhagens berühmter Vergnügungspark im Herzen der Hauptstadt, ►S. 251

KINDERTHEATER

Anemone Teatret

Suhmsgade 4, Tel. 33 32 19 49
www.anemoneteatret.dk
Erw. 120 DKK, Kinder 50 DKK
Das Kindertheater bietet auch Theaterworkshops für Kids und Gastspiele anderer Kindertheater

Det Lille Teater

Lavendelstræde 5, Tel. 33 12 27 13
www.detlilleteater.dk
Erw. über 25 Jahre 120 DKK, sonst 50 DKK
Die Truppe des Kleinen Theaters begeistert Kinder ab zwei Jahren.

Zangenbergs Teater

Pilestræde 59, Tel. 33 14 50 05
www.zangenbergsteater.dk
Erw. über 25 Jahre 120 DKK, sonst 50 DKK
Populäres Kindertheater im Stadtzentrum – auf dem Spielplan: eine gekonnte Mischung aus Abenteuer und Unterhaltung.

KINDGERECHTE MUSEEN

Experimentarium

Tuborg Havnevej 7, Hellerup
Ab 12 Jahre 165 DKK,
3 – 11 Jahre 108 DKK
www.experimentarium.dk
Vom Ohr in XXL bis zum Erdbebensimulator wird die Welt anschaulich und interaktiv für groß und klein erklärt, ►S. 89.

Frilandsmuseet

Kongevejen 100, Kongens Lyngby
http://natmus.dk/frilandsmuseet
Eintritt frei, ►S. 182
Mehr als 100 dänische Bauernhäuser von 1650-1950. In den Gärten gackern Gänse, auf der Weide grasen Rind und Pferd, in den Häusern gehen Schauspieler dem Tagewerk des traditionellen Lebens auf dem Lande nach.

Cirkusmuseet

Hovedporten 6, Hvidovre
Tel. 36 49 00 30
www.cirkusmuseum.dk
So. – Do. 10.00 – 15.00 Uhr
Erw. 50 DKK, unter 18 Jahren frei
110 000 Exponate laden zur Zeitreise durch die weltweite Zirkusgeschichte, geschminkte Clowns und Artisten zum Mitmachen – wer will, kann auch sein Geschick beim Jonglieren oder Balancieren auf dem Seil versuchen.

WILDE ERLEBNISSE

Den Blå Planet

Jacob Fortlingsvej 1, Kastrup
www.denblaaplanet.dk
Erw. 160 DKK, Kinder 90 DKK
In nächster Nähe zum Flughafen wartet Nordeuropas größtes Aquarium mit sieben Unterwasserwelten, ►S. 143.

Naturcenter Vestamager

Granatvej 1 – 15, 2770 Kastrup
Aus Weiden Körbe flechten, am Feuer grillen oder Fahrräder mieten und durchs Naturschutzgebiet radeln – auf große und kleine Entdecker warten tolle Erlebnisse!

Zoo

Roskildevej 32, Frederiksberg
www.zoo.dk, Erw. 150 DKK,
3 – 11 Jahre 90 DKK
Neueste Attraktion des ältesten

Tierparks im Königreich ist der arktische Ring mit Eisbären, ►S. 258.

SPORT & FUN

Copenhagen Skatepark

Enghavevej 80, Tel. 33 21 28 28
http://copenhagenskatepark.dk
Sa., So. 12.00 – 19.00, Mo., Fr. 19.00 – 23.00, Di. – Do. 14.00 bis 20.00 Uhr, ab 15 Jahren 50 DKK, unter 15 Jahren 40 DKK
Rampen, Rails, Halfpipes und mehr: Der 2011 eröffnete Skaterpark im Fælledparken ist mit 4600 m² einer der größten und vielfältigsten in Nordeuropa.

Havnebadet Fisketorvet

Kalvebod Brygge 55
Tgl. 11.00 – 19.00 Uhr
Kopenhagens Copacabana am Hafenkanal hat drei Pools: ein Kinder-, ein Schwimmer- und ein Sprungbecken.

Kajak Ole

Havkajakvej 8, Tel. 40 50 40 06
http://kajakole.dk, Kajak-Polo ab 1750 DKK (6 – 10 Pers.), Kajak-Tour ab 295 DKK pro Person
Auf Kajaktour durch Kopenhagen oder Kajakpolo im Amager Strandpark, Spaß für die ganze Familie!

Kinderplantschbecken

Absalonsgade 12
Tel. 33 23 18 59
Zum neuen Spielplatz auf dem Freizeitgelände Skydebanen in Vesterbro gehört neben vielen Sandkästen und Spielgeräten ein großes Plantschbecken für Kleinkinder – auf dem Rasen können Sie danach picknicken!
www.disneystore.dk
Tel. +45 33 11 44 20

SHOPPING FÜR KIDS

►S. 102

Kinder, ist das schön! Im Tivoli amüsiert man sich königlich.

Museen

Superlative & Schmuckkästchen

Mitten in der Stadt, in den Sammlungen des naturhistorischen Museums von Kopenhagen, wurde im Herbst 2012 eine unbekannte Tierart entdeckt – eine giftige Seeschlange mit einer gelb-schwarz gescheckten Haut. Der Fund des tropischen Tieres mit Namen Aipysurus mosaicus, das seit dem 19. Jh. unerkannt im formalingefüllten Gefäß gelegen hatte, hat die Kopenhagener Forscher aufgeweckt: Akribisch soll jetzt untersucht werden, ob es in den gut 70 Sammlungen der Hauptstadtregion noch andere unerkannte Schätze gibt.

Eintritt

Das dänische Museumsgesetz schreibt vor, dass der Eintritt in **staatliche Museen** für alle Besucher **kostenlos** ist, bei staatlicher Förderung privater Sammlungen für alle unter 18 Jahren. Viele private Museen bieten zudem einen **Gratistag**, sonntags ist beispielsweise der Besuch der Ny Carlsberg Glyptotek kostenlos, Mittwoch erheben das Thorvaldsen Museum, das Københavns Museum, das Post &Tele Museum und weitere Sammlungen keinen Eintritt. Nur für all diejenigen, die nicht nur ein oder zwei Kopenhagener Museen richtig ausgiebig entdecken wollen, lohnt sich die **Copenhagen Card** – zum freien oder ermäßigten Eintritt in 75 Museen und Attraktionen gibt es die freie Fahrt im öffentlichen Nahverkehr (►S. 274).

Museen in Kopenhagen und auf Seeland

GESCHICHTE / KULTURGESCHICHTE

Amagermuseen
►Amager, S. 146

Amalienborg Museet
►Amalienborg, S. 149

Arbejdermuseet
►Nørreport, S. 213

Danmarks Lodsmuseum
►Amager, S. 146

Dansk Jødisk Museum
►Christiansborg/Slotsholmen, S. 163

Verner Pantons »Eiscreme-Stuhl« steht im Designmuseum Danmark.

Dragør Museet
►Amager, S. 146

Frihedsmuseet
Churchillparken 7, Eintritt frei
Mai. – Sept. tgl. 10.00 – 16.00, Okt. – April 10.00 – 15.00 Uhr
www.frihedsmuseet.dk
Das Freiheitsmuseum dokumentiert den Widerstand des dänischen Volkes gegen die nationalsozialistische Besetzung vom Einmarsch der deutschen Wehrmacht im April 1940 bis zur Befreiung 1945. Finanziert wurde der Bau 1967 von Hans Hansen über eine landesweite Lotterie, bei der mehr als 500 000 Kronen zusammenkamen.

Frilandsmuseet
►S. 182

Københavns Museum
►S. 190

Kongelige Stalde og Kareter
►Christiansborg Slot, S. 161

Livgårdens historiske Samling
►Rosenborg Slot, Kongens Have, S. 231

M/S Museet for Søfart
► Helsingør, Kulturwerft, S. 195

Nationalhistorike Museum
►Frederiksborg Slot, S. 180

Nationalmuseet
►S. 209

Nyboders Mindestuer
►Østerbro, S. 224

Orlogsmuseet
►Christianshavn, S. 166

Politihistorisk Museum
Fælledvej 20
Di., Do., So. 11.00 – 16.00 Uhr
Erw. 40 DKK, unter 18 Jahren frei
www.politimuseum.dk
Metro, S-Bahn: Nørreport
Buslinien 5A, 350 S,
In der alten Wache 6 erzählt das Polizeimuseum die wechselvolle Geschichte von Ganoven und Gendarmen seit 1294.

Post & Tele Museum
►Rundetårn, Købmagergade, S. 243

Rosenborg Slot
►S. 226

Roskilde Museum
►Roskilde, S. 238

Sagnlandet Lejre
►S. 243

Tøjhusmuseet
Tøjhusgade 3
Di. – So. 11.00 – 17.00 Uhr
Erw. 100 DKK, bis 17 Jahre 60 DKK, www.thm.dk
Buslinie 66, Hafenbusse 901/902
Mit Rüstungen und Uniformen, Mörsern und mittelalterlichen Kanonen präsentiert das Militärmuseum im 1598 – 1604 erbauten Zeughaus Christians IV. eine Zeitreise durch das Kriegshandwerk – beachten Sie die Rüstung Herzog Adolfs von Gottorf von 1560.

Vikingeskibsmuseet
►Roskilde, S. 238

Ny Carlsberg Glyptotek: Stephan Sinding feierte 1878 auf der Weltausstellung in Paris sein Debüt mit der Marmorfigur »Der Sklave«.

KUNST UND ARCHÄOLOGIE

Arken Museet for Moderne Kunst

►S. 153

Cisternerne - Museum for Modern Glass Art

►Frederiksberg, S. 175

Dansk Arkitektur Center

►Christianshavn, S. 164

Davids Samling

Kronprinsessegade 30-32
Di., Fr. 13.00 – 17.00, Mi. 10.00 bis 21.00, Do. 10.00 – 17.00, Sa./So. 11.00 – 17.00 Uhr, Eintritt frei
www.davidmus.dk, Bus: 11A, 350 S, Metro/S-Bahn: Nørreport
Das 1807 erbaute Museumsgebäude samt Kunstsammlung vermachte C. L. David 1945 dem dänischen Staat. Die Ausstellung präsentiert islamische Kunst vom 8. – 16. Jh., darunter kostbare Fayencen, Handschriften, Miniaturen, Glas, Teppiche und Tafelsilber. Aber auch eine französische Rokoko-Sopraporte von François Boucher und Möbel aus der Werkstatt von David Roentgen sind zu sehen, ferner Gemälde dänischer Maler des 19. Jh.s, dänisches Silber aus dem 17. und 18. Jh. und Porzellan aus der Frühzeit der Königlichen Kopenhagener Manufaktur.

Den Hirschsprungske Samling

►Statens Museum for Kunst, S. 248

Den Kongelige Afstøbningssamling
Toldbodgaden 40
Di. – So. 10.00 – 17.00, Mi. bis 20.00 Uhr, Eintritt frei
www.smk.dk
S-Bahn: Østerport, Buslinien 1A, 15, 19, 29, Hafenbusse 901, 902 bis Nordre Toldbod
Mit 2000 Abdrücken von Meisterplastiken dokumentiert die königliche Sammlung im Westindischen Packhaus die Geschichte der Bildhauerkunst vom alten Ägypten bis zur Renaissance.

Designmuseum Danmark
►S. 172

J. F. Willumsens Museum
Jenriksvej 4, Frederikssund
Di. – So. 10.00 – 17.00 Uhr, Erw. 50 DKK, unter 17 Jahren frei
www.jfwillumsensmuseum.dk
S-Bahn bis Frederikssund, 15 Min. Fußweg, Buslinien 229E, 317, 318, 322, 323
Mehr als 70 Jahre war Willumsen als Maler, Grafiker, Keramiker, Fotograf und Architekt tätig.

Kunsthal Charlottenborg
►Nyhavn

Louisiana Museum for Moderne Kunst
►S. 198

Mølsteds Museum
►Amager, Dragør, S. 146

Ny Carlsberg Glyptotek
►S. 214

Ordrupgaard
►Bakken, S. 157

Statens Museum for Kunst
►S. 246

Storm P.-Museet
►Frederiksberg, S. 178

Thorvaldsens Museum
►S. 250

LITERATUR, MUSIK, FILM

Bakkehus Museet
►Frederiksberg, S. 178

H. C. Andersen Eventyrhuset
►Rådhuspladsen, S. 226

Karen Blixen Museet
►S. 188

Musikmuseet
http://natmus.dk/musikmuseet
Die 1898 gegründete Sammlung von 3600 historischen Musikinstrumenten soll 2014 im ehemaligen Rundfunkhaus am Worsaaesvej neu eröffnen.

Revymuseet
►Frederiksberg, S. 178

Teatermuseet
►Christiansborg Slot, S. 161

NATUR UND TECHNIK

Danmarks Tekniske Museum
►Helsingør, Kulturwerft, S. 195

Den Blå Planet
►Amager, S. 143

DieselHouse
Elværksvej 50
Mo. – Do. 10.00 – 16.00, 1. und 3. So. im Monat 10.00 – 13.00 Uhr, Vorführung der Dieselmaschine 11.00 Uhr, Eintritt frei

www.dieselhouse.dk
Nördlich von Teglholmen rauchen die Schornsteine eines Industriedenkmals: Rund um eine riesige Burmeister & Wain-Dieselmaschine von 1932, für 30 Jahre die größte der Welt, dokumentiert seit 2006 das DieselHouse die Geschichte der Energieversorgung von Kopenhagen, die Entwicklung der B&W-Maschinenfabrik und den Einsatz von Dieseltechnologie weltweit. Neben der interaktiven Ausstellung in der Maschinenhalle produziert das denkmalgeschützte Ørstedværket als ältestes Großkraftwerk des Landes seit 1920 aus Erdgas Fernwärme und Strom für Kopenhagen.

Experimentarium
Tuborg Havnevej 7
S-Bahn: Hellerup, Svanemøllen
Buslinien: 1A, 14, 21
Mo.–Fr. 9.30–17.00, Di. bis 21.00, Sa., So. 11.00–17.00 Uhr
Eintritt Erw. 165 DKK, Kinder 105 DKK, www.experimentarium.dk
Wo einst Tuborg-Bier abgefüllt wurde, vermitteln heute 16 Themeninseln zu »Blickpunkt Licht«, »Atome und Strahlung« oder »Der Körper« mit mehr als 300 Versuchen Prozesse und Gesetzmäßigkeiten aus Wissenschaft und Technik – die Erklärungen sind auf Dänisch und Englisch. Ein Riesenspaß für die ganze Familie: der Lügendetektor.

Geologisk Museum
Øster Voldgade 5-7
Nov. – März Di. – Fr. 10.00 bis 13.00, Sa./So. 13.00 – 16.00, April – Okt. Di. – So. 10.00 bis 16.00 Uhr, Eintritt Erw. 40 DKK, Kinder 3 – 16 Jahre 25 DKK
http://geologi.snm.ku.dk
Metro-/S-Bahn: Nørreport
Buslinien 184, 185, 6A, 94N
Das von Per Kirkeby ausgeschmückte Museum lädt ein, einmal einen echten Meteoriten zu berühren, über leuchtende Steine zu staunen oder Pflanzen und Tiere der Urzeit als Fossilien zu entdecken.

Øresundsakvariet
Strandpromenade 5, Helsingør
Juni – Aug. tgl. 10.00 – 17.00, Sept. – Mai Mo. – Fr. 10.00 bis 16.00, Sa./So.10.00 – 17.00 Uhr
Ab 12 Jahre 60 DKK, 3 – 11 Jahre 35 DKK, in den Ferien 40/65 DKK
www.oresundsakvariet.ku.dk
Ab Bahnhof Helsingør S-Bahn bis Grønnehave oder 20 Min. zu Fuß.
Faszinierende Einblicke in die Unterwasserwelt von Øresund und Kattegat in exemplarischen Biotopen. Das Aquarium ist auch meeresbiologische Forschungsstätte der Universität von Kopenhagen.

Zoologisk Museum
►S. 261

SONSTIGES

Carlsberg Bryggeri
►S. 157

Guinness World of Records
►Strøget, S. 249

Mystic Exploratorie
►Strøget, S. 249

Ripley's Believe it or Not!
►Rådhuspladsen, S. 226

Shopping

Formschön & trendy

Dänisches Design ist heute nicht nur praktisch und funktionell, sondern auch verspielt und bunt. Freude am Experimentieren durchdringt die kreative Szene – von der Küche bis zu Mode und Musik liebt Kopenhagen die Verwandlung, das Spiel mit den nordischen Wurzeln, mit Trends und Traditionen.

Öffnungszeiten

Ende 2012 wurde das einst starre Ladenschlussgesetz abgeschafft – nur an gesetzlichen Feiertagen müssen Geschäfte seither geschlossen bleiben. Jetzt brauchen die Dänen nicht mehr zum Sonntagseinkauf nach Schweden fahren – auch auf dem Strøget und anderen großen Einkaufsstraßen der City und angesagten Vierteln kann man jeden Tag der Woche ganz entspannt stöbern und shoppen.

Einkaufsparadies

Weltberühmt ist **dänisches Design** (▶Baedeker Wissen S. 28). Günstiger gibt es die Klassiker beim »Udsalg« zum Saisonende oder beim Lagerverkauf, wo auch B-Ware mit mitunter kaum sichtbaren Mängeln, aber dafür deutlich günstiger in den Handel kommt. Absolutes Pflichtprogramm ist ein Bummel durch die Fußgängerzone und Einkaufsmeile **Strøget** mit trendigen Modeboutiquen und dem Konsumtempel **Ilum**, neben dem **Magasin du Nord** am Kongens Nytorv Kopenhagens berühmtestes Kaufhaus. Als Mekka für durchgestyle Wohnkultur gilt **Ilums Bolighus** direkt neben **Royal Copenhagen**. In der Købmagergade haben sich kleine, unabhängige Modelabels neben alteingesessenen Fachgeschäften wie **Bering** angesiedelt, wo bereits H. C. Andersen kunstvolle Blumengestecke erwarb, die er als Kostgänger seinen Gastfamilien mitbrachte. Wer Secondhand- oder Szeneoutfits sucht, wird im Lateinerviertel und Christianshavn (▶Baedeker Wissen S. 100), an der Istedgade von Vesterbro und an der Elemegade sowie der Guldbergsgade von Nørrebro fündig. Mit Shopping der Superlative locken das **»Field's«** in der Ørestad, das **Fisketorvet Shopping Centre** nahe der Dybbølsbro S-Bahn-Station und das **Frederiksberg Shopping Centre** an der gleichnamigen Metrostation. Alle Preise enthalten **25 Prozent Mehrwertsteuer (MOMS)**, die sich Nicht-EU-Bürger bei der Ausreise erstatten lassen können.

! BAEDEKER TIPP

Schnäppchenjagd

Dänische und internationale Labels gibt es 50 – 70 % günstiger in den **Langelinie-Outlets**. In den restaurierten Lagerhäusern am Kai der Kreuzfahrtschiffe findet man u. a. Factory Outlets von Royal Copenhagen, Noa Noa, Redgreen, Levi´s & Dockers und Ticket to Heaven (www.langelinie-outlet.dk).

Edles Porzellan von Royal Copenhagen

Shopping-Tipps

Die bekanntesten dänischen Kunsthandwerks-Unternehmen laden am Amagertorv zum **»Royal Shopping«**: die Königliche Porzellanmanufaktur Royal Copenhagen, die Silberschmiede Georg Jensen, das Glaswerk Holmegaard und Ilums Bolighus mit Klassikern dänischen Designs. Rund 40 **Antiquitätengeschäfte** säumen die Ravnsborgade von Nørrebro. Bei schönem Wetter stellen die Händler ihre Waren vor den Laden und verwandeln die Straße in einen Edel-Flohmarkt. Gute Adressen für Kunst und Antiquitäten sind auch Bredgade, Holbergsgade, Læderstræde, Palægade und Nyhavn. Im Sommer lohnen samstags die **Flohmärkte** am Gammel Strand, hinter dem Rathaus von Frederiksberg, am Nørrebro Runddel und auf dem Israels Plads. Alljährlich im September präsentieren Antiquitätenhändler aus dem ganzen Land erlesene Stücke auf der Antiquitätenausstellung in der Børsen.

Harald Holstein gründete in den 1980er-Jahren in einem ehemaligen Bauernhof auf einer kleinen Insel ein dänisches Modellabel, das mit femininen und lässigen Schnitten erst die Herzen der Frauen eroberte, dann auch die ihrer Töchter: **Noa Noa**. War Holstein einst ein Pionier, so ist heute die dänische Modeszene ungeheuer vielfältig und längst ein wichtiger, auch internationaler Wirtschaftsfaktor mit klangvollen Namen wie **Henrik Vibskov, Munthe plus Simonsen, Ilse Jacobsen** und **Lisbeth Dahl**.

Bei **Lebensmitteln** sind Räucherlachs, Frühstücksspeck, Leberpastete, marinierter Hering in vielen Variationen und Kaviarkrem aus der Tube neben Käse die beliebtesten kulinarischen Mitbringsel aus dem Königreich. Naschkatzen freuen sich über Pralinen und Schokoladenspezialitäten von Peter Beier, Rasmus Bo Bojesen oder Summerbird, dänische Haferkekse und die Salzlakritz von Ga-Jol, auf deren Packung stets ein Sinnspruch abgedruckt ist.

ANTIQUITÄTEN

C. E. Fritzsche

Kompagnistræde 12
www.fritzsche.dk
Die 1788 von Hieronimus Fritzsche gegründete, älteste Glashandlung Dänemarks ist Königlicher Hoflieferant und bis heute in Familienbesitz.

Green Square Copenhagen

Strandlodsvej 11
www.greensquare.com
Zehn Minuten von Flughafen und City entfernt, bietet Nordeuropas größtes Antikwarenhaus in neun Hallen Kunsthandwerk, Gemälde und Möbel des 18. – 20. Jh.s.

Maritime Antiques

Toldboldgade 15
www.maritime-antiques.dk
Eine Fundgrube für maritimes Ambiente an Bord und daheim – mit Tauwerk, Modellschiffen, Bullaugen und Bildern von der stürmischen See.

Paludan Bog & Café

Fiolstræde 10

Bis heute Bestseller: die dänischen Designklassiker von Verner Panton

http://paludan-cafe.dk
Kopenhagens ältestes Bücher-Café im besten Antiquariat der Stadt ist seit 1895 auch sein angesagtestes: Alljährlich gastiert hier das Copenhagen Jazz Festival.

Peter Grosell's Antikvariat

Læderstræde 15
www.grosell.dk
Hervorragende alte Bücher, die auch auf 100 Ausstellungen weltweit gezeigt werden – die Bestände gehen bis ins 17. Jh. zurück.

Ravnsborggade

www.ravnsborggade.dk
Zu der Reihe der Antiquitätenhändler haben sich inzwischen In-Boutiquen und ein Brauhaus gesellt. Im März, Juni, Sept. und Nov. ist So. Flohmarkt!

AUKTIONSHAUS

Bruun Rasmussen

Bredgade 33
Sundkrogsgade 30
und Baltikavej 10
www.bruun-rasmussen.dk
Kopenhagens größtes Auktionshaus bringt Gemälde und Möbel, aber auch Wein und Waffen unter den Hammer.

BERNSTEIN

Ravhuset

Kongens Nytorv 2
und Nygade 6
www.houseofamber.com
Die Bernsteinschleiferei wurde 1933 von Einer Fehrn gegründet. In seiner Werkstatt wurde auch in drei Jahren das Opernhaus von Sydney aus dem Gold des Nordens en miniature gefertigt.

Das weiße Gold

Sie ist die älteste Porzellanfabrik Skandinaviens: Den Kongelige Porcelænsfabrik, international als »Royal Copenhagen« vermarktet. Mit »Flora Danica« und dem blauen »Musselmalet«-Muscheldekor erreichte das Porzellan mit den drei Wellen im Stempel Weltruf.

▶ **Bestandteile**

Quarz
Je höher der Quarzgehalt, desto härter das Porzellan. Das harte Mineral ist einer der am häufigsten vorkommenden Kristalle.

Feldspat
»Der Stein welcher kein Erz enthält« tritt sehr häufig auf und ist das wichtigste gesteinsbildende Mineral der Erdkruste.

Kaolin
Die »Porzellanerde« wu
erstmals an der Gaolin-
kette in Nordwestchina
gefunden und ist ein fe
eisenarmes, weißes Ges

Quarz	Feldspat	Kaolin
25 %	25 %	50 %
45 %	30 %	25%

Weichporzellan

...enthält nur wenig Kaolin und wird bei niedrigeren Temperaturen gebrannt. Dadurch ist es anfälliger für Temperaturschwankungen und Stöße

Hartporzellan

Hart bedeutet »heiß«, also hohe Brenn
temperaturen. Der große Kaolinantei
bewirkt eine hohe Schlagbiegefestigk
Royal Copenhagen ist ein Hartporzel

▶ **Manufakturmarke**
Die aus drei wellenförmigen Linien bestehende Manufakturmarke des Königlich Kopenhagener Porzellans symbolisiert die drei Meeresarme Dänemarks, den Großen und den Kleinen Belt sowie den Øresund.

▶ **Geschichte des Royal Copenhagen**

1775
Gründung unter der Schirmherrschaft von Königin Juliane Marie, Kronprinz Frederik und König Christian VII.

»Musselmalet«
Eines der ersten Muster, bis heute am bekanntesten und häufigsten verbreitet

»Flora Danica«
Erstmalig gegen **1790** angefertigt und wird bis
heute im selben Verfahr
hergestellt.

1770 1800

ine Schnecke gab den Namen

ie in vielen tropischen Gewässern lebende Kaurischnecke besitzt ein porzellanähn-
ches Gehäuse. Als Marco Polo im 14. Jh. zum ersten Mal Porzellan aus China nach
uropa brachte, nannte man das neue Material wie diese Schnecke »porcellana«, da
ıan annahm, dass Porzellan aus den zerstampften Gehäusen hergestellt wurde.

Vie entsteht Porzellan?

. Drehen und Formen
eller werden über eine Form ge-
reht. Hohlgefäße, Figuren, sehr
ünnes Porzellan und Objekte aus
ehren Teilen werden in Gipsmodellen
eformt. Der Modell-Macher
erücksichtigt, dass das
orzellan nach dem
sten Brand um
4 % schrumpft.

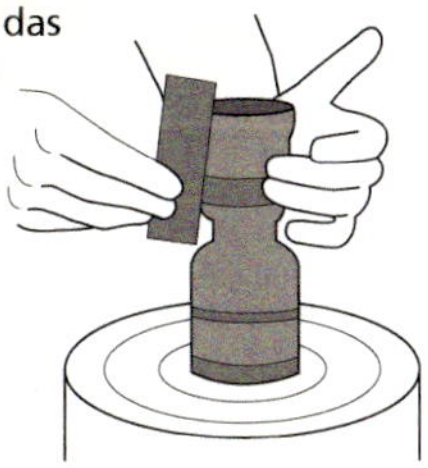

2. »Bossieren« (Figurenfertigung)
Einzelne Figurenteile werden mit Schlicker zusammmengesetzt und »verputzt«. Am Arbeitsplatz steht ein Modell der fertigen Figur, an dem sich der Bossierer orientiert.

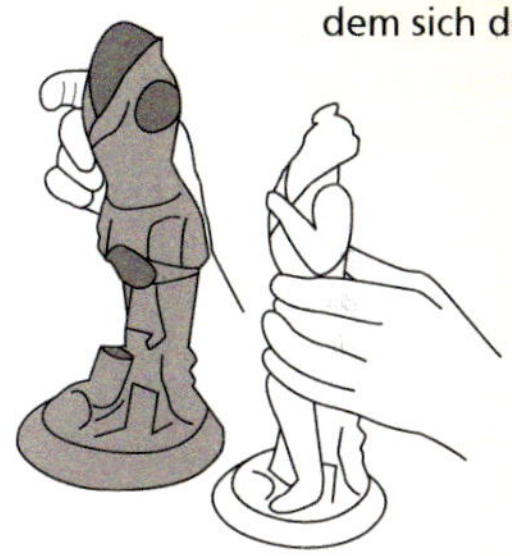

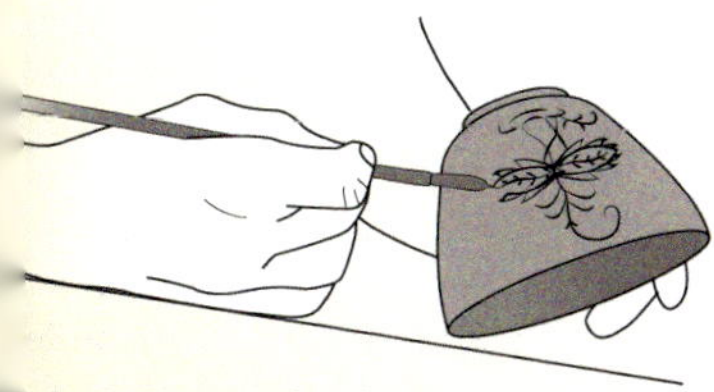

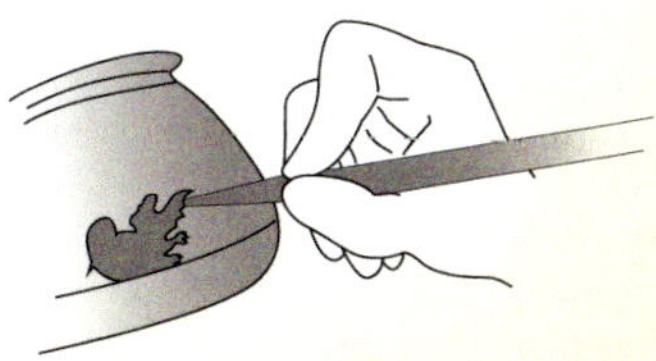

Unterglasurmalerei
s Porzellan wird nach dem ersten
and **(950°C)** mit einem Pinsel oder
rograf bemalt und dann bei
00°C noch einmal gebrannt.
rvice mit Unterglasur: z.B. Musselmalet)

4. Aufglasurmalerei
Durch Beimischung von weichem Fluss (glasähnlichen Schmelzfarben) haften die Farben auf der bereits hartglasierten Keramik. Der Fluss schmilzt schon bei **720–850°C**.
(Service mit Aufglasur: z.B. Flora Danica)

68
vatisierung der
orik unter neuer
nstlerischer Leitung
ı Arnold Krog, der
ı viel mit der
terglasurmalerei
fasste.

1889
Internationaler Durchbruch mit einer neuen Unterglasur-Maltechnik auf der Pariser Weltausstellung

»Möve«
Produktion ab **1895;** das Tafelporzellan wird als Dänemarks Nationalservice betrachtet.

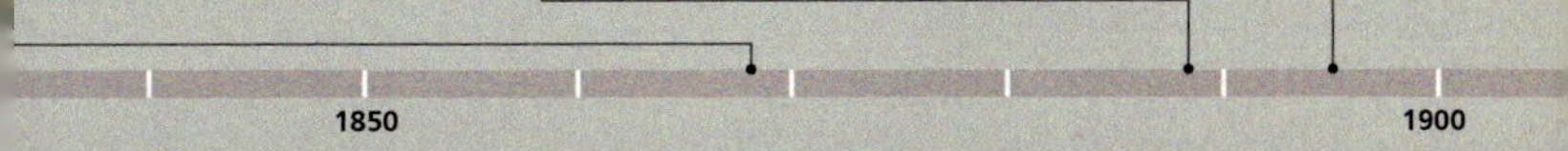

BLUMEN

Tage Andersen

Ny Adelgade 12
http://tage-andersen.com
Museales Floristengeschäft mit zauberhaften Blumenarrangements, die Tage berühmt gemacht haben; Eintritt: 50 DKK.

CD UND VINYL

Accord

Vestergade 3 und
Nørrebrogade 88 – 90
www.accord.dk
Über 100 000 LPs, 15 000 Singles, 40 000 CDs und 8 000 DVDs: Bei dieser Auswahl finden Sie sicher Lieblingsstücke von einst wieder!

Route 66

Fælledvej 3
Kleiner, gut sortierter Secondhand-Plattenladen mit eigenem Label: Danish Vinyl Records – hören Sie doch mal in das Experimentalmuseum von Under Byen und Mikael Simpson rein!

Sex Beat Records

Studiestræde 18
www.sexbeatrecords.dk
Seit den 1980ern die Adresse für alternative britische und amerikanische Rockmusik

DÄNISCHES DESIGN (▸S. 28)

Bang & Olufsen

Kongens Nytorv 26
www.bang-olufsen.com
Erlesene Musikanlagen des mehrfach preisgekrönten Unternehmens, das Designgeschichte für HiFi-Geräte geschrieben hat.

Butikbutik

Nordre Toldbod 27
www.butik-butik.dk
Bigger is better? Von wegen? Der kleinste Designshop Kopenhagens ist ein Kleinod für Stilvolles und Zeitgeistiges.

Bodum

Tietgensgade 12, Tivoli
www.bodum.com
Im 2011 eröffneten Store gibt es neben den berühmten Kaffeekochern auch schicke Mugs für den Koffeinkick »to go«.

Casa

Store Regnegade 2
www.casashop.dk
Italienische Designerträume in einem der teuersten Designtempel der Stadt. Bei den Kleinmöbeln gibt es auch dänisches Design.

Cookie Factory

Sankt Peders Stræde 10
www.cookiefactory.dk
Verspielt, verträumt, lebensfroh: Wenn Sie genug im Laden der Designkooperative gestöbert haben, können Sie dort auch Bio-Kaffee und selbst gemachte Kekse genießen. Die Musiker unter Ihnen können ihre Songs im Laden auf iPods laden und so der Kundschaft bekannt machen.

DZOO

Vesterbrogade 137, www.dzoo.dk
Sechs junge Künstler, die Möbel, Keramik, Glas, Schmuck und Strick herstellen – in den Werkstätten lassen sie sich dabei über die Schulter schauen.

Georg Jensen

Amagertorv 4
www.georgjensen.com

Uhren, Schmuck, Bestecke und Küchenhelfer aus der traditionsreichen Silberschmiede

GUBI

Klubiensvej 7-9
und Pakhus 53
http://gubi.dk
Die farbenfrohe, minimalistische Ausstattung des Danhostel Copenhagen wurde zum Karrieresprungbrett der Designer von GUBI, dessen Möbel – im Freihafen auf 2000 m² ausgestellt – inzwischen sogar im Museum of Modern Art von New York zu bewundern sind.

Ilums Bolighus

Amagertorv 10
www.illumsbolighus.dk
Dänemarks berühmteste Designer haben sich im exquisitesten Kaufhaus Kopenhagens die Klinke in die Hand gegeben, um das Beste anzubieten, was ein geschmackvoller Haushalt haben kann: Möbel, Lampen, Stoffe, Bad- und Küchengeräte in Formvollendung und zeitlosem Design.

Klassik Møbelkunst

Bredgade 3, http://klassik.dk
Dänische Möbelklassiker der Jahre 1920 – 1975 von Arne Jacobsen, Børge Mogensen, Hans J. Wegner und anderen Ikonen

Lisbeth Dahl

Vesterbrogade 3
http://lisbethdahl.com
Ebenfalls auf dem Tivoli-Gelände beweist Lisbeth Dahl, dass dänisches Design nicht nur nordisch kühl, sondern auch sehr feminin und romantisch sein kann.

Schick shoppen auf dem Amagertorv im Herzen der Stadt

Christian Edwards bläst am Nyhavn Karaffen, Gläser und Vasen.

Louis Poulsen

Gammel Strand 28
www.louispoulsen.com
Arne Jacobsen, Poul Henningsen und Mads Odgård: Im Lampengeschäft von Louis Poulsen gibt es leuchtendes dänisches Design.

Nyhavns Glaspusteri

Toldbodgade 4
www.copenhagenglass.dk
Jedes Stück in der 1999 eröffneten Glasbläserei hat Christian Edwards selbst entworfen.

Paustian A/S

Kalkbrænderiløbskaj 2
www.paustian.dk
Meisterwerke dänischer und internationaler Designer

Royal Copenhagen

Amagertorv 6
www.royalcopenhagen.com
Im edlen Ambiente werden die Klassiker »Flora Danica«, »Musselmalet« und andere Produkte der Königlich Kopenhagener Porzellanmanufaktur angeboten. Hingucker zur Weihnachtszeit: die Ausstellung der Jul-Teller. Deutlich günstiger als im Stammhaus ist das Porzellan im Royal Copenhagen Factory Outlet am Søndre Fasanvej 9. Gönnen Sie sich im Anschluss eine Pause im Royal Smushi Café (►S. 75).

The Danish Shop

Knabrostraede 3, http://dkglobal.dk
Von dänischen Nissen-Kobolden bis zu H.C.-Andersen-Weihnachtsliedern gibt es hier alles für ein typisch dänisches Jul-Fest – auch online!

Workshop Copenhagen

Thorshavnsgade 22

www.workshop-cph.dk
Schmuck, Lampen, Kleidung und Keramik, entworfen von den 25 Frauen des Designer-Kollektivs in Islands Brygge, ►S. 188

DELIKATESSEN & SÜSSES

Kjær & Sommerfeldt

Gammel Mønt 4, www.kogs.dk
Seit 1875 der bestsortierte Weinhandel der Stadt – beliefert wird auch das Königshaus.

Løgismose

Nordre Toldbod 16
www.loegismose.dk
Käse vom eigenen Hof in Brody, Biofleisch vom Ökoschlachter auf Als, Honig von Anders Glob aus Djursland: Neben Kolonialwaren aus Frankreich und Italien gibt es im Feinkostladen der Familie Grønnelyke, auch Besitzer der Summerbird Chocolaterie, beste Erzeugnisse aus Dänemark.

Paradis Is

Sankt Hans Torv 24
www.paradis-is.dk
Bestes Eis aus Ökomilch

Schokolade

►Baedeker Wissen S. 65

Sømods Bolcher

Nørregade 36
http://soemods-bolcher.dk
Hoflieferant der Königin – die kunterbunten Bonbons werden hier seit mehr als 100 Jahren handgemacht.

Torvehallerne

Populäre Markthalle am Israels Plads, http://torvehallernekbh.dk
►S. 212

FLOHMÄRKTE

Den Blå Hall

Ved Amagerbanen 9
www.denblaahal.dk
Sa./So. 10.00 – 16.00 Uhr
Eintritt: 10 DKK
In dem von Harsdorff erbauten und 1796 mit einer Korntrockenanlage versehenen Packhaus auf der Insel Amager hat der Gründer des Ebay-Konkurrenten www.lauritzen.com, Bengt Sundstrøm, auf 2000 m² einen Dauerkrammarkt eingerichtet.

Loppemarked Ravnsborggade

www.ravnsborggade.dk
Im März, Juni, September und November lädt Nørrebro So. zum Stöbern auf der Ravnsborggade und den umliegenden Straßen ein.

Rovsingsgademarkedet

www.rovsingsgademarkedet.dk
Sa./So. 10.00 – 16.00 Uhr
Eintritt: Erw. 10 DKK, Kinder frei
325 Händler machten den Hallenflohmarkt auf 8000 m² zum größten Krammarkt Kopenhagens.

KAUFHÄUSER UND OUTLETS

Copenhagen Designer Outlets

Hveen Boulevard
www.copenhagendesigneroutlets.dk
2013 eröffnete in Taastrup Dänemarks größtes Outlet-Center mit mehr als 80 Geschäften auf 17 500 m². Auch der Nachbar lohnt einen Besuch: City 2, Taastrups Shoppingcenter, mit rund 110 Geschäften.

Stilikonen und Szeneshops

Innovation und Purismus, Lebenslust, Multikulti und maritimes Flair: Mit diesem Mix ist die dänische Hauptstadt in den letzten Jahren zur nordischen Trendmetropole aufgestiegen.

Für echte Fashionistas gibt es in Kopenhagen nur eine Flaniermeile: die **Kronprinsensgade**. Auf wenigen Hundert Metern drängen sich Designerläden und Modeboutiquen international bekannter Namen wie Bruuns Bazaar (www.bruunsbazaar.com) und Stig P. (www.stigp.dk), wo auch Filippa K. und die Kultjeans von Acne zu finden sind, aber auch Insider-Labels wie Cheap Monday (www.cheapmon day.com) und Flying A (www.flyinga.dk). Ein Skater-Shop der Extraklasse mit Stüssy, DVS und Lakai im Sortiment ist Streetmachine (www.streetmachine.dk).

Wen wundert's da, wenn Siebdrucke mit Stöckelschuhen dicht an dicht die Wände des **Café Sommersko** (www.sommersko.dk) schmücken, wo sich Shopper zwischen Bergen von Einkaufstüten auf roten Lederbänken und dunklen Holzstühlen bei Foie Gras, Moules Frites, Café oder Cocktail vom Boutiquen-Marathon erholen. Ebenfalls angesagt als Treffpunkt für Mittagshungrige ist die **Zoo Bar** (www.zoobar.dk) – am Ende der Woche rücken die Party People an und bringen das Lokal zum Beben. Wer nur einen schnellen Energiekick braucht: **Summerbird Chocolaterie** (www.summerbird.dk) stellt das leckerste Marzipan im Königreich her. Für eine nostalgische Pause vom Konsumrausch empfiehlt sich AC Perchs Teehandel (www.perchs.dk). Das Teegeschäft von 1834 ist das älteste Handelshaus der Straße und serviert erlesene Teesorten aus aller Welt in edlen Silberkannen.

Lateinerviertel

Im Gassengewirr des alten Univiertels rund um **Studiestræde, Larsbjørnsstræde** und **Sanct Peders Stræde** lebt Kopenhagen seine subkulturellen Strömungen aus. In diesem **Melting Pot der Stile** und Geschmäcker lässt sich Ausgefallenes und Ungewöhnliches entdecken, herrlich in Bücherläden und Boutiquen stöbern, treffen brandheiße Underground-Trends auf Vintage, Gothic und Secondhand. Hier finden Sie zum Beispiel Sex Beat Records (www.sexbeatrecords.dk), der zu den besten Plattenläden der Stadt für Indie-Musik gehört, den Skatershop »Alis« (www.alis.dk) und Black No. 1 (www. blackno1.com), wo alle Kleidungsstücke die gleiche Farbe haben: schwarz. Wer seine Accessoires gerne selbst gestaltet, findet Perlen, Bänder und Verschlüsse auf zwei Etagen bei Beadsndrops (www.beadsndrops.dk). Originelle Deko-Ideen gibt es hinter der pinkfarbenen Tür der Butik Nø (http://butiknoe.com) in der Larsbjørnsstræde 22. Ausgefallene Kopfbedeckung gesucht? Bei FN 92 werden Sie garantiert fündig. Schwingende Kleider und Freizeit-

Gespür für Trends: Cheap Monday steht für lässigen Vintage-Look.

mode aus den 1970er- und 1980er-Jahren gibt es wenige Schritte weiter bei Episode (www.episode.eu).

Christianshavn

Plätzchen am Wasser gibt es in Christianshavn genug. Besonders beliebt bei Shoppingfans ist das Boutique-Café **Sweat Treat** in der Sankt Annæ Gade 3a (http://sweettreat.dk), wo die Szene auf kunterbunt gemixten Stühlen auf dem Gehweg ihren Chai-Latte oder Moccacino schlürft. Manchmal sitzt auch Helena Christensen hier – ihre Mutter Helena Elsa Christensen, die aus Peru nach Kopenhagen kam, betreibt den berühmtesten Secondhand-Laden der Stadt: YoYo (Sankt Annæ Gade 31, nur Mi. bis Fr. 13.00 – 17.30 Uhr). Auf Kleiderbügeln dicht an dicht drängeln sich dort die abgelegten Klamotten ihrer berühmten Tochter – das Model wohnt übrigens gleich um die Ecke. Für Mode von Marlene Birger, Tiger of Sweden, White, Imelda, Nudu und anderen In-Labels ist Porte à Gauche (Torvegade 20, http://porteagauche.dk) die erste Adresse in der betriebsamen Torvegade. Das passende Schuhwerk gibt es schräg gegenüber bei Shoe by Shoe (Torvegade 31), den noch fehlenden Schmuck bei der charmanten Isländerin Guðbjörg Kristín Ingvarsdóttir, die für ihre Aurum-Kollektion (Wildersgade 26 A, www.aurum.is) nach den Formen der Natur filigrane Kunstwerke in Silber und Stein gestaltet. Schalen, Schüsseln und andere formschöne Gebrauchsgegenstände aus Ton fertigt Per Bo auf der Drehscheibe (Sankt Annæ Gade 33, www.perbokeramik.dk).

Seit 1951 ein Klassiker für Kids: der Affe von Kay Bojesen

Danks Fashion Outlet Øksnehallen

www.danskfashionoutlet.dk
Zweimal jährlich verkaufen nach den Modemessen rund 200 dänische Designer ihre Musterkollektionen, Überschüsse und Lagerbestände in den Øksnehallen.

Field's

Arne Jacobsens Allé 12
www.fields.dk
Ultimatives Shopping in 150 Geschäften in der Ørestad – die Metro hält direkt vor der Tür.

Fisketorvet

Kalvebod Brygge 59
www.fisketorvet.dk
120 Geschäfte am Hafenkanal

Illum

Østergade 52
www.illum.dk
Kaufhauslegende mit erlesener Feinkost im Keller und Markenlabels auf sechs Etagen unter einer Glaskuppel – vom Café im Dachgeschoss bieten sich herrliche Rundblicke.

Magasin du Nord

Kongens Nytorv, www.magasin.dk
Das älteste Kaufhaus des Nordens ist berühmt für seine Modeabteilungen und die Feinkost von Mat & Vin, wo auf 1000 m² Delikatessen und Weine meist günstiger sind als anderswo.

Normann

Østerbrogade 70
www.normann-copenhagen.dk
Normann Copenhagen im alten Kino von Østerbro hat schicke Möbel, junge Mode, Parfums und Lifestyle-Must-Haves.

Søstrene Grene

Amagertorv 29, www.grenes.dk
Populäre Ladenkette mit Einrichtungsgegenständen, Wein und Kosmetik zu verhältnismäßig günstigen Preisen

Waterfront Shopping
Tuborg Havnevej 4-8, Gentofte
http://waterfront-shopping.dk
Power-Shopping an der Kaikante

KINDER
Billedleg/Dansk Handværk
Kompagnistræde 2, www.billed leg.dk, www.danskhaandvaerk.dk
Farbenfrohes Holzspielzeug nach Entwürfen von Lars Jensen. Beliebtes Sammelobjekt: sein Geburtstagszug, bei dem für jedes Lebensjahr ein Waggon in einer anderen Farbe mit Kerze an die Lok angehängt wird.

LEGO®Store København
Vimmelskaftet 37
http://stores.lego.com
Superman, Master Splinter, Batman und Robin – ein Muss für jede Familie beim Einkaufsbummel durch den Strøget

Disney Store
Amagertorv 8
www.disneystore.dk
Der einzige Disney-Store Skandinaviens ist vollgepackt mit Spielzeug, Kleidung und Nippes, passend zu beliebten Filmen.

Ticket2Heaven
Langelinie Allé 28
www.ticket2heaven.dk
Kultmarke für knallig bunte, praktische Outdoorkleidung für Kinder

MODE FÜR DAMEN
Bruuns Bazaar
Kronprinsengade 8
www.brunsbazaar.com
Topmodisch und sehr nette Beratung

By Malene Birger
Antonigade 10
www.bymalenebirger.com
Klassisch-elegante Mode, gewürzt mit einem Hauch von Sinnlichkeit

DAY Birger & Mikkelsen
Pilestræde 16, www.day.dk
Alles für einen Tag ist das Motto des dänischen Designerteams: Vom Slip bis zur Chaiselongue ist ihre Kollektion stilvoll schick – erschwinglicher im Online-Store.

Ilse Jacobsen
Im Field's Einkaufszentrum
www.ilsejacobsen.dk
Bunt-edle Gummistiefel und Regenmäntel begründeten ihren Ruf, heute gehören auch feminin-praktische Kleider und Abendroben zur Kollektion.

Ivan Grundahl
Niels Hemmingsens Gade 4
www.ivangrundahl.dk
Extravagante Designermode aus Leder, Lack und Leinen

Monsoon
Amagertorv 16
http://de.monsoon.co.uk
Das britische Unternehmen schwelgt in Samt und Seide – romantisches Outfit für junge Leute.

Munthe plus Simonsen
Grønnegade 10
www.muntheplussimonsen.dk
Die mit Stickereien, Drucken und viel Naturmaterial verzierten Edelkollektionen der dänischen Topdesignerinnen Karen Simonsen und Naja Munthe sind so schön wie funktional.

Noa Noa
Østergade 6, Købmagergade 5
Langelinie-Outlet, Fields
und Fisketorvet
www.noanoa.com
Jung, hip und immer stylish

Randers Handsker
Frederiksbergsgade 36
www.randers-handsker.dk
In Dänemarks ältester Handschuhmanufaktur kauft auch die Königin ein – die hohe Qualität hat ihren Preis.

Sand
c/o Illum, Østergade 52
www.sand-europe.com
Romantische Mode von Lene und Sören Sand. Topmodel Nadja Auermann präsentiert ihre Kollektion auf Kopenhagens Modewoche.

Superlove
Nørregade 45 und Gothersgade 9
www.superlove.dk
Trendige Mode und passende Accessoires von angesagten skandinavischen Modemachern wie Rhino Republic, Mette Scherning, Danefae und Kragh Rosenberg

WoodWood
Krystalgade 4
http://woodwood.dk
Mit bedruckten T-Shirts begann die Karriere der drei Graffiti-Künstler, die heute neben ihrer eigenen StreetWear-Kollektion auch In-Labels wie Patrik Ervell, Peter Jensen und Porter führen.

Zone 1
Nikolaj Plads 7, www.zone1.dk
Feminines aus Leinen, Seide und Wolle

MODE FÜR HERREN

Axel
Gammel Mønt 1, www.axel.dk
NN07, Prada und Paul Smith – was der Mann von heute trägt, hängt bei Axel an der Stange.

Henrik Vibskov
Krystalgade 6
www.henrikvibskov.com
Er spielt Schlagzeug, zeigt seine Mode in Paris, stellt seine Skulpturen in New York aus und entwirft Mode, die aufregend anders ist – Hendrik Vibskov ist Moderebell und Multitalent.

Mads Norgaard
Amagertorv 15
Minimalistische Männermode vom dänischen Stardesigner und aktuelle Mode von Prada, John Smedley and Comme des Garcons. Berühmt sind auch Norgaards T-Shirts und Hosen mit politischen Statements wie »Free Tibet« und »Obama for President«.

Pede & Stoffer
Klosterstræde 15
www.pedestoffer.com
Eher sportlich, aber auch ausgehtauglich sind die Kollektionen der Dänen Han København, Sibin/Linnebjerg und SNS Herning.

Samsøe & Samsøe
Studiestræde 13
www.samsoe.com
Populäres Herrenlabel für Casual Wear

SCHMUCK UND SILBER

Bergsøe
Kronprinsessegade 25
www.josephinebergsoe.dk

Feminin, lässig, trendy: die Modeboutiquen in der Østergade

Edle Unikate von Josephine Bergsøe aus Gold und Silber

Dyberg/Kern

Ostergade 52
www.dyrbergkern.com
Glamouröses für mutige Persönlichkeiten

Georg Jensen

▶ S. 148

Stine A

Classensgade 6, www.stinea.dk
Schmuck ist für Stine A. Johansen kein Accessoire, sondern Ausdruck der Persönlichkeit. Ihre Kunden können daher ihren Schmuck auf Wunsch auch selbst entwerfen.

SCHUHE, LEDER, TASCHEN

Bruno & Joel

Kronprinsengade 2
www.brunoogjoel.com
Kleiner Laden mit großem Namen, der bei Schuhen auf solide Klassik setzt.

Carla F

Købmagergade 27
www.carla-f.dk
Modische Schuhe für jeden Anlass

Skindsmedene

Klosterstræde 23
www.skindsmedene.dk
Lederjacken, Taschen, Sandalen und Gürtel im klassischen Stil – alles handgemacht in Dänemark

Stadtbesichtigung

Erobern Sie die Stadt!

Kopenhagen ist Skandinaviens größte Kapitale – und doch so kompakt, dass sich Innenstadt und Brückenviertel bequem zu Fuß entdecken lassen. Und wenn die Füße nicht mehr wollen, laden hyggelige, trendige oder alternative Lokale zur Pause – locken Rickshaw, Hafenbus und Segway zum etwas anderen Sightseeing.

Zu Fuß durch die Hauptstadt

Von Mitte April bis Sept. werden diverse Stadtrundgänge mit deutschsprachigen Führern angeboten. Auskünfte erteilen die Touristeninformation, Hotelportiers, die Broschüre »Copenhagen This Week« sowie die Websites **www.copenhagen-walkingtours.dk** und **www.guides.dk**.

Klassiker sind Touren zur Stadtgeschichte, durch Christiania und auf den Spuren des Märchendichters Hans Christian Andersen. Ein Erlebnis ist der abendliche Rundgang **Nattevægterne**, der vom Gråbrødretorv 11 im Schein der Tranlampe durch das mittelalterliche Kopenhagen führt (►S. 111). Richtig gruselig geht es zu bei den **Geistertouren**, die um 18.00 Uhr am Højbro Plads beginnen (►S. 112). Jazzfans werden von den **Jazz Guides** nach einem gemeinsamen Dinner zu den wichtigsten Locations geführt (►S. 111). Sportlicher lässt sich die Stadt zu Fuß mit Lena Andersson auf **Running Tours** entdecken: Joggend geht es auf 5 – 8 km langen Rundstrecken an den Highlights der Hauptstadt vorbei – für Geschäftsleute gibt es einen 7,5 km langen Business Run morgens früh um 7.00 Uhr, für Nachtschwärmer einen 6 km langen Night Run.

Kopenhagen mit dem Rad erkunden

In der **Umwelthauptstadt 2014** fährt fast die Hälfte mit dem Rad zur Arbeit. Damit die Quote weiter steigt, baut die dänische Hauptstadt 26 Cykel Superstier, **Radschnellwege** – mit einem besonderen Belag, der das Fahren erleichtert, Fahrradampeln, Tempotafeln und Servicestationen mit Werkzeug und Luftpumpen. In S-Bahn und Metro, die bis 2018 ihren Cityring erhält und bis dahin die Innenstadt in eine Großbaustelle verwandelt, ist die Fahrradmitnahme kostenlos, ebenso in den Hafenbussen. Zum Ziel, die fahrradfreundlichste Stadt der Welt zu werden, gehören auch die **neuen Stadträder**, 2013 von GoBike eingeführte leichte Aluräder mit Kardanantrieb (►Baedeker Wissen S. 108, www.gobike.dk). Solide, schwarz und nostalgisch sind die Drahtesel, die von vielen Hotels der Hauptstadt für ihre Gäste angeboten werden. Alle Radrundfahrten von City Safari beginnen an der Metrostation Islands Brygge.

Ein Leben ohne Fahrrad? Für die Dänen undenkbar!

Radfahrland Dänemark

Die dänische Fahrradkultur ist so alt wie das Gefährt. Bereits 1880 schwang man sich auf ein Stahlross, das der britische Ingenieur James Starley neun Jahre zuvor entwickelt hatte. Heute ist der Radverkehr Vorreiter für eine emissionsfreie Mobilität, die Politik und Wirtschaft mit ehrgeizigen Programmen vorantreiben. Wo sonst auf der Welt gibt es eine offizielle Fahrrad-Botschaft (www.cycling-embassy.dk)?

37 %

der Hauptstädter fahren mit dem Rad tägl zur Arbeit oder Ausbildung, 2015 sollen es 50 % sein. Ergebnisse einer Studie zum Fahrradverhalten ergaben, dass 80 % der Dänen ein Fahrrad haben.

Mülleimer... am Straßenrand sind gekippt, damit Radfahrer nicht anhalten müssen.

Bei Schneefall... werden zuerst die Fahrradwege geräumt.

17 %

der Bevölkerung besitzen ein Lastenr

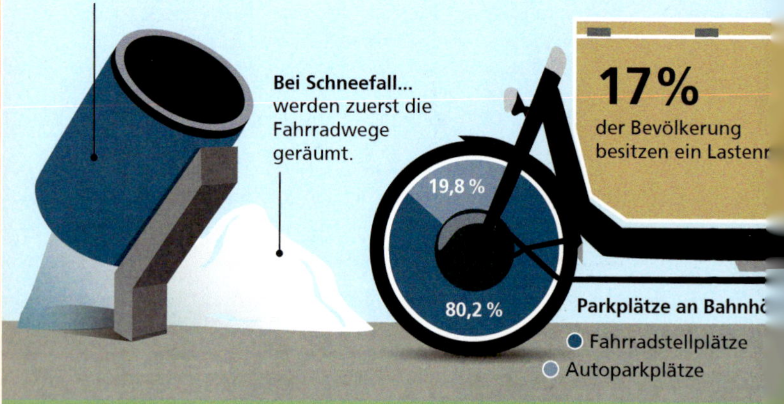

Parkplätze an Bahnhö

- Fahrradstellplätze
- Autoparkplätze

▶ **Beschilderung der Fahrradrouten**
Ein einzigartiges Routennetz führt durch alle Landesteile Dänemarks. Insgesamt gibt es über 12 000 beschilderte Radwege.

Nationale Routen
Es gibt elf nationale Routen, die sich zusammen über mehr als 4000 km erstrecken.

Regionale Routen
Sie sind mit weißen zweistelligen Zahlen ab 16 beziffert.

Lokale Routen
Sie sind durch eine dreistellige Nummer von 100 bis 999 gekennzeichnet.

Cykel Superstier
Mehrspuriger Radschnel mit kostenlosen Luftpun und Wasserstationen

ıoBike – das öffentliche Stadtfahrrad
ɛeit 2013 gibt es in Kopenhagen neue ɛeihräder mit Tablets. Mit einer App ann man sie von unterwegs orten, esetzen und bezahlen. Die Stationen ind in der Stadt verteilt und über as Tablet sind die Räder zu ntsperren und zu benutzen. ıit Kreditkarte kann man ıch ohne Handy und App ırekt bezahlen.

www.gobike.com

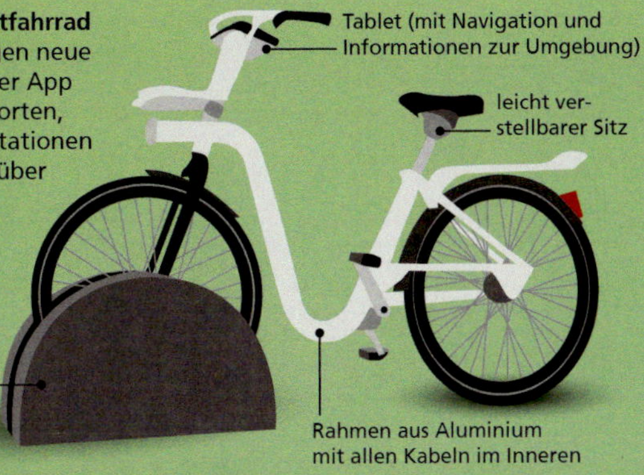

Mit Segway und Rickshaw Am Storchenbrunnen des Amagertorv, am Nyhavn, am Tivoli und auf dem Rathausplatz warten **Rickshawfahrer** auf Gäste. Einfache Strecken werden mit 4 DKK pro Minute berechnet, einstündige Stadtrundfahrten pauschal mit 280 DKK pro Person. Konkurrent Flying Tiger bietet die Touren sogar mit deutschen Erklärungen für 400 DKK pro Person an, Kinder unter acht Jahren sind kostenlos mit dabei. In Kopenhagen werden auch **Segway-Touren** angeboten – mit maximal zehn Personen besuchen die Führer von **Tours CPH** die Sehenswürdigkeiten der Innenstadt (►S. 112).

Im Bus Dänemarks größtes privates Busunternehmen **Paaske Bus** führt mit seinen Töchtern Vikingbus, Nettobus, Open Top Bus und Copenhagen City Sightseeing neben mehreren **Rundfahrten** durch die Stadt auch Ausflüge zu den Königsschlössern von Seeland und durch das ehemals dänische Südschweden durch. Angeboten werden ferner drei **Hop On-Hop Off-Touren** mit offenen, roten Doppeldeckern, an deren 21 Stationen die Stadtrundfahrt unterbrochen und später fortgesetzt werden kann. Tipp für Sparfüchse: Der städtische Lininenbus schlängelt sich für wenige Kronen vom Hauptbahnhof und Rathausplatz vorbei an Christiansborg Slot, Rosenborg Slot und Kastellet umweltfreundlich durch die Innenstadt bis zum Nyhavn (►S. 112).

Per Bahn Auch auf der Schiene lädt Kopenhagen zum Sightseeing – mit der führerlosen **Metro in die Ørestad**. Zum Mini-Manhattan am Meer saust die Linie M1 aufgeständert als Hochbahn – die vordersten Bänke sind allerbeste Panoramasitze: Sie bieten freie Sicht auf alle Architektur-Ikonen und die Salzmarschen der Amager-Insel.
Zwei Kalendertage – keine 48 Stunden! – lässt sich die dänisch-schwedische Øresundregion mit dem **Øresund Rundt-Bahnticket** entdecken – mit Sightseeing und Shopping, Kunst, Kultur und Badefreuden entlang der Küste (►Baedeker Wissen S. 206).

Vom Wasser aus Am Nyhavn und Gammel Strand beginnen von April bis Mitte Oktober täglich einstündige **Hafen- und Kanalrundfahrten** von Canal Tours Copenhagen. Vom Nyhavn und der Kronometertreppe bei der Holmens-Kirche legen die blauen Netto-Boote zu Hafenrundfahrten ab (►S. 113). Das 24-Stunden-Ticket für den **Hop On-Hop Off-Wasserbus** der Canal Tours Copenhagen kostet 95 DKK. Rundfahrten zu Jazz und Operettenmelodien dauern zwischen 70 und 90 Minuten, Dinnerfahrten rund zwei Stunden. Günstiger ist die Fahrt mit dem **Hafenbus,** der von Nyhavn gen Süden bis zum Fisketorvet und Sluseholmen, gen Norden bis Holmen und Nordre Toldbod fährt (►Verkehr, S. 285). Herrlich nostalgisch sind die zweistündigen Törns an Bord alter **Holzsegler** von **De Forenede Sejlskibe**, die von Ende Juni bis Aug. Do. und Sa. um 10.30, 13.30 und 16.30 Uhr vom Anleger des Admiral Hotel starten (►S. 113). Alternative für Aktive: Ka-

Am Nyhavn starten Sightseeingtouren auf dem Wasser.

jakOle und die Kajak Republic zeigen die Hauptstadt zwischen Gammel Strand, Nyhavn und Christianshavn bei **Seekajak-Touren** (►S. 112). Wer ein Kanu leihen will, muss nachweisen, dass er die nötigen Rettungstechniken beherrscht.

Spar Shipping

Spar Shipping organisiert Angelausflüge im Øresund und Fährfahrten zur Insel Hven (►S. 255). Die künstlichen Mini-Inseln Middelgrundsfortet, Trekoner- und Flakfortet, im 19. Jh. vor der Küste zur Befestigung der Stadt angelegt, sind heute beliebte Ausflugsziele, die Spar Shipping von Nyhavn anfährt (►S. 113). Packen Sie den Picknickkorb ein und genießen Sie die Silhouette der Stadt aus der Ferne!

Copenhagen Walking Tours
www.copenhagen-walkingtours.dk

Stadt- und Thementouren auf Deutsch
www.guides.dk

Copenhagen History Tours
http://historytours.dk

Copenhagen Jazz Guides
Erw. 900 DKK
www.jazzguides.dk
►Baedeker Wissen S. 49

H. Christian Andersen-Tour
www.goldendays.dk

Nattevægterne
Gråbrødretorv 11
Mai – Sept. Do. – Sa.
21.00 – 22.00 Uhr

Mit einem Ticket der Sightseeingbusse können Sie einen Tag lang beliebig oft ein- und aussteigen und alle Highlights der Stadt erkunden.

Erw. 70 DKK, Kinder 30 DKK
www.nattevaegterne.dk

Ghost Tours
18.00 Uhr ab Højbro Plads
Erw. 100 DKK, Kinder 70 DKK
www.ghosttour.dk

City Safari
Tom Kristensens Vej 28
Tel. 33 23 94 90, www.citysafari.dk
Bieten auch Rickshaw-Touren an, www.flyingtigers-cykeltaxa.dk

Segway Touren
Tour CPH, ab 495 DKK
http://tourscph.com

Copenhagen Rickshaw
Tel. 35 43 01 22, www.rickshaw.dk

Paaske Bus
Yderlandsvej 15, Tel. 32 66 00 00
www.paaskebus.dk
Touren: www.sightseeing.dk

Hop On Hop Off City Bus
www.city-sightseeing.com
Tagesticket 175 – 195 DKK

KajakOle
http://kajakole.dk
Drei Touren inkl. Café-Pause führen zum Gammel Strand und Christiansborg (395 DKK), nach Christianshavn und Holmen (345 DKK) oder durch die Kanäle von Christianshavn (295 DKK).

Kajak Republic
www.kajakrepublic.dk

Mit dem Kajak kommt man auch dorthin, wo normalerweise kein Touristenbus hält. An der Knippelsbro können Kajaks entliehen, Paddelkurse und Sightseeingtouren auf dem Wasser inklusive einem Besuch von Christiania gebucht werden.

Canal Tours Copenhagen
Nyhavn 3, Tel. 32 96 30 00
www.stromma.dk
Einstündige Rundfahrten kosten 75 DKK pro Person, 1,5-stündige Jazz- oder Operettenfahrten 150 DKK, zweistündige Dinnerfahrten 499 DKK.

Netto-Bådene
Tel. 32 54 41 02
www.havnerundfart.dk
Einstünd. Rundfahrt ab Holmenskirche und Nyhavn Erw. 40 DKK, Kinder bis 14 Jahre 15 DKK – mit der Copenhagen Card kostenlos.

Spar Shipping
Nyhavn 61
Tel. 33 33 93 55
http://sparshipping.dk

De Forenede Sejlskibe
Segeltörns Erw. ab 350 DKK, unter 12 Jahren 200 DKK
www.deforenedesejlskibe.dk

AKTIV UNTERWEGS

Sportliche Hauptstädter

Die Kopenhagener sind **Wasserratten**: Sie plantschen im Hafenbecken, laufen von den Stadtstränden in die recht kühle See, segeln bei Wind und Wetter auf dem Øresund oder paddeln gemütlich durch die Kanäle und über die Seen der Stadt und Seelands – Leihboote gibt es allerorten. Windsurfer schätzen die Wellen beim Fort Kastrup auf Amager und in der Bucht von Køge. Beliebte Ziele von Joggern sind die Uferpromenaden der Seen im Westen der Innenstadt, der Fælledparken und die Grünanlagen des Kastellet mit dem Langeline-Kai.

Golfplätze

In Stadtnähe liegen einige der besten Golfplätze des Landes. Die offene Parkanlage des **Simon's Golf Club** rund 30 km nördlich von Kopenhagen gestaltete der britische Architekt Martin Hawtree. Von 1993 bis 1997 war die 18-Loch-Anlage Gastgeber der Danish Open, 2003 traf sich hier die Golf-Elite zu den ersten Nordic Open. Anders als viele andere Greens ist der Platz das ganze Jahr hindurch geöffnet und wird nur bei Schnee und Frost geschlossen. Zu den stimmungsvollsten Anlagen Dänemarks gehört der **Rungsted Golf Club** 25 km nördlich von Kopenhagen – hier hat bereits Tiger Woods abgeschlagen. Der **Københavns Golfclub** ist sogar der älteste Club Skandinaviens – seit 1918 werden im Dyrehave seine 18 Löcher bespielt.

Kurbadet

Wer völlig geschafft vom Sport oder Sightseeing ist, der tankt bei **Wellness** im Kurbadet des Vandkulturhuset vom DGI-Byen wieder auf – bei einem Algenbad, einer Holzwollewaschung, in der indianischen Schwitzhütte oder bei Shiatsu.

BADESTRÄNDE

Amager Strand

Amager Strandvej
Metro: Øresund, Amager Strand, Femøren, Bus: 4A, 12. 77, 78
www.amager-strand.dk
4,6 km Badeküste am Øresund und einer Lagune – im Norden als Landschaft mit Dünen, im Süden als Parkanlage gestaltet; kostenlos: Felder-Nutzung für Beachvolleyball, Fußball und Basketball, gegen Gebühr: Stand-Up-Paddling, Strandsegeln, Kite- und Windsurfing, Segeln und Tauchen. 5000 Fahrrad- und 333 Autostellplätze,

Bellevue Strand

Strandvejen 340, Klampenborg
www.bellevuestrandbad.dk
40 m breit, 700 m lang: Kopenhagens beliebtester Strand ist bei gutem Wetter schnell proppenvoll. Im Norden sonnen sich FKK-Anhänger, im Süden treffen sich Beach-Volleyballer zum Match.

Charlottenlund Strandpark und Seebad

Strandvejen 144
Erw. 20 DKK, Kinder 10 DKK
www.charlottenlund-soebad.dk
S-Bahn: Charlottenlund
Buslinie: 14; viele Fahrrad-, kaum Autostellplätze.
Schmaler Sandstrand im Schatten des Forts mit angrenzender Grünfläche. Das 1985 erbaute Seebad am Ende der Jægersborg Allé steht auch Sommergästen offen.

Ishøj Strandpark

Buslinie 128 ab S-Bahn Ishøj
www.strandparken-kbh.dk
3000 Pkw-Stellplätze
Dünen, weißer Sand, vier Jachthäfen und das Kunstmuseum ►Arken direkt am Strand.

Kastrup Strandbad

Amager Strandvej 301, Kastrup
Juni – 15. Sept.
Eintritt kostenlos
Weniger ist mehr – und markanter: Mit dem neuen »Søbad« schufen die schwedischen White Architects 2012 einen Hingucker an der Øresund-Küste. Zum Bad gehören ein Drei- und Fünfmetersprungturm.

Svanemøllen Strand

Strandpromenaden 30
http://kulturogfritid.kk.dk
Von Juni bis Aug. bewachen Rettungsschwimmer das Treiben am kilometerlangen Strand – Highlight ist eine 183 m lange Pier.

Kopenhagens Hafenbäder

Havnebad Islands Brygge neben der Langebro
Havnebad Fisketorvet am gleichnamigen Einkaufszentrum
Koralbadet im neuen Stadtviertel Sluseholmen am Südende des Hafenkanals

BAEDEKER TIPP !

Sport-Highlights

Copenhagen Marathon: Mitte Mai, www.copenhagenmarathon.dk
Sjælland Rundt: 200-Seemeilen-Segelregatta rund um Seeland, Mitte Juni, www.sjaellandrundt.dk
Sjælland Rundt på Cykel: 293 km langes Volksradrennen rund um Seeland, Ende Juni, Start in Køge, www.kcrv.dk/sjaelland-rundt-paa-cykel

Wind in den Haaren und die Füße im Sand ...

FITNESS & WELLNESS

Kurbadet
Tietgensgade 65
www.dgi-byen.dk

GOLF

Københavns Golfclub
Dyrehaven 2, Kongens Lyngby
Tel. 39 63 04 83
www.kgkgolf.dk

Simon's Golf Club
Nybovej 5, 3490 Kvistgaard
Tel. 49 19 14 78
www.simonsgolf.dk

Rungsted Golf Club
Vestre Stationsvej 16, 2960 Rungsted Kyst, Tel. 45 86 34 44
www.rungstedgolfklub.dk

SEGELN

Kongelig Dansk Yacht Klub
Tuborg Havnepark 15
Hellerup, Tel. 33 14 87 87
www.kyd.dk
Beim 1866 gegründeten Königlichen Jachtclub kann man sein Boot festmachen, Segeln lernen und hervorragend speisen.

Svanemøllenhavnen
Svanemøllen
Tel. 39 20 22 21, www.smhavn.dk
Stadtnahe Marina mit 1000 Liegeplätzen

Übernachten

Godnat!

Dänemark war 2012 im Ranking der teuersten Destinationen weltweit Nummer zwei nach Australien. Das bestätigen die hohen Hotelpreise der Hauptstadt. Seit der Jahrtausendwende hat die Hotellerie kräftig investiert. Lebendig, stylisch und nachhaltig setzen junge Boutiquehotels neue Standards.

Auch die **Preise** sind in Bewegung geraten. Feste Zimmerpreise sind passé, die Nachfrage regiert den Markt. So kann die Nacht in einem edlen Businesshotel am Wochenende durchaus günstiger ausfallen als in einer Pension. Am wenigsten kostet die Nacht von Sonntag auf Montag. Kräftig sparen lässt sich, wenn man **online** bucht. Längst nicht immer mit dem Zimmerpreis mitbezahlt ist das Frühstück, das in Kopenhagen in Mittelklassehotels mehr als 20 € kosten kann. Zugelangt wird auch beim Parken, selbst wenn ein Hotel eigene Stellplätze hat. Günstiger, mit einem Blick in die Privatsphäre, sind Angebote für **Bed & Breakfast** und über **soziale Netzwerke**, die im Internet private Schlafplätze vom charmanten Minizimmer bis zur gestylten Designerwohnung anbieten (►S. 21). Auch **VisitCopenhagen** vermittelt online Zimmer in der Hauptstadt.

PREISKATEGORIEN
der Hotels

€€€€ über 3000 DKK
€€€ 1800 bis 3000 DKK
€€ 900 bis 1800 DKK
€ bis 900 DKK

für ein DZ mit Frühstück

UNTERKUNFTSPORTALE ONLINE

Hotels
www.visitcopenhagen.com
www.hotel.dk
booking.com
hrs.de

Bed & Breakfast
www.bbdk.dk
www.net-bb.dk
www.urban-bb.com
http://www.cibb.dk

In schwedischen Betten

Der günstige Wechselkurs und niedrigere Steuern machen eine Übernachtung in Schweden deutlich günstiger als in Dänemark – mit dem Øresundtog ist man von Malmö aus in 30 Minuten am Kopenhagener Hauptbahnhof.

Ein Palast aus 1001 Nacht: das Luxushotel Nimb im Lichtermeer des Tivoli. Märchenhafte Welten sind auch die 13 Suiten.

Hotels

Hillerød
Zoologisk Museum
Lyngby, Helsingør
Grundtvig Kirke
500 m
© Baedeker
NØRREBRO
Assistens Kirkegård
Panum Institutet
St. Johannes
Skt. Hans Torv
Mosaik Kirkegård
Møllegade
Nørre Allé
Blegdamsvej
Fredensgade
Ryesgade
Sortedam Dossering
Sortedams Sø
Søgade
Farimagsgade
Fredensbro
Øster Søgade
Sølvgade
Kapelvej
Griffenfelds Gade
Nørrebrogade
Fælledvej
Ravnsborgade
Dossering
Kommunehospitalet
Geologisk Museum
Palmehus
Observatoriet
Botanisk Have
Botanisk Museum
Øster Farimagsgade
Øster Voldgade
Livgardens Hist. Samling
Hans Tavsens Gade
30
St. Daniel
Dronning Louises Bro
Gothersgade
Frederiksborggade
Blågårds Plads
Korsgade
Blågårdsgade
Rantzausgade
Ågade
Åboulevard
27
Peblinge Sø
Peblinge Dossering
Nørre Søgade
Vendersgade
Nansensgade
Arbejdermuseet
Musikhistorisk Museum
Reform. Kirke
Torvehallerne
Israels Plads
Nørreport Station
Betlehemskirke
Radiohuset
Herm. Triers Plads
Rosenørns Allé
FREDERIKSBERG
Forum
Søpavillonen
Gyldenløvesgade
Kultorvet
Rundetårn
Fiolstræde
Nørregade
Krystalgade
5
St. Petri
Universitet
Frue Plads
Ørsteds Parken
Nørre Farimagsgade
Larsbjørnsstr.
Skt. Markus Alle
Forchhammersvej
Vodroffsvej
Danasvej
Skt. Jørgens Sø
Vester Søgade
Nyropsgade
Jarmers Plads
20
H. C. Andersens Boulevard
Vester Voldgade
Skt. Peders Stræde
Vor Frue Kirke
Gammeltorv
Gråbrødretorv
Helligåndskirken
Amagertorv
Strøget
Niels Ebbesens Vej
Skt. Knuds Vej
Kampmannsgade
Vester Farimagsgade
Hammerichsgade
Studiestræde
Vestergade
Frederiksberggade
Strøget
Nytorv
St. Immanuel
Forhåbningsholms Allé
H. C. Andersen Eventyrhuset
7
Rådhus-Pladsen
Cirkusbygningen
Axeltorv
21
Rådhus
19
Teatermuseet
Svineryggen
Vesterport Station
9
Tycho Brahe Planetarium
National-museet
Ny Vesterg.
Frederiksholms Kanal
Gammel Kongevej
2
Tivoli
Storm gade
H.C. Andersens Bd.
Voldgade
11
Ny Teater
Vesterbrogade
Helgolandsgade
Colbjørnsensgade
Reventlowsgade
Central Station Københavns H
Bernstorffsgade
14
12
24
St. Maria
17
25
Københavns Museum
VESTERBRO
Saxoparken
Skydebanehaven
Dannebrogsgade
Absalonsgade
Eskildsgade
Gasværksvej
Istedgade
Halmtorvet
Tietgensgade
Ny Carlsberg Glyptotek
22
Mitchellsgade
Hambrosgade
29
26
16
4
Ringsted, Køge

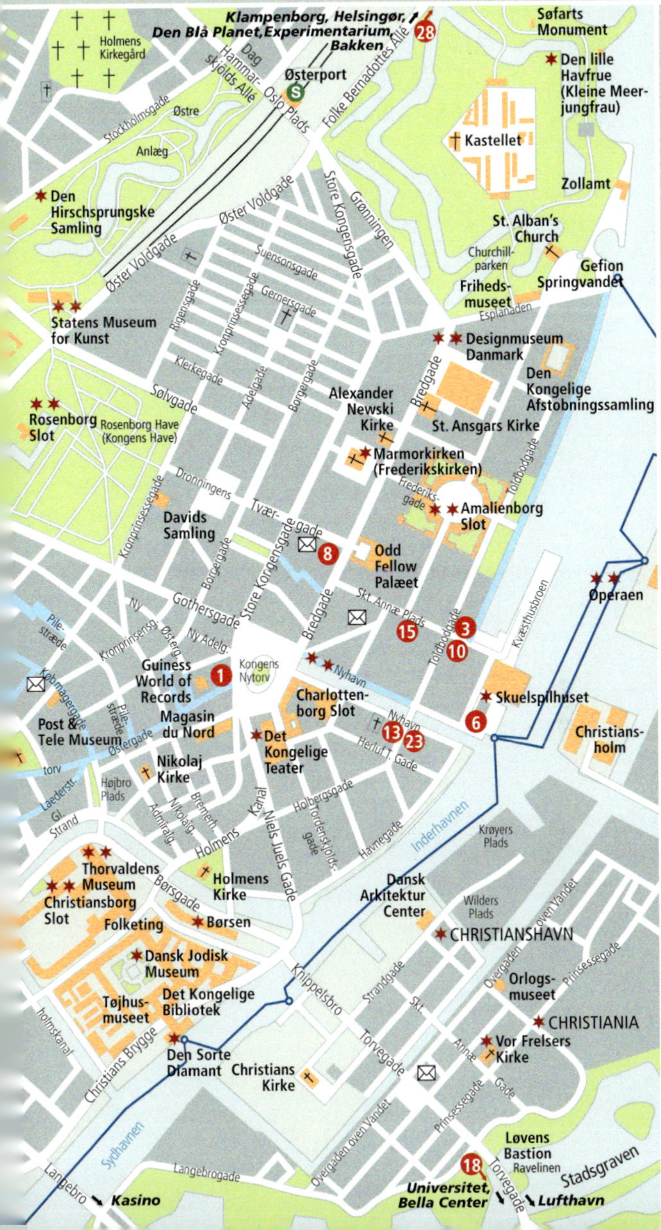

Übernachten

1. Hotel D'Angleterre
2. Hotel Nimb
3. Admiral Hotel
4. Bella Sky Comwell
5. First Hotel Skt. Petri
6. 71 Nyhavn
7. Palace Hotel
8. Phoenix Copenhagen
9. Radisson Blue Royal
10. Scandic Front
11. Scandic Webers
12. Andersen Hotel
13. Bethel Sømandshjem
14. Bertrams-Hotel Guldsmeden
15. Clarion Collection Hotel Neptun
16. Copenhagen Island
17. Hotel CPH Living
18. Crown Plaza Copenhagen Towers
19. First Hotel Twentyseven
20. Hotel Fox
21. The Square Hotel
22. Cabinn City
23. Danna Wood
24. Omena Hotel
25. Saga Hotel
26. Wake Up Copenhagen
27. Bellahøj Camping Camping
28. Charlottenlund Fort
29. Danhostel Copenhagen City
30. Sleep in Heaven

Wasserbus

Mit Charme und Charakter

Hip, edel oder Budget – der Kopenhagener Hotelmarkt boomt. Altgediente Häuser spüren die Konkurrenz junger Boutiquehotels, die mit persönlichem Service und individuellem Interieur trendbewusste Globetrotter ansprechen.

Zu den legendären Grand Hotels der Welt gehört ein geschichtsträchtiges Haus am Kongens Nytorv: das **Hôtel D'Angleterre**. Es residiert in einem Palais, das von Großkanzler Frederik Ahlefeld erbaut und bereits 1755 vom Gastronomen Gottfried Rau zur Nobelherberge umgestaltet worden war. Sein jetziges Aussehen erhielt der Bau um 1870 vom dänischen Architekten Jens Vilhelm Dahlerup. Das bis 2013 frisch sanierte Fünfsternehaus, in dem schon Winston Churchill, Roald Amundsen, U2 und Michael Jackson genächtigt haben, gehört zu den Leading Hotels of the World. Seine herrschaftliche Lobby mit viel Marmor und noch mehr funkelndem Kristall bildet das beeindruckende Entree zu 123 Zimmern, seine Karen-Blixen-Suite steht für Romantik pur, das Balthazar ist erste Champagner-Bar im Königreich – 160 verschiedene Tropfen versprechen prickelnden Genuss. Im eleganten **Marchal**-Restaurant serviert Ronny Emborg eine erlesene nordische Küche mit französischen Wurzeln. Für den Abschied vom Hüftgold, Beauty und Entspannung sorgen ein Fitness-Center, Indoor-Pool und der sensationelle Spabereich (▸S. 122).
Um 1920 funktionell-modern als Kaufhaus errichtet wurde das **First Hotel Skt. Petri**, dessen leuchtend orangefarbene Fassade schon von Weitem den Weg zu einem der angesagtesten Businesshotels in Europa weist. In seinen 268 Zimmern verbindet die Nobelherberge im Lateinerviertel Lifestyle mit aufmerksamstem Service, Topkomfort und bester Küche. In der Brasserie Petri erhalten italienische Gerichte einen nordischen Touch, im Café können Sie zur Mittagszeit beim Blick auf die Krystalgade klassische Frokost mit Kyllinge (Hühner-)Salat, Roastbeef-Sandwich oder saftige Burger genießen. Die Bar Rouge ist am Wochenende Treffpunkt der Einheimischen, die zu den Klängen von DJ »Bob Lovestuff and his DJs on Fire« abhotten oder entspannt chillen (▸S. 123).
Maritimes Ambiente in Superlage verspricht das **Admiral Hotel** in einem denkmalgeschützten Kornspeicher aus der zweiten Hälfte des 18. Jh.s (▸S. 122). 200 Jahre alte Kiefernholzbalken aus Pommern, Mauerwerk und Bogengänge verleihen dem Viersternehaus einen besonderen Charme. Die meisten der 366 Zimmer haben offenes Balkenwerk, alle gewähren einen herrlichen Blick auf den Hafen, die Oper oder Schloss Amalienborg. Im preisgekrönten Gourmetrestaurant **Salt** genießt man skandinavische Küche mit französischen Touch (▸S. 73). In der stilvollen Bar mit Sommerterrasse werden leichte Gerichte serviert.

Tradition trifft Moderne: das maritime Hotel Admiral

Bei der Einrichtung des **Scandic Front Hotels** durften sich dänische Spitzendesigner nach Lust und Laune austoben. Das Hotel am Hafen sorgt mit flauschigen Teppichen, schweren Vorhängen, Ledersesseln, Sofas von Purpur bis Pink und dezenter Beleuchtung für Behaglichkeit. Wasser, Bier und Softdrinks gibt es kostenlos in der Minibar, Schmöker von A. A. Milne bis Bret Easton Ellis in der Hausbibliothek – und die Musik des DJs in der legendären Bar auch als CD für daheim. Für Tripadvisor mehr als genug Gründe, das Front beim Travelers' Choice Award 2012 in der Kategorie »Dänemarks 25 coolste Hotels« auszuzeichnen (▸S. 123).

Keine dänische Moderne, sondern Romantik pur verströmt das traditionsreiche **71 Nyhavn** Hotel. Der Blick aus den 133 kleinen Kammern mit Holzbalken auf den Nyhavn mit seinen betagten Museumsschiffen oder von den winzigen Balkonen zur Wasserseite ist mehr als hyggelig. Das Gebäude wurde 1803 von Suhr und Puggaard als Speicher für Gewürze aus dem Fernen Osten und andere wertvolle Güter errichtet. Seit Jahrzehnten wird das Viersternhaus von Besuchern geschätzt, die ein gediegenes Ambiente suchen. Marinierter Heilbutt, Räucherlachs, Zander und anderen Ostseefisch serviert das gemütlich-edle Restaurant Pakhuskaelderen im Souterrain des Speichers – für Theater- und Operngäste gibt es schnelle Dreigängemenüs (▸S. 123).

Richtig ausgeschlafen ist das Konzept des **Wake Up Copenhagen** im schwarzen Kubus von Kim Utzon zwischen Hafenkanal und Hauptbahnhof: Alle 510 Zimmer sind clevere 12 bis 15 m²-Kammern mit Doppelbett, Tisch, TV, WLAN und Nasszellen-Ei mit Dusche und WC hinter Mattglas mitten im Zimmer. Zentraler, sauberer und preiswerter kann man in der Hauptstadt kaum schlafen (▸S. 127).

EMPFOHLENE HOTELS

▸Karte S. 118/119

❶ Hotel D'Angleterre €€€€

Kongens Nytorv 34
DK-1022 København
Tel. 33 12 00 95, 130 Z
www.dangleterre.dk
Luxusherberge mit Flair
▸Baedeker Wissen S. 120

❷ Hotel Nimb €€€€

Bernstorffsgade 5
DK-1577 København V
Tel. 88 70 30 00, www.nimb.dk
Modernen Komfort hinter maurischen Mauern vereint mitten im Tivoli das ausgefallenste Fünfsternehaus der Hauptstadt. Seine 13 Luxus-Zimmer und Suiten sind mit Himmelbetten und antikem Mobiliar eingerichtet, Kronleuchter und Kamin zieren den historischen Ballsaal. In der Nimb Brasserie wird an drei Showküchen Skandinavisches gebrutzelt, in der Nimb Bar'n'Grill schmecken Salat, Steak und Seafood sterneverdächtig gut, auf der Terrasse mundet französisch inspirierte Bistroküche. Die Vinothek Im Keller besitzt mehr als 1000 Weine aus aller Welt (▸Abb. S. 116).

❸ Admiral Hotel €€€

Tolbodgade 24 – 28
DK-1253 København
Tel. 33 74 14 14
www.admiralhotel.dk
Traumhaft am Wasser logieren und dinieren
▸Baedeker Wissen S. 120

❹ Bella Sky Comwell €€€

Center Boulevard 5
DK-2300 København
Tel. 32 47 30 00
www.bellaskycomwell.dk
812 Zimmer auf 23 Etagen machen das Bella Sky zum größten

Stylish wohnen im Scandic Palace Hotel am Rathausplatz

Hotel Skandinaviens. Traumhaft wie das moderne Design und die ungewöhnliche Architektur der beiden Türme, die im obersten Stockwerk eine Brücke verbindet, ist der Ausblick von der Sky-Bar bis nach Schweden.

5 First Hotel Skt. Petri €€€
Krystalgade 22
DK-1172 København
Tel. 33 45 91 00
www.firsthotels.com
Bestes Businesshotel
►Baedeker Wissen S. 120

6 71 Nyhavn €€€
Nyhavn 71
DK-1051 København K
Tel. 33 43 62 00
www.71nyhavnhotel.dk
Liebevoll restaurierter Backsteinspeicher
►Baedeker Wissen S. 121

7 Palace Hotel €€€
Rådhuspladsen 57
DK-1550 København V
Tel. 33 14 40 50, http://palacehotelcopenhagen.com
www.scandichotels.de
Perfekte Lage als Ausgangspunkt für Shopping, denn vor der Tür beginnt die Strøget. Schon im Eröffnungsjahr 1910 trugen sich gekrönte Häupter in das Goldene Buch der Nobelherberge ein. Heute bietet das 2012 komplett renovierte Viersternehaus 161 geschmackvolle Zimmer mit schickem Bad, Espressomaschine, TV und WLAN. Entspannen Sie nach dem Einkaufsmarathon im Fitnesscenter oder in der Hotelbar mit Blick auf den Rathausplatz und lassen Sie sich im Palace Restaurant mit nordischer Küche verwöhnen. Tolles Frühstück – für Kinder gibt's ein Extramenü!

8 Phoenix Copenhagen €€€
Bredgade 37
DK-1260 København K
Tel. 33 95 95 00
www.phoenixcopenhagen.dk
Die Nobelherberge in einem Haus des späten 17. Jh.s. zieren Kronleuchter, Marmorböden und antikes Mobiliar im Louis-XVI-Stil. Das Restaurant Von Plessen verwöhnt mit exquisiter französischer Küche, die Brasserie Murdoch's Books & Ale serviert leichte Gerichte und Real Ale.

9 Radisson Blue Royal €€€
Hammerichsgade 1
DK-1611 København
Tel. 33 42 60 00
www.radissonblu.com/royalhotel-copenhagen
Das 1960 von Arne Jacobsen entworfene Hotel war das erste Hochhaus der Stadt. Fast alle 260 Zimmer sind noch mit Jacobsen-Möbeln ausgestattet. Kulinarische Höhenflüge zum Panoramablick bietet das sternebekrönte Restaurant Alberto K. (►S. 67).

10 Scandic Front €€€/€€
Sankt Annæ Plads 21
DK-1250 København
Tel. 33 13 34 00
www.scandichotels.de
Angesagtes Designhotel
►Baedeker Wissen S. 121

11 Scandic Webers €€€/€€
Vesterbrogade 11B
DK-1620 København
Tel. 33 31 14 32

Superzentral: Scandic Webers

www.scandichotels.de
Zentrales Hotel mit Topservice und viel dänischem Design in einem eleganten Gründerzeitbau von 1887. Alle 152 Zimmer sind mit Holzfußböden ausgelegt. Das tolle Frühstücksbuffet mit Bioprodukten, glutenfreiem Brot und Fairtrade-Kaffee garantiert einen guten Start in den Tag. Das schöne Hotelrestaurant ist mit Designerstühlen von Verner Panton ausgestattet. Probieren Sie in der Cube Bar zum Cocktail die Tapas. Fitnessraum und Fahrradverleih.

12 Andersen Hotel €€

Helgolandsgade 12
DK-1653 København V
Tel. 33 31 46 10
www.andersen-hotel.dk
2012 eröffnete das farbenfrohe, freundliche Lifestyle Boutiquehotel in Vesterbro. Seine 73 Zimmer sind mit Textilien und Tapeten des Designers Guild geschmückt.

13 Clarion Collection Hotel Neptun €€/€€€

Sankt Annæ Plads 18-20
DK-1250 København
Tel. 33 96 20 00
www.choisehotels.dk
Zentrales, mit viel Liebe eingerichtetes Hotel mit 133 Zimmern. Sehr freundliches Personal. Im Preis inbegriffen sind Frühstück, Kaffee und Kuchen, Obst und ein leckeres Abendbuffet, das zwischen 18.00 und 21.00 Uhr serviert wird. Im Sommer kann man seinen Kaffee oder ein Glas Wein auch auf der begrünten Dachterrasse genießen.

14 Bethel Sømandshjem €€

Nyhavn 22, DK-1051 København K
Tel. 33 13 03 70
www.hotel-bethel.dk
Nicht nur Seeleute können im Seemannsheim in den schlichten Einzel- und Doppelzimmern übernachten. Gutes Frühstück!

15 Bertrams-Hotel Guldsmeden €€

Vesterbrogade 107, DK-1620 København V, Tel. 33 25 04 05
www.hotelguldsmeden.dk/bertrams, 64 Z.
Das Boutiquehotel mit eigenem Parfüm ist im französischen Kolonialstil eingerichtet und beweist: Öko kann auch schick heißen.

16 Copenhagen Island €€

Kalvebod Brygge 53
DK-1560 København V
Tel. 33 38 96 00, 326 Z.
www.copenhagenisland.dk
Stylish schlafen mit Aussicht auf die City: Das hochmoderne Hotel erhebt sich auf einer künstlichen

Insel im Hafenkanal. Probieren Sie im Restaurant die Eismeergarnelen oder den pochierten Wels.

⑰ Hotel CPH Living €€

Langebrogade 1c
DK-1411 København
Tel. 61 60 85 46
www.cphliving.com
Die 12 Zimmer der schwimmenden Lifestyle-Herberge haben junge dänische Künstler eingerichtet. Von den großen Fenstern blickt man hinüber zum Nyhavn.

⑱ Crown Plaza Copenhagen Towers €€

Ørestads Boulevard 114-118
DK-2300 København
Tel. 88 77 66 55
www.cpcopenhagen.dk, 366 Z.
Auf der Fassade des Businesshotels erzeugen Sonnenkollektoren emissionsfrei Strom, aus Küchenabfällen wird Biogas gewonnen, Kosmetika und Zahnbürsten sind biologisch abbaubar. Die obersten Zimmer haben einen fantastischem Fernblick.

⑲ First Hotel Twentyseven €€

Løngangstræde 27
DK-1468 København K
Tel. 70 27 56 27
www.firsthotels.com, 203 Z.
Lifestyle-Hotel in skandinavischfrischen Farben und Dreisterneplus-Standard mit WLAN, Bügelbrett und Safe im Zimmer.

⑳ Hotel Fox €€/€€€

Jarmers Plads 3
DK-1551 København V
Tel. 33 13 30 00, www.brochnerhotels.dk/en/our-hotels/fox
Grellbunte Comics oder strenges Grafikdesign, raumgreifende

Farbenfrohes Design im familiären Clarion Collection Hotel Neptun

Willkommen an Bord! Die »Donna Wood« dümpelt am Nyhavn-Kai.

Street Art oder japanische Mangas: Jedes der 21 Zimmer ist ein eigenes Kunstwerk, gestaltet von internationalen Künstlern.

21 The Square Hotel €€/€€€

Rådhuspladsen 14
DK-1550 København V
Tel. 33 38 12 00, 267 Z.
www.thesquarecopenhagen.com
Schickes, zentrales Viersternehaus mit minimalistischem Design. Gefrühstückt wird im sechsten Stock mit Blick auf das Rathaus.

22 Cabinn City €

Mitchellsgade 14
DK-1568 København
Tel. 33 46 16 16
www.cabinn.com
Kostenlos in allen modern eingerichteten Zimmern mit eigenem Bad: Kaffee, Tee und WLAN

23 Donna Wood €

Nyhavn 55
DK-1051 København
Tel. 32 96 90 16,
www.js-boatcharter.dk
Das massive Eichenholzschiff, das 1918 als Feuerschiff in Fåborg gebaut wurde, erhielt bei der Restaurierung Takelage, Segel, Heizung und Klimaanlage. Acht kleine, gemütliche Kabinen mit Waschbecken bieten Platz für 18 Personen, im Gang gibt es geräumige Duschen und Toiletten. Mittags werden Sandwiches serviert, abends traditionelle dänische Küche – und alles mit Blick auf den hyggeligen Nyhavn.

24 Omena Hotel €

Colbjørnsensgade 5-11
DK-1652 København, 223 Z.
www.omenahotels.com

Online buchen, mit Code und Karte einchecken, aufs Frühstück verzichten: Dieses Konzept macht Dänemarks erstes Selbstbedienungshotel günstig.

25 Saga Hotel €
Colbjornsensgade 18-20
DK-1652 København V
Tel. 33 24 49 44
http://sagahotel.dk
Sauber, zentral, freundlich, modern und mitten im Szeneviertel Vesterbro: Beim familiär geführten Zweisternhaus stimmt das Preis-Leistungs-Verhältnis!

26 Wake Up Copenhagen €
Carsten Niebuhrs Gade 11
Tel. 44 80 00 00
www.wakeupcopenhagen.com
▸Baedeker Wissen S. 121

FERIENWOHNUNGEN

Citilet Apartments A/S
Karin Shepherd
Sankt Peder Straede 27B
DK-1453 København K
Mobil-Tel. 22 77 10 30
www.citilet.dk
Drei komfortable Fewos im Zentrum, 65 – 100 m² groß, ab 675 € pro Woche

Copenhagen Apartments
Njalsgade 355
DK-2300 København S, www.all-copenhagen-apartments.com
Portal für rund 680 private Ferienwohnungen in Kopenhagen.

Hay4You
Vimmelskaftet 49
DK-1161 København
Tel. 33 33 08 05
www.hay4you.com
Toll: die gezielte Suche nach Ferienwohnungen anhand von Straßen und Stadtvierteln.

CAMPINGPLÄTZE

27 Bellahøj Camping
Borups, DK-2400 København
Tel. 38 10 11 50
www.bellahoj-camping.dk
Geöffnet: Juni – August
Fahrradverleih

28 Camping Charlottenlund Fort
Strandvejen 144 B
DK-2920 Charlottenlund
www.campingcopenhagen.dk
Geöffnet: 8. März – 20. Okt.

JUGENDHERBERGEN/ HOSTELS

Dänischer Jugendherbergsverband
www.danhostel.dk

29 Danhostel Copenhagen City
HC Andersens Boulevard 50
DK-1553 København V
Tel. 33 11 85 85, www.danhostelcopenhagencity.dk
192 Z. mit 4 bis 10 Betten
Trotz Platz für 1020 Gäste ist das Hostel oft ausgebucht. Handtücher und Bettwäsche müssen mitgebracht oder ausgeliehen (60 DKK) werden.

30 Sleep in Heaven
Struensegade 7
DK-2200 København N
Tel. 35 35 46 48
www.sleepinheaven.com
Keine Schließzeit, Chill-Out-Zone und Hochzeitssuite: ein etwas anderes Hostel für 16- bis 35-Jährige

TOUREN

Im Hafenbus oder Doppeldecker, per Fahrrad oder zu Fuß: Unsere Tourenvorschläge führen zu den Highlights der dänischen Hauptstadt.

Touren durch Kopenhagen

Drei Spaziergänge – wer gut zu Fuß ist, schafft sie in den Mindestzeiten. Aber lassen Sie sich lieber Zeit. Es lohnt sich.

Tour 1

Das alte Kopenhagen

Ein Spaziergang zu den bekanntesten Sehenswürdigkeiten

▸Seite 133

Tour 2

Szeneflair und Großstadtoasen

Echte Großstadtstimmung und trendige Viertel

▸Seite 135

Tour 3

Highlights der Hafenfront

Innovative Architektur und aufregende Museen

▸Seite 137

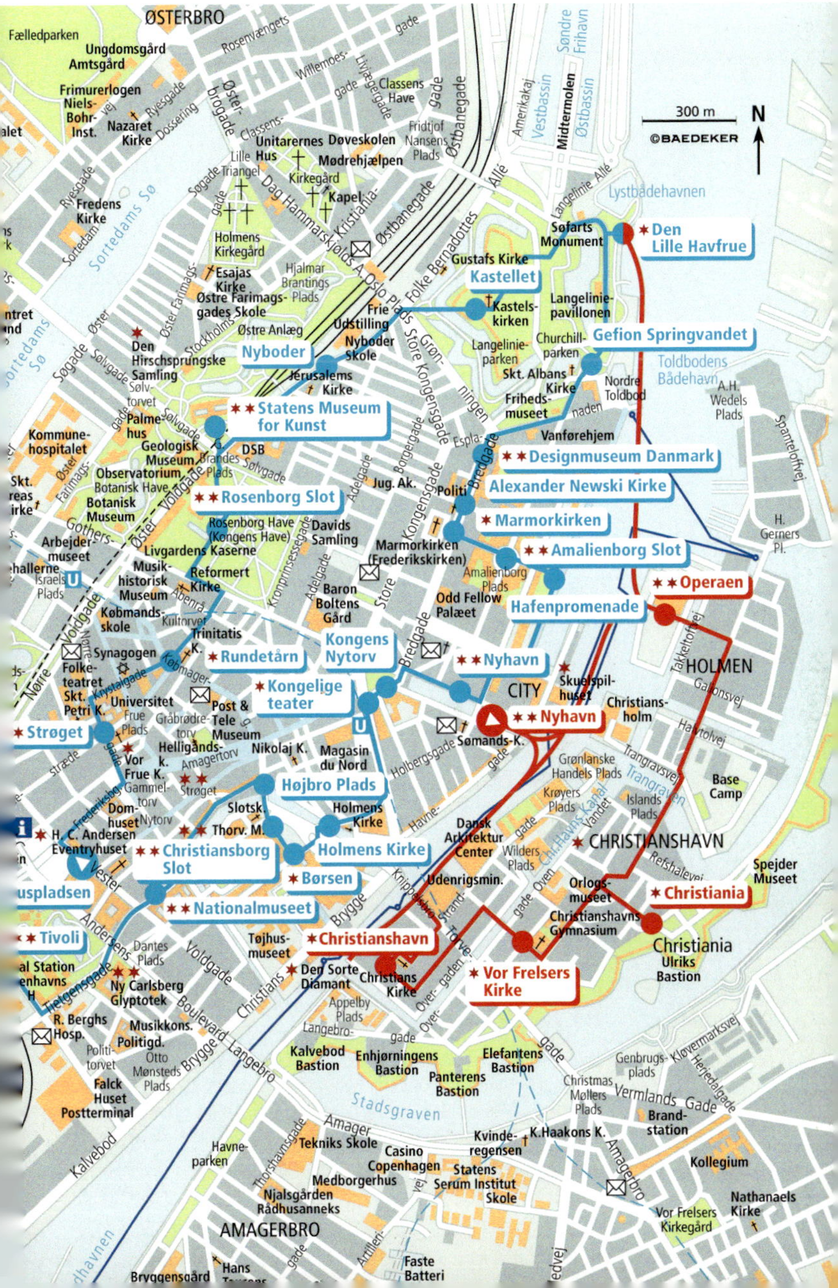
ØSTERBRO
Fælledparken
Ungdomsgård
Amtsgård
Frimurerlogen
Niels-Bohr-Inst.
Nazaret Kirke
Unitarernes Hus
Døveskolen
Mødrehjælpen
Kirkegård
Kapel
Fridtjof Nansens Plads
Classens Have
Fredens Kirke
Sortedams Sø
Holmens Kirkegård
Esajas Kirke
Østre Farimags-gades Skole
Hjalmar Brantings Plads
Østre Anlæg
Frie Udstilling
Nyboder Skole
Gustafs Kirke
Søfarts Monument
Den Lille Havfrue
Lystbådehavnen
Kastellet
Kastels-kirken
Langelinie-pavillonen
Langelinie-parken
Churchill-parken
Gefion Springvandet
Toldbodens Bådehavn
Skt. Albans Kirke
Friheds-museet
Nordre Toldbod
A.H. Wedels Plads
Vanførehjem
Den Hirschsprungske Samling
Nyboder
Jerusalems Kirke
Statens Museum for Kunst
Kommune-hospitalet
Palme-hus
Geologisk Museum
DSB
Brandes Plads
Observatorium
Botanisk Have
Botanisk Museum
Designmuseum Danmark
Alexander Newski Kirke
Jug. Ak.
Politi
Rosenborg Slot
Rosenborg Have (Kongens Have)
Davids Samling
Marmorkirken
Marmorkirken (Frederikskirken)
Amalienborg Slot
Amalienborg Plads
Arbejder-museet
Livgardens Kaserne
Musik-historisk Museum
Reformert Kirke
Baron Boltens Gård
Odd Fellow Palæet
Hafenpromenade
Operaen
H. Gerners Pl.
Israels Plads
Købmands-skole
Kultorvet
Trinitatis K.
Rundetårn
Kongens Nytorv
Nyhavn
Skuespil-huset
HOLMEN
Synagogen
Folke-teatret
Skt. Petri K.
Universitet
Post & Tele Museum
Kongelige teater
CITY
Christians-holm
Strøget
Frue Plads
Gråbrødre-torv
Helligånds-k.
Amagertorv
Nikolaj K.
Magasin du Nord
Sømands-K.
Grønlanske Handels Plads
Base Camp
Vor Frue K.
Gammel-torv
Højbro Plads
Krøyers Plads
Islands Plads
Dom-huset
Nytorv
Slotsk.
Holmens Kirke
Dansk Arkitektur Center
CHRISTIANSHAVN
H. C. Andersen Eventyrhuset
Thorv. M.
Christiansborg Slot
Wilders Plads
Spejder Museet
Børsen
Udenrigsmin.
Orlogs-museet
Christiania
Rådhuspladsen
Nationalmuseet
Christianshavns Gymnasium
Tivoli
Dantes Plads
Tøjhus-museet
Christianshavn
Christiania Ulriks Bastion
Central Station
Ny Carlsberg Glyptotek
Den Sorte Diamant
Christians Kirke
Vor Frelsers Kirke
Appelby Plads
R. Berghs Hosp.
Musikkons.
Politigd.
Politi-torvet
Otto Mønsteds Plads
Kalvebod Bastion
Enhjørningens Bastion
Elefantens Bastion
Panterens Bastion
Genbrugs-plads
Christmas Møllers Plads
Brand-station
Falck Huset
Postterminal
Stadsgraven
Tekniks Skole
Casino Copenhagen
Kvinde-regensen
K.Haakons K.
Kollegium
Havne-parken
Medborgerhus
Statens Serum Institut Skole
Njalsgården Rådhusanneks
Vor Frelsers Kirkegård
Nathanaels Kirke
AMAGERBRO
Faste Batteri
Bryggensgård
Søndre Frihavn
Midtermolen
Vestbassin
Østbassin
Amerikakaj
300 m
N
©BAEDEKER

Unterwegs in Kopenhagen

Metropole und Meer

Fünfter Platz der lebenswertesten Städte im globalen Ranking des Economist und drittbeste Großstadt der Welt im Städtevergleich des Nantes Applied Research 2012: Nach Jahren im Dornröschenschlaf ist die dänische Hauptstadt am Øresund aufgewacht und hat sich zu einer Großstadt mit Format entwickelt – international und doch hyggelig, trendy und traditionsbewusst. Mode, Kunst, Design, Kultur und Architektur sind die Inkubatoren, das Streben nach Nachhaltigkeit die politische Vision. Im spannenden Wechselspiel schaffen sie Projekte und Produkte, die wegweisend sind, Lebensqualität und Lebenslust verbinden. Kopenhagen heute: eine pulsierende Metropole, die 2014 die Grüne Umwelthauptstadt Europas ist – und schon heute dazu einlädt, ihre reiches Erbe und ihre lebendigen Szenen nachhaltig anders und aufregend neu zu erleben.

Nyhavn ist die längste Kneipenmeile im Königreich. Sind alle Stühle besetzt, darf man sein Bier auch auf die Kaimauer mitnehmen.

Eine Stippvisite von wenigen Stunden macht geradezu süchtig, mehr von der Øresundmetropole sehen zu wollen – planen Sie besser mindestens ein Wochenende ein. Das Fahrzeug bleibt am besten gleich daheim, denn Parkplätze sind rar und teuer. Der **öffentliche Nahverkehr** hingegen **ist vorbildlich** und wird ständig weiter ausgebaut. Die Innenstadt ist so kompakt und klein, dass Spaziergänge die schönste Art sind, sich der Stadt zu nähern. Bummeln Sie durch die lauschigen Gassen, schlemmen Sie am Nyhavn oder nehmen Sie ein Sonnenbad im Kongens Have: So genießen die Einheimischen ihre Stadt. Busrundfahrten präsentieren die Highlights der Hauptstadt im Schnelldurchlauf. Bei der Tour im offenen Doppeldeckerbus kann man nach Belieben aus- und zusteigen. Oder wagen Sie sich **aufs Wasser**. Barkassen schippern die Hafenfront und die Kanäle entlang, an vielen Orten werden Kanus oder Kajaks vermietet. In der City wird seit 2013 das neue **Stadtradsystem GoBike** installiert.

Das alte Kopenhagen

Tour 1

Start und Ziel: Vom Rådhuspladsen bis Tivoli
Dauer: mindestens 3 Stunden

Nyhavn, Amalienborg und die Kleine Meerjungfrau: Fast alle Top-Attraktionen Kopenhagens liegen innerhalb der nur vier Quadratkilometer großen Altstadt.

Kopenhagen kompakt

Es geht los am ❶ ***Rådhuspladsen** – besteigen Sie den 106 m hohen Rathausturm zur ersten Orientierung! Über den ❷ ****Strøget**, eine der längsten Shoppingstraßen der Welt, erreichen Sie den Gammeltorv, den ältesten Platz von Kopenhagen. Am Anfang der Nørregade erhebt sich die Vor Frue Kirke, Kopenhagens Dom, kurz danach die St.-Petri-Kirche der deutschen Lutheraner. Vorbei an der jüdischen Synagoge in der Fiolstræde erreichen Sie den ❸ ***Rundetårn.** Hungrig? Direkt am Turm gibt's bei DOP die berühmten Pølser als leckeren Bio-Hotdog! Der Landemærket führt zum Renaissancegarten Kongens Have, der ❹ ****Rosenborg Slot**, die Heimat der Kronjuwelen, umgibt. Kunstfreunde können einen Abstecher zum ❺ ****Statens Museum for Kunst** machen, das an der verkehrsreichen Øster Voldgate Kunst des 13. – 21. Jh. präsentiert. Ebenfalls an der Øster Voldgade liegt Europas erste Reihenhaussiedlung ❻ **Nyboder** – die Mindestuer gewährt Einblick, wie die Marinesoldaten einst gelebt haben. An der Folke Bernadotte Allé bilden die Festungswälle des ❼ **Kastellet** heute einen stillen Park auf dem Weg zur ❽ ***Lille Havfrue**, die seit 1913 auf einem Felsen im Meer schmachtet. Auf der Hafenpromenade stadteinwärts sprudelt der ❾ **Gefion Springvan-**

det, der die Entstehungssage Seelands darstellt. Über die Esplanaden erreichen Sie Bredgade. An der Hauptachse von Frederiksstaden liegen nicht nur das ⑩ ★★ **Designmuseum Danmark**, sondern auch die ⑪ **Alexander Newski Kirke** und die ⑫ ★ **Marmorkirken**. Gegenüber leitet die Frederiksgade zum ⑬ ★★ **Amalienborg Slot**, wo bei Anwesenheit von Königin Margrethe II. Punkt 12.00 Uhr mit Musik und Fahnenschmuck die Wachablösung der königlichen Leibgarde stattfindet. Hinter dem grünen Amaliehaven biegen Sie rechts auf die

⑭ **Hafenpromenade** ab. An der Hafenfront beeindrucken das neue Schauspielhaus und die gewaltige Oper am gegenüberliegenden Ufer. Über die Toldbodgade geht es weiter zum ⑮ ** **Nyhavn**. Genießen Sie die nostalgisch-maritime Atmosphäre bei einer Pause in einem der Pubs, Cafés und Restaurants am sonnigen Stichkanal, der direkt am ⑯ **Kongens Nytorv** endet. Es ist Zeit für die Frokost? Am Nyhavn im Færgekro (Nr. 5, www.nyhavnsfaer gekro.dk) ist zur Mittagszeit das Herings-Buffet ausgezeichnet! Der Königliche Neue Markt ist beliebter Treffpunkt zum Shopping im Magasin zu Nord, Schlemmen im Hôtel D' Angleterre oder Kulturgenuss im ⑰ * **Kongelige Teater**.

Die Keimzelle Kopenhagens

Den Holmenskanal dominiert monumental die Dänische Nationalbank, deren Gebäude im Funktionalismus errichtet wurde. Gegenüber erhebt sich die ⑱ **Holmens Kirke** als Gotteshaus der Marine. Die Holmensbro-Brücke führt auf die Insel Slotsholmen, Keimzelle Kopenhagens. Linker Hand fällt der Blick auf die ⑲ * **Børsen** mit ihrem berühmten Drachenturm. Rechts erhebt sich ⑳ ** **Christiansborg Slot**, seit 1928 Sitz des dänischen Parlaments. Über die Højbro-Brücke geht es zum ㉑ **Højbro Plads** mit der Statue des Stadtgründers Absalon. Am Gammel Strand verkauften einst Heringshändler ihren Fisch frisch vom Kutter. Nach wenigen Schritten auf der Nybro erreichen Sie das dänische ㉒ ** **Nationalmuseet**. Zum Abschluss lockt Kopenhagens berühmter Vergnügungspark: der ㉓ ** **Tivoli**.

Szeneflair und Großstadtoasen

Tour 2

Start und Ziel: Vom Hauptbahnhof bis zum Sanct Hans Torv
Dauer: Halbtagestour

Zwischen den beiden Szenevierteln Vesterbro und Nørrebro lockt die eigenständige Stadt Frederiksberg mit filigraner Kunst im Untergrund. Erfrischende Einsichten bietet die Carlsberg-Brauerei, tierische Unterhaltung der Zoo.

Braukunst und tierische Vergnügen

Die Tour beginnt am 1911 erbauten ❶ **Hauptbahnhof**. Hauptachse des einstigen Rotlicht- und heutigen Szeneviertels Vesterbro ist die Istedgade. Biegen Sie links in die Viktoriagade ein, die zum Halmtorvet führt, dem alten Viehmarkt. Unter den Hammer kamen die Tiere in der ❷ **Øksnehallen**, heute eine angesagte Ausstellungshalle. Schlendern Sie durch die Gassen des alten Schlachterviertels Kødbyen, bevor Sie in die Stadtgeschichte eintauchen: Die ❸ **Absalonsgade** ist eine herrlich nostalgische Museumsstraße des 19. Jh.s direkt neben dem ❹ * **Københavns Museum**. An der geschäftigen ❺ **Ves-**

terbrogade, die Lokale und Geschäfte vieler Nationalitäten säumen, lebten berühmte Persönlichkeiten wie einst Lenin in Haus Nr. 9. Die Häuser von ⑥ **Humbleby** entstanden als Arbeiterwohnungen der Carlsberg-Brauerei. Das alte Silo von Carlsberg, in dem früher die Gerste der Brauer gelagert wurde, birgt heute luxuriöse Eigentumswohnungen. Wahrzeichen der weltberühmten ⑦ ** **Carlsberg-Brauerei**, die mit Führungen, Museum und Schaubrauerei den gelben Gerstensaft allen Sinnen präsentiert, ist das Elefantentor am Ny Carlsberg Vej. Die Langgade markiert die Grenze zur eigenständigen

Stadt Frederiksberg. Im Søndermarken-Park lohnt ein ungewöhnliches Museum den Abstieg in die Unterwelt: 8 **Cisternerne**, ein Museum für moderne Glaskunst. Auf dem Hügel Valby Bakke thront malerisch 9 **Frederiksberg Slot.** Neben der einstigen Sommerresidenz der dänischen Könige lockt ein wahrhaft tierisches Vergnügen: Kopenhagens riesiger 10 ****Zoologisk Have**. Zwischen Schloss und Zoo liegt der Eingang zu 11 **Frederiksberg Have**, einer idyllischen, grünen Oase zum Picknicken und Sonnenbaden mit Panoramablick auf Kopenhagen. Stärkung bieten die Biergärten an der Pile Allé. Zum Schlemmen stiefeln Kopenhagener ins Gartenhaus des königlichen Parks, in dem Mielcke & Hurtigkarl mit monatlich wechselnden Menüs zu genussreichen Gaumenreisen einladen (Runddel 1, www.mhcph.com).

An den Park grenzt das Factory Outlet von 12 ***Royal Copenhagen** am Søndre Fasanvej 9. Geschäftige Hauptstraße von Frederiksberg ist der Gammel Kongevej, der zu den drei Seen im Kopenhagener Westen führt. Bummeln Sie unter den Kastanien am Sankt-Jørgens Sø, wo das 13 ***Tycho Brahe Planetarium** in ferne Welten entführt, weiter zum Peblinge Sø mit seinem strahlend weißen Søpavillonen, heute ein beliebter Nachtclub. Sein Architekt Vilhelm Dahlerup erbaute auch die nahe Dronning Louises Bro als Eingangstor zu 14 **Nørrebro**. Biegen Sie von der Nørrebrogade in die Blågårdsgade, die vorbei am lauschigen Blågardsplads zur Korsgade führt. An ihrem Ende beginnt der Prominentenfriedhof Kopenhagens: 15 ***Assistens Kirkegård**, auf dem auch Märchendichter Andersen seine letzte Ruhestätte fand. Zurück auf der Nørregade, lockt Shopping mit Abwechslung: erst in den Szeneboutiquen der 16 **Elmegade**, dann bei den Antiquitätenhändlern der 17 **Ravnsborggade**. Und zum Abschluss geht es zum 18 **Sankt Hans Torv**, wo Szenecafés drinnen und draußen einladen, genüsslich zu schauen und zu schlemmen.

Highlights der Hafenfront

Tour 3

Start und Ziel: Von Nyhavn bis zur Oper
Dauer: mindestens 2 Stunden

Zu Land und zu Wasser verbindet diese Kombi-Tour Kopenhagens alte und neue Highlights am Hafenrand.

Nostalgie und Aufbruch

Mit dem gelben Havnebus geht es vom hyggeligen Stichkanal 1 ****Nyhavn** zum Anleger Knippelsbro. Von der Brücke bietet sich ein guter Blick auf den »Schwarzen Diamant«, den wuchtigen kubischen Anbau der Königlichen Bibliothek von Stararchitekt Henning Larsen. Erstes Ziel auf 2 ***Christianshavn** ist die Christianskirke in

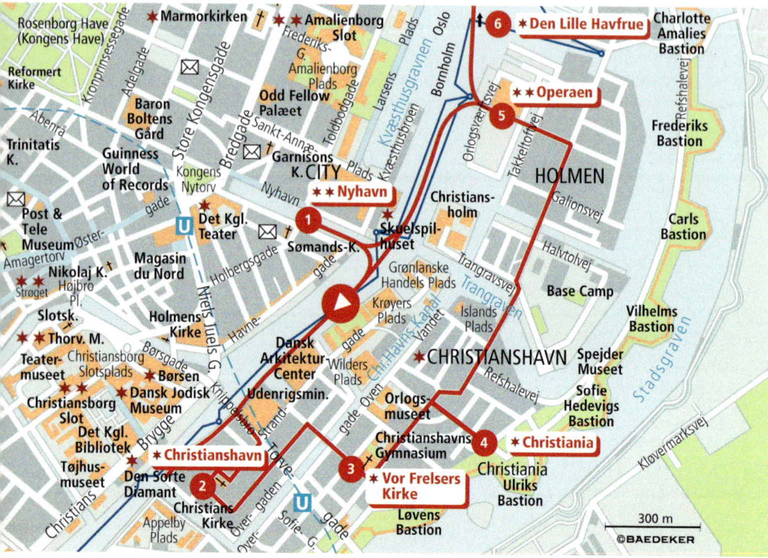

der Strandgade. In Nr. 27 B zeigt das Architekturzentrum Gammel Dok regelmäßig Bau- und Designausstellungen. Steigen Sie die 400 Stufen des barocken Spiralturms der ❸ ***Vor Frelsers Kirke** hinauf – die Aussicht ist fantastisch! Über die Prinsessegade wird der Eingang von ❹ ***Christiania** erreicht. Nach einem ausgiebigen Bummel – auf keinen Fall fotografieren! – durch den legendären Hippie-Freistaat geht es auf der Prinsessegade hinüber zur Insel Holmen, wo das ❺ ****Opernhaus** sein kühnes Dach über den Kai schwingt. Schräg gegenüber erhebt sich seit 2008 der elegante Bau des **Skuelspilhuset**, dem neuen Schauspielhaus. Am Anleger Operaen haben Sie nun die Qual der Wahl – mit dem Hafenbus 901 gen Süden zurück bis zum **Nyhavn** oder weiter bis zur **Königlichen Bibliothek** mit dem **»Schwarzen Diamant«** oder mit der Linie 902 gen Norden zum Nordre Toldbod, wo Sie noch einen Spaziergang zur Kleinen Meerjungfrau, ❻ ***Den Lille Havfrue**, anschließen können.

Ausflüge

Topziele Eine knappe halbe Stunde braucht die S-Bahn nach ****Roskilde** – für den Besuch der Domkirche und der Wikingerschiffshallen sollten Sie einen halben Tag einplanen. Zu den Höhepunkten Seelands gehören auch ****Frederiksborg Slot**, Dänemarks schönstes Renaissanceschloss bei Hillerød, und das »Hamlet-Schloss« ****Kronborg Slot** in Helsingør. Ein unvergessliches Erlebnis ist auch die Fahrt über die ****Øresundbrücke** hinüber ins schwedische ****Malmö**, eine reizvolle Mischung aus Fachwerkidylle und moderner Architektur, die mit dem »Turning Torso« am Hafen ein spektakuläres neues Wahrzeichen erhielt. Für Liebhaber zeitgenössischer Kunst empfehlen sich das ****Louisiana-Museum** in Humblebæk und das futuristische ***Arken-Museum** in Ishøj. Wer den Kultstreifen »Jenseits von Afrika« liebt, sollte das ***Karen-Blixen-Museum** auf dem elterlichen Anwesen in Rungsted besuchen. Spannende Zeitreisen in die Vergangenheit locken im Steinzeitdorf des ***Sagalandet** und im ****Frilandsmuseet** mit reetgedeckten Bauernkarten, alten Turmwindmühlen und traditionellen Fischerhütten. Mehr als 120 Attraktionen für die ganze Familie bietet der volkstümliche Vergnügungspark ***Bakken**, dessen Besuch sich gut mit einer Pferdekutschfahrt durch das Waldgebiet Dyrebakken verbinden lässt.

Ein Genuss für Augen und Ohren: die Orgelkonzerte in der wunderschönen Schlosskirche von Frederiksborg Slot

WOTAN

SEHENSWERTES VON A BIS Z

Nyhavn, Tivoli, die Kleine Meerjungfrau und die Wachablösung auf Amalienborg – weltbekannte Highlights der dänischen Hauptstadt, die noch viel mehr zu bieten hat.

* Amager

F–K 6–13

Lage: im Øresund
S-Bahn-Station: Lufthavnen
Metro-Stationen: Bella Center, Ørestad, Vestamager, Lergravsparken .
www.oresund.com, www.visitoresund.dk

Flughafen und Seefahrtsnostalgie, Shoppingcenter und Badestrände, Kleinstadtidylle und futuristische Urbanität: Auf der Insel Amager verbinden sich Tradition und Zukunft.

***Ørestad** Die Brücken Kippelsbro und Langebro führen über den Inderhavn-Kanal zur 95 km^2 großen Insel im Osten der City. In unmittelbarer Nähe zum Flughafen Kastrup entsteht hier ein neuer Stadtteil: Ørestad, ein Mini-Manhattan am Meer, in dem künftig 20 000 Menschen leben, 20 000 studieren und 80 000 arbeiten sollen. Zentrales Bindeglied zwischen City und Satellit ist die Metro, die in Ørestad aufgeständert verläuft – setzen Sie sich in die erste Reihe des ersten Wagens – von dort haben Sie eine herrliche Aussicht auf das Viertel!

> ! BAEDEKER TIPP
>
> *Naturoasen*
>
> Grüne Lungen von Ørestad sind die Naturschutzgebiete Pinseskoven, Grøjordsøen, Amager Fælled und Kalvebod Fælled, wo das **Naturcenter Vestamager** am Granatvej 3-15 die Geschichte der Schafzucht seit 5000 Jahren aufrollt. Wie reich das Vogelleben in dem wasserreichen Marschland ist, zeigt ein Blick vom Aussichtsturm. Hungrig? Die **Traktørstedet Vestamager** serviert von April bis November mittags köstliche Bioküche zum kleinen Preis mit unverstelltem Blick auf das Damwild, das in der »Savanne« von Vestamager äst (www.traktørstedet-vestamager.dk).

Rund um eine zentrale Grünfläche, den Landscape Canal und den Universitätskanal wird der Norden nach Plänen von KHR Arkitekter als Zentrum für Bildung und Kultur entwickelt. Wahrzeichen des Medienparks des Dänischen Rundfunks ist seit 2009 der blau schimmernde Kubus des **Koncerthuset** mit 1800 Plätzen, das Jean Nouvel entwarf (►S. 56). Seine hervorragende Akustik ist ein Werk von Yasuhisa Toyota, der auch für die Hamburger Elbphilharmonie verpflichtet wurde. Dänemarks Stararchitekt Henning Larsen entwarf am Emil-Holms-Kanal als riesiges H die neue Heimat der Nachwuchsschmiede **IT University of Copenhagen**, die ausschließlich Master-Programme anbietet. Auf der anderen Seite des Kanals erstreckt sich weitläufig der Amager-Campus der University of Copenhagen. Für die Studierenden wurden architektonisch sehr interessante Wohnheime angelegt. Vorbild für das kreisrunde Tietgenskollegiet

von 2006 nach Plänen von Lundgaard & Tranberg waren die Tulou-Rundhäuser der chinesischen Provinz Fujan. Als erstes Gebäude von Ørestad City wurde 2001 der 20 Stockwerke hohe Büroturm des Pharmakonzerns Ferring von Henning Larsen als schwarz glänzender Klotz aus Glas und Stahl entworfen. Gegenüber lockt seit 2004 **Field's** zum Shopping in 150 Geschäften. Im neuen Anbau wird 2014 ein Kinotempel mit neun Sälen für insgesamt 1500 Zuschauer eröffnen, die dann dort in 3 D nicht nur Filmpremieren, sondern auch Live-Übertragungen von Sport- und Musikevents aus aller Welt erleben können. Das **Bella Center** ist Skandinaviens größtes Messe- und Kongresscenter. Daneben ragen seit 2011 die markanten Türme des **Bella Sky Comwell Hotel** in den Himmel. Auch wenn Sie hier nicht nächtigen, den Blick aus der Skybar auf die City sollten Sie sich nicht entgehen lassen (►S. 122).
Für die restliche Bebauung lieferte Daniel Libeskind 2006 einen Masterplan, der neben den 709 Budgetzimmern des **CabInn Metro Hotel** nach seinen Plänen vor allem Wohnungen vorsah. Dass auch sie spektakulär ausfielen, ist der Verdienst von Shootingstar Bjarke Ingels (►Berühmte Persönlichkeiten). Inspiriert von Le Corbusier entwarf Ingels das VM Huset, dessen Buchstaben seinen Grundriss verraten, das **HV Bjerget als Berg aus 80 Wohnungen** über einer Tiefgarage und das 8 Tallet, das aus der Luft wie eine verdrehte Acht aussieht. Als grüne Oase wurde bis 2008 der Byparken angelegt mit weiten Rasenflächen, Spielplatz und 100 alten Bäumen, die beim Metrobau hatten weichen müssen.

Amager Strand

Keine 5 km vom Stadtzentrum führen drei Brücken vom alten Amager Strand, wo die Hauptstädter bereits um 1930 in die Fluten sprangen, in ein **Badeparadies**: Amager Strand, eine 2 km lange, künstlich angelegte Badeinsel mit Promenade, kleinem Hafen, Cafés und 50 m breiten Sandstränden am Sund und entlang einer flachen Lagune, in der Kinder sicher plantschen und Schwimmer auf einer abgesteckten 1000-m-Bahn durchs Wasser ziehen können. Am Strandvej 301 eröffnete 2012 mit dem stylischen Kastrup Søbad ein zweites öffentliches Meerbad am Amager Strand mit 3- und 5-m-Sprungturm.

❶ Metro-Station: Lergravsparken, www.amagerstrand.dk

****Den Blå Planet**

Wie ein Wirbel aus Stein sieht Dänemarks neues **Aquarium** von oben aus, das 2013 nur einen Kilometer vom Flughafen Kastrup entfernt eröffnete. Der riesige »Blaue Planet« mit 20 000 Meeresbewohnern aus allen Kontinenten tritt die Nachfolge des 1939 eröffneten Danmarks Akvarium an, das nach 73 Jahren in Charlottenlund seine Tore schloss und mit 3000 Fischen (nicht: Fischarten!) in das neue Domizil im Süden umzog. Der spektakuläre Bau, der innerhalb von drei Jahren für 85 Mio. Euro direkt am Øresund errichtet wurde, zitiert mit seiner Form die Strömungen und Strudel des Meeres. Von

★★ Øresundbrücke

Seit am 1. Juli 2000 die Øresundbrücke nach sieben Jahren Bauzeit für den Verkehr freigegeben wurde, kann man mit Bahn und Auto in knapp 30 Minuten von Dänemark nach Schweden fahren. Blickfang des gewaltigen Bauwerks sind zwei kilometerweit sichtbare Pylone.

● rund um die Uhr geöffnet
http://de.oresundsbron.com
www.oeresund-bruecke.de

1 Tunnel und Insel Peberholm

Den Auftakt der 16 km langen Querung des Øresunds bildet von dänischer Seite aus die Fahrt durch einen 4 km langen Unterwassertunnel. Dieser wurde nötig, weil der erste Abschnitt der Sundquerung genau in der Einflugschneise des Kopenhagener Flughafens liegt. Ans Licht kommt der Tunnel auf der künstlichen Insel Peberholm. Auf der »Pfefferinsel«, so genannt, weil nebenan die Saltholm, die Salzinsel liegt, beginnt die Auffahrt auf die 7845 m lange Brücke, die eine der schmalsten Stellen des Öresunds überspannt. Dem Autoverkehr stehen vier Fahrspuren und zwei Standstreifen zur Verfügung. Gut 20 000 Fahrzeuge rollen pro Tag über die Brücke.

2 Zufahrtsbrücken

Im Westen und Osten führen zwei 3 bzw. 3,7 km lange Zufahrtsbrücken auf die Hochseilbrücke.

3 Hochseilbrücke

Kernstück der Øresundquerung ist eine 1092 m lange Hochseilbrücke. Deren beide gigantische Pylone aus Stahlbeton erheben sich 204 m hoch über dem Sund. Die H-förmigen Pylone wurden vor Ort mit Kletterschalungen betoniert. Mit einer Feldspannweite von 490 m ist sie die längste Schrägseilbrücke der Welt mit Auto- und Schienentrasse. Eine Kamera befindet sich auf dem Pylon vor Schweden und weist in Richtung Dänemark. Ihr Bild wird alle 10 Sekunden aktualisiert und errmöglicht so jederzeit einen Blick auf die Verkehrslage und das Wetter (Sichtbarkeit, Windrichtung, Windgeschwindigkeit und Temperatur). Fußgänger und Fahrradfahrer dürfen die Brücke nicht überqueren, obwohl es Notwege gibt. Sie müssen ein Ticket für den Öresundzug lösen, das 12 bis 15 Euro kostet. Die Mitnahme von Fahrrädern ist in der Bahn erlaubt.

4 Brückenpfeiler

Die 51 tragenden Pfeiler gründen in 15 m tief im Meer liegenden Senkkästen, den Caissons. Insgesamt wurden 320 000 m³ Beton, 82 000 t Baustahl und 60 000 t Schlaffstahl verbaut.

Maut

Um die hohen Baukosten von rund 2 Mrd. Euro zu refinanzieren und die Erhaltungskosten zu decken, werden Mautabgaben erhoben. Die einfache Fahrt kostet für Motorräder 25 Euro, für Pkw bis 6 m Länge 47 Euro, für Wohnmobile 94 Euro. Wer häufig die Brücke passiert, spart mit einer 10-Fahrten-Karte oder dem BroPas Jahresabo für 37 Euro, durch den sich der Preis für die Überquerung halbiert. An den Mautstellen kann man mit Kronen oder Kreditkarte bezahlen.

GO
San Franc
VERRAZA
New
Kopenhag

einer zentralen Halle aus sollen sich die Besucher wie auf einer Welle vorbei an den 53 Becken und Tierwelten der Kontinente treiben lassen: von den nordatlantischen Fluten der Färöer mit Robben und Vogelfelsen zum maritimen Leben an den Küsten des Pazifiks, den farbigen Korallen, Clownfischen und 4 m langen Hammerhaien im Ozeanarium der Tropen und weiter zu Afrikas Binnenseen bis hin zu den Piranhas des südamerikanischen Amazonas. Finanziert wurde das größte Aquarium Nordeuropas vor allem aus Spenden dänischer Firmen und Fonds.

ⓘ Jacob Fortlingsvej 1, Kastrup, Station: M 2, S-Bahn, Kastrup, Buslinie 2A tgl. 10.00 – 18.00, Mo. bis 21.00 Uhr, Eintritt Erw. 160 DKK, Kinder 3 – 11 Jahre 95 DKK, www.denblaaplanet.dk

***Dragør** Ein idyllisches Städtchen mit den höchsten Grundstückspreisen des Landes ist Dragør an der Südspitze von Amager mit gelben Häusern aus dem 18. – 19. Jh., engen Kopfsteinpflastergassen und lebendigem Hafen. Durch die **Heringsfischerei** im Sund war Dragør bereits im Mittelalter ein Marktstädtchen, das 1370 Handelsprivilegien und das Recht zum Einsalzen der Heringe erhielt. Als die Heringe ausblieben, bekamen die Dragøer Seeleute im 16. Jh. die erste königliche Erlaubnis für den Lotsendienst. Im 19. Jh. steuerte die Schiffsflotte von Dragør nicht nur Kopenhagen und die dänischen Provinzen, sondern auch andere Orte der Ostseeküste und englische Häfen an. Einer der Kapitäne aus Dragør war Arnold Peter Møller (1876 – 1965), der mit seinem Sohn **Arnold Mærsk Mc-Kinney Møller** (▶Berühmte Persönlichkeiten) die familieneigene Schifffahrtslinie Maersk Line zur weltgrößten Containerreederei ausbaute. Krabben, Hummer und Hering stehen auf der Speisekarte des **Dragør Kro** in der Strandgade 30, der seit 1721 königliche Privilegien besitzt.

Amager-museen In einem Fischerhaus von 1682 am Strandlinien 10 dokumentiert das **Dragør Museet** die Entwicklung der Seefahrt. Ebenfalls am alten Hafen erzählt das **Danmarks Lodsmuseum** die Geschichte des dänischen Lotsenwesens. Das kleinste Kunstmuseum des Landes, **Mølsteds Museum** am Dr. Dichs Plads 1, zeigt Gemälde und Zeichnungen des Marinemalers Christian Mølsted (1862 – 1930). Dem Kulturerbe der holländischen Einwanderer, die sich unter Christian II. ab 1521 bei **Store Magleby** ansiedelten, die Insel trockenlegten und kultivierten, widmet sich das **Amagermuseet** in einem alten Bauernhof in der Hovedgaden 4 und 12. Im Bauerngarten werden wie seit Jahrhunderten Wurzelgemüse und Kohl angebaut, am Zaun blühen Dahlien, in den Stallungen stehen Schweine, Schafe, Ziegen, Hühner, Gänse und Pferde aus alten dänischen Nutztierrassen.

ⓘ Alle vier Museen: Mai – Sept. Di. – So. 12.00 – 16.00 Uhr sowie in den Herbstferien Mitte Okt. und den ersten beiden Dezemberwochen, 4 Museen = 1 Ticket, Erw. 30 DKK, unter 18 Jahren frei, www.museumamager.dk

Beliebte Bühne der Kleinkunst: der weite Amagertorv

** Amagertorv

H 8

Lage: Zwischen Hyskenstræde und Østergade
Metro-Station: Kongens Nytorv
Buslinie: 350 S

Bis 1864 wurden auf dem Amagertorv Obst und Gemüse von der Nachbarinsel Amager verkauft – heute säumen edle Geschäfte mit dänischen Designklassikern und angesagte Cafés das Teilstück der Flaniermeile ▸Strøget.

Straße und Platz zugleich

Es ist die beste Geschäftslage etwa auf der Hälfte der stets belebten Fußgängerzone ▸Strøget: Am Amagertorv, der als Straße zum gleichnamigen Platz mit den populären Cafés »Norden« und »Europa« führt, haben zahlreiche **Hoflieferanten** ihre Geschäfte. Das edle Porzellan von **Royal Copenhagen** wird in einem hochherrschaftlichen Renaissancebau von 1894 am Amagertorv 6 ausgestellt. Berühmt sind die **»Weihnachtstische«** der königlichen Kristall- und Porzellanmanufaktur, die seit mehr als 40 Jahren von dänischen und internationalen Designern als wunderschöne Kunstwerke gestaltet werden. Wer eine kleine Genusspause braucht: Im Royal Smushi Café werden köstliche Häppchen serviert, im Café Norden (►S. 75) und Café Europa des sommers Stühle und Tische auf den Platz gestellt. Das Nachbarhaus Nr. 4 ist der Flagship Store der ***Silberschmiede Georg Jensen**, für die fast alle großen Designer gearbeitet haben. In Nr. 10 bietet ***Illums Bolighus** auf vier Etagen skandinavische Möbel-Klassiker von Arne Jacobsen, Verner Panton und Finn Juhl bis zum schwedischen Trip-Trap-Kinderstuhl (►S. 97). Den schönsten Blick auf die gute Stube des Shoppingviertels hat man vom Café på 4 im vierten Stock des Kaufhauses Illum. Die zeitlos-moderne Mode des Kopenhagener Kult-Label Mads Nørgaard gibt es am Amagertorv 15 – und in der Filiale am Strøget. Wahrzeichen des Amagertorv ist der **Storchenbrunnen**. Vogelkenner werden es jedoch sofort bemerken: Auf dem Storkespringvandet breiten Reiher und nicht Störche ihre Flügel aus.

***Helligåndskirken**

Die älteste Kirche Kopenhagens geht als Klosterkirche auf das Jahr 1400 zurück, wo man sie aus Backstein als dreischiffige Basilika erbaute. 1728 durch einen Brand zerstört, wurde die **Heiliggeistkirche** 1880 im Neurenaissance-Stil wieder aufgebaut. Das Sandsteinportal, ursprünglich für die Børsen gedacht, stammt noch aus dem Jahr 1620. Der 1732 von Christian VI. gestiftete Altar wurde von Didrik Gercken ausgeführt, die Skulpturen von Just Wiedewelt, das Altarbild der Himmelfahrt Christi von Hendrick Krock. Auf dem Friedhof erinnert ein Denkmal an die dänischen Opfer der nationalsozialistischen Konzentrationslager. Hinter der Kirche steht das Heiliggeisthaus aus der Zeit um 1300, ebenfalls Teil des Heiliggeistklosters.

** Amalienborg

J 8

Lage: Amalienborg Slotsplads 3
S-Bahn-Station: Østerport
Buslinien: 1A, 15, 19, 26, 29, 650 S, 901, 902

Das vierflügelige Rokokoschloss dient seit 1794 als königliche Residenz – ist die königliche Familie anwesend, flattert die aufgezogene Fahne des Dannebrog auf dem Dach.

»Goldener Käfig«

König Frederik V. wünschte sich Mitte des 18. Jh.s einen Paradeplatz mitten in der Hauptstadt. Da ihm dazu die Mittel fehlten, schenkte er den vier adeligen Familien Brockdorff, Levetzau, Løvenskjold und Moltke Grund und Boden und versprach ihnen 40 Jahre lang Steuererlass – die einzige Bedingung: Sie mussten nach den Plänen des Hofbaumeisters Nicolai Eigtved **vier Rokoko-Palais** bauen. Eigtved schuf nicht nur Schloss und Stadtviertel Amalienborg, sondern auch das Prinzenpalais – heute ►Nationalmuseet – und die Marmorbrücke an der Südseite von Schloss ►Christiansborg. Der damalige Stararchitekt errichtete damit einen geschlossenen Stadtteil im Rokokostil. Nach dem Brand von Christiansborg gingen die vier Palais 1794 in den Besitz der Königsfamilie über. Margrethe II. und ihr Mann Prinz Henrik bewohnen das Palais Schack. Im Palais Brockdorff residierte früher die Königinmutter Ingrid († 2000). Heute leben dort der dänische Kronprinz Frederik und seine Frau Mary mit ihren Kindern. 2010 öffneten sie erstmals ihr Zuhause für die Öffentlichkeit. Der Schlossflügel, heute Frederik VIII. Palais genannt, war 2004 – 2010 aufwendig renoviert und modernisiert worden. Die schlicht-eleganten Räume schmückt moderne Kunst zeitgenössischer dänischer Künstler, darunter Olafur Eliasson und John Kørner. Das Palais Moltke dient der Repräsentation. Im Palais Levetzau, in dem einst Christian VIII. residierte, erzählt das **Amalienborg Museet** die Geschichte der Königsfamilie ab 1895. Werfen Sie einen Blick in Königin Louises Lounge und in das elegante Arbeitszimmer Frederiks IX.

Amalienborg Museet: tgl. 11.00 – 16.00 Uhr, Erw. 65 DKK, unter 18 Jahren frei, Führungen Juli – Sept. Sa., So. 13.00, 14.30 (engl.) Uhr, 75 DKK
http://dkks.dk/amalienborgmuseet

Reiterdenkmal Frederiks V.

In der Mitte des achteckigen Schlossplatzes erhebt sich die 12 m hohe Reiterstatue Frederiks V., die J. F. Saly 1711 anfertigte. Die Statue ist ein Geschenk der Ostindischen Kompanie an die Krone aus Dank für die Unterstützung ihrer kolonialen Eroberungen.

Amalienborg Slot

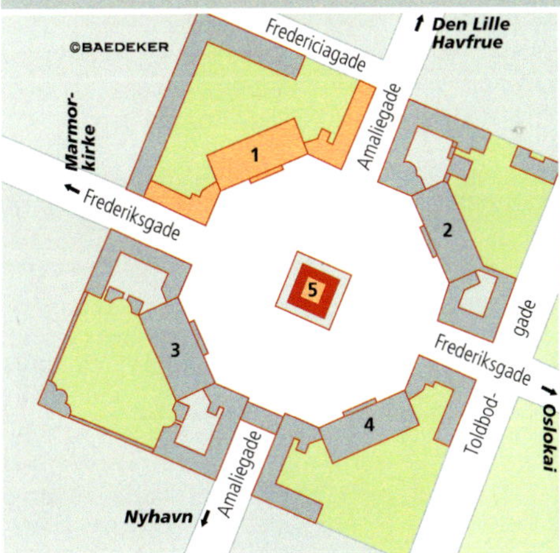

Seit 1794 königliche Residenz

1 Amalienborg Museet Palais Levetzau (Christian VII., Christian X.)

2 Palais Brockdorff (Frederik VIII., Frederik IX.)

3 Palais Moltke (Christian VII.)

4 Palais Schack (Urspr. Løvenskjold) (Frederik VI., Christian IX., Margrethe II.)

5 Reiterstandbild König Frederiks V. von 1771

Moderne Monarchie

Dänemark ist stolz auf sein Königshaus. Die königliche Familie von Margrethe II. lehnt dynastischen Pomp ab und hat keine Skandale zu bieten wie die britische Monarchie. Kronprinz Frederik ist mit der Australierin Mary verheiratet und mittlerweile Vater von vier Kindern.

Zur königlichen Familie gehören **Königin Margrethe II.**, ihr Ehemann **Prinz Henrik** und ihre beiden Söhne **Kronprinz Frederik** und **Prinz Joachim**. Kronprinz Frederik ehelichte 2004 Mary Donaldson. Für Prinz Joachim, der aus der Ehe mit Alexandra Christina Manley (1995 – 2005) zwei Söhne hat – Prinz Nikolai (geb. 1999) und Prinz Felix (geb. 2002) –, läuteten am 24. Mai 2008 zum zweiten Mal die Hochzeitsglocken: In der Dorfkirche von Møgeltønder heiratete Prinz Joachim die gebürtige Französin Marie Cavallier, mit der er inzwischen ebenfalls zwei Kinder hat: Prinz Henrik (geb. 2009) und Prinzessin Athena (geb. 2012). Über die Hochzeit mit der Französin freute sich besonders ihr Schwiegervater Henrik, der ebenfalls aus Frankreich stammt. Zur engeren Familie zählen noch die Schwestern der Regentin: Prinzessin Benedikte, verheiratet mit Richard Prinz zu Sayn-Wittgenstein-Berleburg in Deutschland, und Prinzessin Anne-Marie, vermählt mit Exkönig Konstantin von Griechenland. Die beliebte Königinmutter Ingrid starb am 7. Nov. 2000 im Alter von 90 Jahren und wurde im Dom von Roskilde beigesetzt.

Bürgerliche Königin

Königin Margrethe II. (geb. 1940) erbte nach dem Tod ihres Vaters Frederik IX. im Jahr 1972 den dänischen Thron. Für sie war 1953 eigens die Verfassung geändert worden, da die Dänen bis dahin – mit Ausnahme der 1412 verstorbenen Margrethe I. – nur männliche Erbfolge kannten. Damit ist Margrethe der 55. Monarch der **ältesten regierenden Dynastie der Welt**. Als Staatsoberhaupt einer konstitutionellen Monarchie wirkt die Regentin bei Regierungsbildungen mit, steht formal an der Spitze der Regierung und repräsentiert Dänemark im Ausland. Über politisches Mitspracherecht verfügt Margrethe II. laut Verfassung nicht.

Beim Volk erfreut sich die Regentin großer Beliebtheit. Berühmt sind ihre **Neujahrsansprachen**, denen sie immer eine stark persönlich gefärbte Note gibt: So muss sich das dänische Volk schon mal den Vorwurf der Intoleranz und Selbstgefälligkeit anhören. Am meisten macht die Königin von sich reden als versierte Kunstkennerin. Neben dem Studium der politischen Wissenschaften entwarf sie als Textildesignerin u. a. das Ballett »Et folkesagn« (1991) und die Fernsehverfilmung von Andersens Märchen »Die Schneekönigin« (2000). Als Grafikerin illustrierte sie unter dem Pseudonym Ingahild Grathmer die dänische Ausgabe von Tolkiens »Herr der Ringe« (1977), und mit ihrem Gemahl übersetzte sie 1981 den Roman »Alle Menschen sind sterblich« von Simone de

Königin Margrethe II. mit ihren Söhnen und einigen der Enkel

Beauvoir ins Dänische. Nicht unumstritten war ihre negative Vorbildrolle als Kettenraucherin – seit 2007 raucht sie nicht mehr in der Öffentlichkeit.

Kauziger Prinzgemahl

Es war Liebe auf den ersten Blick, als Margrethe während einer Englandreise in London den aus dem Südwesten Frankreichs stammenden Jungdiplomaten **Henri-Marie-Jean-André Graf de Laborde de Montpezat** (geb. 1934) kennenlernte. 1967 heiratete das Liebespaar. Seither trägt der Graf den offiziellen Titel **Prinz Henrik von Dänemark**. Über Jahre hinweg genoss der Prinzgemahl, der Schutzherr vieler dänischer Organisationen ist und Weingüter in Frankreich unterhält, großes Ansehen im Land. Das hat sich mittlerweile etwas geändert, seit Prinz Henrik für die Prügelstrafe bei der Kindererziehung plädierte, die Frauenbewegung attackierte und sich am liebsten mit Vertretern des dänischen Geldadels umgibt. Auch nimmt ihm das Volk sein schlechtes Dänisch übel.

Thronfolger Frederik

Lange Zeit schüttelte das Volk den Kopf über Kronprinz Frederik (geb. 1968), ließ er sich doch mit dem Heiraten Zeit und genoss das Leben in Nachtclubs in vollen Zügen. 2000 lernte er dann bei den Olympischen Spiele in Sydney **Mary Elisabeth Donaldson** kennen, am 14. Mai 2004 heiratete er im Kopenhagener Dom Kronprinzessin Mary. Sie wurde 1972 in Tasmanien (Australien) geboren und schloss ihr Studium mit einem Bachelor-Grad in Jura und Wirtschaftswissenschaften ab. Frederik steht seiner Frau nicht nach: Er hat Politikwissenschaft studiert und läuft gern Marathon. Inzwischen hat sich auf **Amalienborg**, wo das Kronprinzenpaar lebt, Nachwuchs eingestellt: Am 2005 wurde Sohn Christian geboren – seit sieben Generationen ist es Brauch, die Thronfolger abwechselnd Frederik und Christian zu nennen –, 2007 kam Tochter Isabella zur Welt, 2011 die Zwillinge Vincent und Josephine – das Mädchen ist genau 26 Minuten jünger als ihr Bruder.

Ein Erlebnis: die Wachablösung vor Schloss Amalienborg

**Wachablösung

Weilt Königin Margrethe II. in Kopenhagen, findet täglich Schlag 12.00 Uhr eine große Wachablösung mit Musik und Fahnenschmuck statt. Die **Leibgarde** in blau-weiß-schwarzer Uniform und Bärenfellmütze feierte 2013 ihren 355. Geburtstag. Kurz vor 11.30 Uhr marschiert sie von ihrer Kaserne im Kongens Have (▶Rosenborg Slot) über Gothersgade, Frederiksborgade, Købmagergade und Østergade zum ▶Kongens Nytorv und weiter durch die Bredgade und Frederiksgade zum Schloss.

Amaliehave

Königsschloss und Hafen verbindet der Amaliehave. Die vom Belgier Jean Delogne rund um einen zentralen Brunnen entworfene Grünanlage schenkte der Reeder Mærsk McKinney Møller (▶Berühmte Persönlichkeiten) 1983 der Stadt. Besonders schön ist der Park Anfang Mai, wenn die japanischen Kirschbäume blühen. 2012 folgte die Einweihung der südlich bis zum Nyhavn anschließenden Hafenpromenade. An der 450 langen Flaniermeile, die für 26 Mio. Kronen gleichzeitig als Schiffsanleger gestaltet wurde, laden Bänke, Blumenbeete und Trampoline zur Erholung oder Aktivpause ein.

* Arken · Museet for Moderne Kunst

Ausflug

Lage: Skovvej 100, Ishøj
S-Bahn / Bus: S-Bahn Linie A oder E bis Ishøj, von dort Bus 128
Di.–So. 10.00–17.00, Mi. bis 21.00 Uhr, Eintritt Erw. 95 DKK, Studenten 75 DKK, unter 18 Jahren frei, www.arken.dk

Im Vorort Ishøj gelang dem Architekten Søren Robert Lund einer der spektakulärsten Museumsbauten der Gegenwart: ein Schiffsrumpf aus Beton und Stahl, gefangen in den Dünen, beladen mit vorwiegend dänischer Kunst ab 1990.

Museum für Moderne Kunst

Nicht nur die Kunst, auch die Architektur lockt Besucherscharen zur »Arche« in der Bucht von Køge. Von außen wirkt das 1996 eröffnete Museum schroff und abweisend, nur wenige Türen und Bullaugen durchbrechen die weiß getünchten Mauern. Drinnen greifen eine 150 m lange **Kunstachse**, lichte Hallen, kleine Kabinette und Galerien für Grafiken das Wechselspiel von Enge und Weite auf. Der zweiachsige Grundriss bietet mit 4000 m² Ausstellungsfläche ein Forum für zeitgenössische, vorwiegend dänische Kunst aller Sparten – daher gehören zum Komplex auch ein Saal für Konzerte, Theater und Ballettworkshops, ein Kammerorchester und ein Kino.

* Assistens Kirkegård

F 7

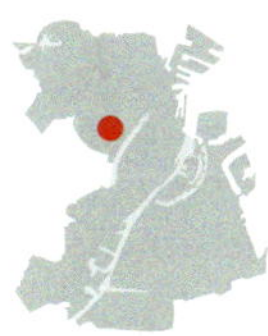

Lage: Kapelvej 2
Metro-Station: Forum
Buslinien: 3, 5A, 350 S
Nov.–Feb. tgl. 8.00–16.00, März, April, Sept., Okt. tgl. 8.00–18.00, Mai–Aug. tgl. 8.00–20.00 Uhr, www.assistens.dk

Der Märchendichter Hans Christian Andersen, der Philosoph Søren Kierkegaard, der Autor Martin Andersen Nexø und viele andere berühmte Dänen sind auf Kopenhagens schönstem Friedhof begraben.

Kopenhagens größter Friedhof

Der »Hilfsfriedhof«, 1757 nach den Erfahrungen der großen Pest von 1711 angelegt, ist heute nicht nur Kopenhagens größter Friedhof, sondern auch ein beliebter Park für Picknicks und Sonnenbäder. Die mit Nischen versehene Backsteinmauer, die einen Teil des Friedhofs umgibt, schuf Philip de Lange, später folgten mehrere Erweiterungen der Anlage. Auf dem Friedhof haben viele prominente Dänen ihre letzte Ruhe gefunden. Orientierungshilfe bietet eine Namenstafel am Eingang Nørrebrogade. Zu den bekanntesten Gräbern gehört im Abschnitt P 1 das Grab von **Hans Christian Andersen**, im Abschnitt A 17 ruht der Philosoph **Søren Kierkegaard**, in Q 4 der Nobelpreisträger **Niels Bohr** (alle drei ▶Berühmte Persönlichkeiten). Das Grab von **Dan Turèll** (1946 – 1993; ▶ S. 271), dem Dänemark seinen ersten klassischen »Privatschnüffler« verdankt, liegt im Bereich B 15.

BRÜCKENVIERTEL NØRREBRO

Multi-Kulti-Kiez

Kopenhagens ältestes Brückenviertel gilt als **Kreuzberg von Kopenhagen**. Im einstigen Arbeitervorort mischen sich die Kulturen: Afrikanische, asiatische und orientalische Händler betreiben hier Läden und Lokale. Wo einst die Arbeiter die Basis der dänischen Gewerkschaftsbewegung und der Sozialdemokratischen Partei legten, im Zweiten Weltkrieg der Widerstand gegen die Nazis wurzelte und in den 1960ern die ersten Anti-Vietnam-Demos Dänemarks stattfanden, sorgten in den 1980ern die Hausbesetzer von BZ weltweit für Schlagzeilen, während immer mehr Flüchtlinge und Gastarbeiter in die einfachen Altbauten zogen – bis heute hat Nørrebro den höchsten Ausländeranteil in ganz Dänemark. Erst in den 1990ern entwickelte sich das Viertel mit gezielter staatlicher Hilfe zum Szenetreff. Inzwischen sind die Mieten für viele unerschwinglich geworden, Designerläden und trendige Restaurants verdrängen alteingesessene Geschäfte und sorgen zunehmend für Spannungen zwischen Christen und Muslimen, die das Gros der Migranten stellen.

Bummeln, schauen, shoppen

Hauptschlagader ist die **Nørrebrogade**, wo Gemüsehändler und Sharwarmabars dicht nebeneinander liegen, schwarz gewandete Frauen mit Kopftuch und junge Mädchen in High Heels bummeln. Genauso bunt gemixt ist das Programm des **Folkets Hus**, das seit 25 Jahren ein alternatives Kulturprogramm von Kino bis Bauchtanz mit meist kostenlosen Veranstaltungen bietet. In der **Folkekøkken**, der Volksküche, servieren Freiwillige jeden Sonntagabend ein preiswertes Essen, im Café prägt vegane Küche die Karte. Beat-Lyrik, kubanische Kurzfilme und Poetry Slams gehören zum Programm der einstigen Methodistenkirche in der Møllegade 7 – dort residiert heute Dänemarks erste Kulturstätte, die sich ausschließlich Wörtern widmet: das **Literaturhaus** (www.literaturhaus.dk).
Bücher, Zeitschriften und Zeitungen stapeln sich im Laundromat Café an der Elmegade 15 (www.thelaundromatcafe.com), dem für das Trendmagazin Wallpaper »hippesten Waschsalon der Welt«. Während sich die Wäschetrommel dreht, kann man per WLAN im Internet surfen, einen starken Cappuccino genießen, Werke einhei-

mischer Künstler bewundern oder ausgiebig lesen. Avantgarde-Design aus Island entwerfen die drei Schwestern von »Aftur« in der Ahornsgade 8 C: Spitzen, Tüll und Underground. Kopenhagens längster Flohmarkt, der **Nørrebro Loppet**, säumt von April bis Oktober vormittags die Friedhofsmauer des Assistens Kirkegård. An der Ravnborgsgade verkaufen 40 Trödel- und Antiquitätenläden Möbelklassiker, Kitsch und Klunker. Topadressen für Nachtschwärmer sind das »Rust« in der Guldbergsgade 8 mit Live-Musik und cooler Bar sowie das BarStarten am Kapelvej 1, Café, Bar und Soul-Club in einem. Angesagt ist auch die Schaubrauerei **Nørrebro Bryghus** (www.noerrebrobryghus.dk) in einer einstigen Metallfabrik in der Ryesgade 3. Die Fußgängerzone der **Blågårdsgade** säumen angesagte Bars, alternative Cafés, Secondhand-Läden und inhabergeführte Boutiquen.

BAEDEKER TIPP !

Elmegade

Ein Australier und ein Franzose, die 1996 in der Elmegade 3 den ersten Goggle-Shop (www.goggle-theshop.com.) eröffneten, machten die kleine Verbindungsstraße zwischen Nørrebrogade und Sankt Hans Torv, in dessen Bars auch Kronprinz Frederik gern verkehrt, zur Must-Strecke für Shopping-Fans. Einen Abstecher wert ist auch die Boutique »Fünf« (Elmegade 2, www.funf.dk).

* Bakken

Ausflug

Lage: Dyrehavevej 62, Klampenborg
10 km nördl. von Kopenhagen
S-Bahn-Station: Klampenborg. An der S-Bahn-Station kann man eine Pferdekutsche mieten, um den Park – wie einst Ihre Majestäten – zu durchqueren.
Buslinien: 6, 185, 388
❶ 21. März – Aug. tgl. 14.00 bis 22.00 bzw. 24.00 Uhr
Eintritt frei, Fahrgeschäfte unterschiedliche Preise, www.bakken.dk

Wenn die Dänen den 1583 gegründeten, ältesten Volkspark Europas besuchen, packen sie den Picknickkorb und radeln durch den Wald von Klampenborg nach Bakken, wo sie über 120 volkstümliche Vergnügungen am Øresund finden.

Dyrehavsbakken

Ende des 16. Jh.s verweilten Besucher zunächst bei der »Kirsten Piils Kilde«-Quelle , um ihre Leiden zu lindern. Mit ihnen kamen fahrende Händler und Gaukler, die ringsum und auf dem angrenzenden Hügel, dänisch »Bakken«, ihre Stände und Buden aufbauten. Der Vergnügungspark am Rand von Dyrehaven ist die volkstümliche Variante des ►Tivoli mit **Pierrot** – der mit seiner Pantomime Groß und Klein erfreut –, mit Hits für Kids und Restaurants. Es gibt Kasperle-

Pierrot unterhält im Bakken.

theater und Karussells, Schießbuden, Bierhallen, Tanzlokale und die **weltgrößte hölzerne Achterbahn**. In der Hochsaison wird jeden Mittwoch ein Kinderfest veranstaltet – alle Vergnügungen kosten dann den halben Preis. **Weihnachtsmänner** aus aller Welt treffen sich im Bakken jedes Jahr im Sommer zu ihrem Weltkongress, um Einzelheiten für das nächste Weihnachten festzulegen!

Im angrenzenden »**Hirschpark**« leben in einem 10 km^2 großen Wald die Herden von mehreren Hundert Rehen, Kron- und Sikawild – Jagdrecht besitzt ausschließlich die Königin. Christian V. ließ von 1734 bis 1736 als Rastplatz für die Jagd durch Laurids de Thura das Rokokoschlösschen **Eremitage** mit reichem Ornament- und Skulpturenschmuck erbauen. Heute wird das Schloss von der königlichen Familie für repräsentative Zwecke genutzt. Das schönste Ausflugslokal ist seit mehr als 40 Jahren eine weiß verputzte Reetdachkate: das **Peter Lieps Hus**. Pfingsten tanzen die Hauptstädter hier open air zu Livemusik, Mitte August unterhält sie eine New Orleans Jazzband mit Ragtime, Blues und Evergreens, am ersten Sonntag im November versammeln sich hier die Reiter mit ihrer Meute zur Hubertusjagd.

Peter Lieps Hus: Tel. 39 64 07 86, www.peterliep.dk

Galopper im Wald

Da beim 1870 gegründeten Derby auf der Eremitage immer nur deutsche Pferde gewannen, wurde es eingestellt, eine neue Rennbahn gebaut und zu deren Einweihung 1910 die Regeln geändert: Beim alljährlichen **Dänischen Derby** dürfen seither nur skandinavische Pferde starten. Das Preisgeld: 100 000 Euro. Von April bis November werden rund 200 Rennen veranstaltet, die die Dänen als großes Familienfest feiern – mit edlen wie fantasievollen Outfits.

ⓘ www.galopbane.dk

Klampenborg

Im Sommer bevölkern Badegäste am Øresund den 700 m langen Strand von Bellevue. **Arne Jacobsens** hatte 1932 die Ausschreibung für die Bebauung gewonnen, ein schlichtes, kubisches und weiß gekalktes Ensemble aus Theater, Strandbad und Bellavista-Wohnanlage, funktional und voller Symbolik. Seit der Jahrtausenwende beleben Restaurateur Anders Moesgaard und Architekt Jarl Witzke die in Vergessenheit geratene Siedlung mit neuem Glanz. Vor dem Kamin ihres **Restaurants Jacobsen** stehen einige Originalstühle, mit denen der Designer einst das Lokal eingerichtet hatte. Im Original erhalten sind such Teile des Geschirrs und Lampen, der Tresen aus Teak und Ahorn wurde meisterhaft rekonstruiert.

Restaurant Jakobsen: Tel. 39 63 43 22, Strandvejen 449

***Ordrupgaard**

Mit dem Namen **Finn Juhl** verbunden ist Ordrupgaard keine 3 km westlich in Charlottenlund. Das Wohnhaus des dänischen Möbeldesigners gehört seit 2008 zum Anwesen des Kunstsammlers Wilhelm Hansen, der es 1918 dem dänischen Staat vermachte. Seitdem birgt es eine umfangreiche **Sammlung *französischer Impressionisten** und **dänische Kunst des 19. und 20. Jh.s** mit Werken von Gauguin, Matisse, Hammershøi und Lundbye. 2005 entwarf Stararchitektin Zaha Hadid einen modernen Anbau, der sich wie ein auftauchender Wal in die Natur einfügt: die Flosse im Erdhügel, der Kopf frei über einem Abhang schwebend. Seine Haut aus schwarzem Lavabeton changiert im Wechsel von Wind und Wetter, Licht und Schatten von matt bis glänzend. Wer keinen Picknickkorb dabei hat: Im **Terrassencafé** gibt es leckeren Kuchen mit Blick auf den schönen Park.

❶ Vilvordevej 110, Charlottenlund, S-Bahn: Klampenborg, Lyngby, Bus 388
Museum: Di. – Fr. 13.00 – 17.00, Mi. bis 19.00, Sa./So. 11.00 – 17.00 Uhr, Finn-Juhl-Haus: Sa./So. 11.00 – 16.45, Juni – Aug. Sa./So. 13.00 – 16.45 Uhr, Eintritt Erw. 85 DKK, unter 18 Jahren frei, www.ordrupgaard.dk

** Carlsberg Bryggeri

E 10

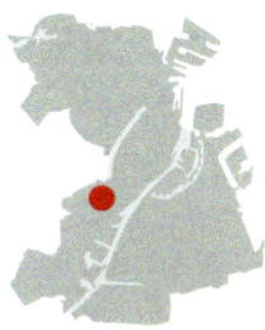

Lage: Gamle Carlsberg Vej 11
S-Bahn-Station: Enghave
Buslinien: 6A, 18, 26, 832
❶ Di. – So. 10.00 – 17.00 Uhr, Eintritt Erw. 70 DKK, 6 – 17 Jahre 50 DKK, www.visitcarlsberg.dk

Ein Must für alle Biertrinker ist die 1847 gegründete Carlsberg Bryggeri, die mit Brauereibesichtigung auch auf Deutsch, Freibier und Erlebnismuseum die Geschichte und Gegenwart des dänischen Brauereiwesens erlebbar macht.

Carlsberg Besøgscenter

Schon die Granit-Elefanten, die mit der **Elefantporten** den Brauereieingang bewachen, signalisieren das Gespür der Carlsbergdynastie für schöne Dinge. Seit Langem unterstützt die Brauerei mit ihren

Gewinnen das dänische Kulturleben, so steht auf den Lieferwagen zu Recht das Motto: »Skål for Kunsten« – Ein Prost der Kunst! Brauereigründer J. C. Jacobsen rief bereits 1876 eine Stiftung für Forschungszwecke ins Leben, zu deren Aufgaben auch die Unterhaltung des Nationalhistorischen Museums von ▶Frederiksborg Slot gehörte. Sein Sohn Carl erweiterte die Stiftung, ließ die Turmspitze der Nikolaikirche und den Kampanile der Jesuskirche errichten und gründete die ▶Ny Carlsberg Glyptotek als Sammlung klassischer und moderner Kunst. Heute unterstützt der **Ny Carlsbergfond** auch den Erhalt von ▶Kronborg Slot und das Kunstmuseum ▶Louisiana. Am 10. November 1847 braute J. C. Jacobsen in seiner Brauerei im Vorort Valby das erste bayrische Bier in Dänemark. Namensgeber der Brauerei wurde sein Sohn Carl, der die Braukunst im In- und Ausland studierte, 1871 die Produktionsanlagen um die erste Ny-Carlsberg-Brauerei erweiterte und zehn Jahre später unter gleichem Namen eine eigene Brauerei eröffnete. 1906 wurden beide Betriebe vereinigt. 1970 fusionierte Carlsberg mit der **Tuborg**-Brauerei zur »De forenede Bryggerier A/S«, jetzt Carlsberg A/S, die heute in über 130 Länder exportiert. Herzstück des Besucherzentrums ist eine **Schaubrauerei** samt zweistöckiger Bar. In den glänzenden Kupferkesseln werden jährlich über 17 000 Hektoliter Bier gebraut.

Viel Kultur in alten Hallen

2009 verlagerte Carlsberg seine Brauereiproduktion ins jütländische Fredericia. Auf den frei gewordenen 19 ha des Firmengeländes will der Brauereikonzern nach den Plänen von Entasis in den nächsten 20 Jahren ein städtisches Quartier für Arbeit, Freizeit und Ausbildung errichten – mit 3000 Wohnungen, Büros, Geschäften, Grünflächen und viel Raum für Kultur. Die alte Flaschenabfüllhalle birgt heute als Tap E zwei Kultureinrichtungen: Im **Fotografisk Center** wird aktuelle dänische Foto- und Videokunst gezeigt, in der **Dansehallerne** (▶S. 56) moderner Tanz in all seiner Vielfalt – wer will, kann hier auch seine Tanzkunst perfektionieren. Vor dem Kulturzentrum lockt am Tap E Square das **Café Elefanten**. Für den Nachwuchs entstand der Boble Plads, ein abwechslungsreiches Terrain zum Toben. Im Erlebniszentrum **Tap 1** applaudieren bis zu 6000 Zuschauer populären Bands wie Kashmir oder Band of Horses, treffen sich die Hauptstädter zum Hallenflohmarkt und auf Messen. Hinter der Dansehallerne versteckt sich der einstige Privatgarten von J. C. Jacobsen mit verwunschenenWegen und uralten Bäumen. Vom 20. Juli bis 30. September öffnet am Wochenende von mittags bis Mitternacht der **Urban Beach** mit Ministrand, Liegestühlen und Bar.

ⓘ www.carlsbergbyen.dk

★★ Christiansborg · Slotsholmen

H 9

Lage: Christiansborg Slotsplads
Buslinien: 1A, 2A, 15, 26, 29, 650 S
ⓘ Mai – Sept. tgl. 10.00 – 17.00 Uhr, Okt. – April Mo. geschlossen
Sammelticket für alle Attraktionen: Eintritt Erw. 110 DKK, 7 – 14 Jahre 55 DKK, Einzeltickets sonst Erw. 40 bis 80 DKK, Kinder 0 – 40 DKK, Schlosskirche und Parlament kostenlos, www.ses.dk/christiansborg

Auf Schloss Christiansborg, Sitz des dänischen Parlamentes »Folketing«, des Obersten Gerichtshofes und des Finanzministeriums, gibt Königin Margrethe II. jeden zweiten Montag eine Audienz.

Christiansborg Slot

Schloss Christiansborg auf der Insel Slotsholmen erhebt sich auf dem Platz, an dem **Bischof Absalon** (▶Berühmte Persönlichkeiten) im Frühjahr 1167 mit dem Bau einer Burg begann und Kopenhagen gründete. Die Ruinen der mittelalterlichen Burg, 1259 durch die Wenden und 1368 / 1369 durch die Lübecker zerstört, wurden beim Bau des heutigen Schlosses freigelegt und sind öffentlich zugänglich. Die spätmittelalterliche Burg, die unter **Erich dem Pommern** an die Krone überging, wurde vom 15. bis 17. Jh. mehrfach umgestaltet. Zur Vermählung von Christoph III. von Bayern mit Königin Dorothea von Brandenburg im Jahr 1445 wurde der Rittersaal erweitert. Mitte des 16. Jh. ließ Christian III. über dem trockengelegten Burggraben den Königs- und Trabantenflügel mit dem zweitgrößten Saal im Schloss anfügen. Als die Burganlage im 18. Jh. nicht mehr den Anforderungen barocker Prachtentfaltung genügte – Frederik IV. hatte noch 1720 den Auftrag erteilt, alle Flügel des Schlosses auf die gleiche Höhe aufzustocken – legte **Christian VI.** im April 1733 den Grundstein für ein dreistöckiges Prunkschloss. 1740 zog die königliche Familie ein. Die Königsetage wurde mit französischem Spiegelglas versehen, die anderen 348 Räume erhielten ebenfalls pompöse Ausstattungen. Für den erst 1766 vollendeten Rittersaal lieferte Nicolai Abildgaard 22 Gemälde zur dänischen Königsgeschichte. 1794 brannte das noch unvollendete Schloss ab. Erhalten blieb von dem Vierflügelbau im Stil des Wiener Barocks nur die Reitbahn.

Das zweite Schloss Christiansborg, zwischen 1803 und 1828 unter Frederik VI. nach Entwürfen des klassizistischen Meisters C. F. Hansen erbaut, war ab 1849 Sitz des Reichstags, nicht aber Residenz – die königliche Familie war nach ▶Amalienborg umgezogen. Im Oktober 1884 fiel auch dieser Bau einem Brand zum Opfer. Unversehrt blieb nur die von C. F. Hansen errichtete, 1846 geweihte Schlosskirche,

deren Kuppel Engels- und Apostelfiguren von **Bertel Thorvaldsen** (►Berühmte Persönlichkeiten) schmücken.
Das dritte Schloss Christiansborg entstand 1907–1928 nach Entwürfen von Thorvald Jørgensen als vierflügelige Anlage mit 90 m hohem Turm und massiver Verkleidung aus Bornholmer Granit und Feldstein, den dänische Gemeinden zur Verfügung stellten. Höhepunkt sind der **Thronsaal** mit Zugang zum Balkon, auf dem die dänischen Monarchen proklamiert werden, und der 40 m lange **Rittersaal**. Dort erzählen 17 Wandteppiche von Bjørn Nørgaard, die 1990 anlässlich des 50. Geburtstags von Königin Margrethe II. von der staatlichen französischen Gobelinmanufaktur bei Paris gewebt worden waren, frech und poppig die Geschichte Dänemarks und der Welt. Das Besondere: Immer wieder fällt der Blick der Betrachters auf ein »Loch in der Zeit« – Kermit der Frosch grinst aus dem Schlachtengetümmel der Wikinger, Charlie Chaplin hat sich unter die Revoluzzer gemischt. Aufgehängt wurden die Gobelis erst im Jahr 2000 zum 60. Geburtstag der Monarchin. Auf dem Platz vor dem Schloss erblickt man ein **Reiterstandbild Frederiks VII.**, das der Thorvaldsen-Schüler H. V. Bissen ausführte.

Folketing

In der Wandelhalle des **Parlaments** ruht in einem silbernen Schrein die **Verfassungsurkunde**. Von der Mittelloge des Folketingsaals aus hat der Besucher einen guten Blick auf den Raum, der in der Größe dem britischen Unterhaus entspricht, in der Anordnung jedoch abweicht. Während im Londoner Unterhaus die Mitglieder auf Bankreihen in Längsrichtung des Saals sitzen, gruppieren sich die Folketingabgeordneten hufeisenförmig um den Mitteltisch und den Sitz des Vorsitzenden – jeder der **179 Abgeordneten** des Folketing hat dabei einen festen Sitz mit Pult. Nach dem Muster der Nationalversammlung während der französischen Revolution sind die »Rechtsorientierten« rechts und die »Linksorientierten« links vom Vorsitzenden platziert, für die kleineren Parteien bleiben nur die hinteren Reihen übrig. Die Platzierung der Abgeordneten richtet sich nach dem parlamentarischen Dienstalter, Fraktionsvorsitzende und politische Wortführer sitzen stets in der ersten Reihe. Links vom Vorsitzenden nimmt die **Regierung** Platz. Die erste Reihe ist dem Ministerpräsidenten, dem Außenminister, dem Finanzminister und dem Justizminister vorbehalten, dahinter sitzen die übrigen Minister, nach Dienstalter gestaffelt. Das dreiteilige Podium, links das Rednerpult, wurde von Anny Berntsen-Bure, Tochter des damaligen Ministerpräsidenten Klaus Berntsen, aus einem tausendjährigen Eichenstamm geschnitzt, der als Kern einer Bockmühle auf der Insel Møn diente. Der darüber hängende Wandteppich von Berit Hjeholt trägt den Titel »Wie eine reiselustige Flotte«.

ⓘ Führungen (45 Min.) So. 13.00 (engl.), 12.00, 14.00 Uhr (dän.)
Tickets So. ab 10.00 Uhr, Eintritt frei, www.ft.dk

Christiansborg Slot

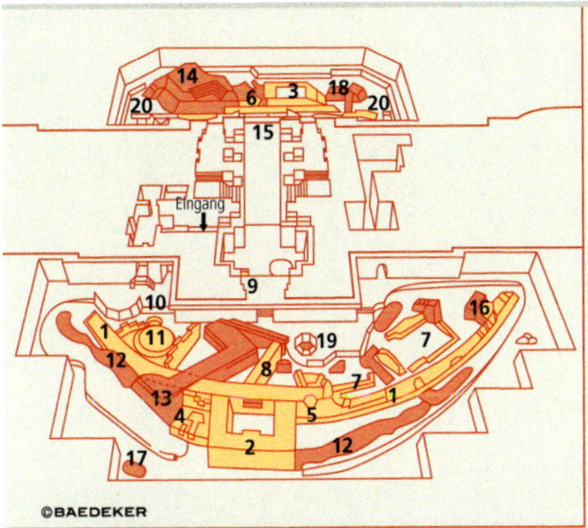

1167	Bischof Absalon von Roskilde beginnt den Bau einer Burg
1368/69	Zerstörung; danach erweiterter Wiederaufbau
Anfang 15. Jh.	Übernahme durch die dänische Krone
1552-56	Bau des Königsflügels
1733-45	Barocker Neubau: 1. Christiansborg
1794	Zerstörung durch Brand
1803	Neuerlicher Baubeginn: 2. Christiansborg
1884	Zerstörung druch Brand
1907-28	Neubau des Schlosses: 3. Christiansborg

Ausgrabungen

Bischofsburg (12.–14. Jh.)

1 Ringmauer
2 Westlicher Ringmauerturm
3 Östlicher Ringmauerturm (?)
4 Geheimkabinett
5 Hofablauf
6 Umgestürzte Hausmauer
7 Kleine Bauten
8 Zweiräumiges Haus
9 Holzbrunnen
10 Kalksteinbrunnen Backofen

Mittelalterliches Schloss (14.–18. Jh.)

12 Ringmauer
13 Südgiebel des Rittersaalflügels
14 Fundament vom Blauen Turm
15 Fundament des Königsflügels
16 Fundament des Kirchenflügels
17 Fundamentrest 16. Jh.
18 Schornsteinsockel
19 Brunnen
20 Wasserleitung des ersten Schlossbaus

Kongelige Stalde og Kareter

Vom Folketingsgården gelangt man durch einen Torbogen zur Reitbahn mit den **Königlichen Stallungen.** Als sie erbaut wurden, standen 245 Pferde zwischen den Marmorsäulen des Marstalls, heute sind es noch 20. Von Mitte Juni bis Ende August grasen sie allerdings auf den Weiden im Norden von Seeland. Unter den ausgestellten Pferdegeschirren, Livreen und Fahrzeugen sind auch die Kutschen, die bei der Hochzeit der Monarchin 1967 und des Kronprinzen 2004 durch Kopenhagen gerollt waren.

❶ Mai – Sept. tgl. 13.30 – 16.00 Uhr, Okt. – April Mo. geschlossen
Eintritt Erw. 40 DKK, Kinder 20 DKK

Teatermuseet i Hofteatret

Über den Reitställen richtete N. H. Jardin 1766 das Königliche Hoftheater ein. Hier wurde **Graf von Struensee** bei einem Maskenball am 16. Januar 1772 verhaftet – wenig später musste der mächtigste Minister seine Liebschaft mit Königin Caroline Mathilde mit dem Leben bezahlen (▶Berühmte Persönlichkeiten). 1842 modernisierte Jørgen Hansen Koch den Theatersaal, dessen Zuschauerraum seither unverändert erhalten blieb. Das 1922 eröffnete **Theatermuseum** erzählt mit Fotos, alten Drucken und illustren Kostümen die Geschichte des dänischen Theaters von den Zeiten Ludvig Holbergs bis heute.

Di. – Fr. 11.00 – 15.00, Sa./So. 13.00 – 16.00 Uhr
Erw. 40 DKK, unter 18 Jahren frei

***Børsen**

Mit ihrer Turmspitze aus vier ineinander verschlungenen Drachen gehört die alte Börse auf der Schlossinsel zu den schönsten Gebäuden der Stadt (s. auch Abb. S. 262). Christian IV. ließ den Renaissancebau 1619 – 1640 von den holländischen Brüdern Lorenz und Hans van Steenwinckel d. J. errichten. Auf Wunsch des Königs versahen sie den **127 m langen Bau** zum Kanal hin mit dekorativen Quergiebeln und krönten das Kupferdach mit einem 54 m hohen Turm, dessen 1625 vollendete Spitze der Feuerwerker Ludvig Heidritter entwarf. Das Erdgeschoss barg einst eine Verkaufshalle. Die Rampe zu den Büros

Wahrzeichen Kopenhagens: die Börse und Schloss Christiansborg

und Geschäften im Obergeschoss ergänzte Hofbaumeister Nicolai Eigtved 1745 mit den von J. C. Petzhold im Auftrag des Kaufmanns A. Bjørn gefertigten Statuen von »Merkur« und »Neptun«. Mitte des 19. Jh.s übernahm die Vereinigung der Großhändler den Bau. Die Börsengeschäfte werden seitdem im Haus Fonnesbech am Nikolaj Plads 8 abgewickelt. Die alte Börse, in der heute die **Handelskammer** residiert, ist auch Eventfläche für Partys, Konferenzen, Dinner und andere Veranstaltungen und daher nicht zugänglich.

***Dansk Jødisk Museum**

»Mitzva« prangt auf einer grauen, massiven Tresortür, und eine »gute Tat« ist Libeskind, der auch das Jüdische Museum in Berlin entwarf, tatsächlich gelungen: In einer umgewandelten Renaissance-Bootshalle neben Schloss Christiansborg greift Dänemarks erstes **Minoritätenmuseum** in der Architektur fühlbar die Ereignisse vom Oktober 1943 auf. In wenigen Wochen hatten die Dänen damals 7300 Juden in Fischerbooten bei Nacht ins neutrale Schweden gebracht. Der unebene Boden vermittelt das Gefühl, auf dem Wasser zu sein; die Dielen erinnern an Schiffsplanken, die Wände aus Birkenholz wecken Assoziationen an Schweden, Leuchtlinien repräsentieren die Hoffnung. Die Rettung der meisten dänischen Juden bildet jedoch nur einen Teil der 300 m^2 großen Ausstellung. Der Besucher erfährt viel über die **300-jährige Geschichte** der Juden in Dänemark, lernt auch die Rituale in der Synagoge kennen und die Religionsausübung in der Familie.

❶ Proviantpasagen 6 , Juni – Aug. Di. – So. 10.00 – 17.00, Sept. – Mai Di. – Fr. 13.00 – 16.00, Sa., So. 12.00 – 17.00 Uhr, Eintritt Erw. 50 DKK, unter 18 Jahren frei, www.jewmus.dk

Det Kongelige Bibliotek, *Den Sorte Diamant

►Abb. S. 4

»Schwarzer Diamant« tauften die Kopenhagener den Anbau der **Königlichen Bibliothek,** der sich als Monolith aus poliertem südafrikanischem Granit und Glas am Hafenrand der Schlossinsel erhebt. Das architektonische Juwel der dänischen Architekten Schmidt, Hammer und Lassen aus Århus birgt nicht nur **vier Mio. Bücher**, sondern auch eine Konzerthalle, Ausstellungsräume, einen Buchladen, ein Café und das minimalistisch eingerichtete **Søren K**, eines der besten Restaurants der Stadt. In der Rotunde der Bibliothek dokumentiert **Det Nationale Fotomuseum** die Geschichte der dänischen und internationalen Fotografie von 1839 bis heute mit mehr als 25 000 Arbeiten, in der ersten Etage präsentiert das **Museet for Dansk Bladtegning** dänische Cartoons und Karikaturen, die zum Teil auch online angesehen werden können.

❶ **Lesesäle**: Mo. – Fr. 9.00 – 21.00, Sa. 10. – 17.00 Uhr, www.kb.dk
Søren K: Tel. 33 47 49 49, www.soerenk.dk
Det Nationale Fotomuseum: Mo. – Sa. 10.00 – 19.00 Uhr
Eintritt Erw. 40 DKK, unter 16 Jahren frei
Museet for Dansk Bladtegning: Besuch n. V. Tel. 33 47 43 08

★ Christianshavn

H–K 7–9

Lage: Insel Amager
Metro-Station: Christianshavns Torv
Buslinien: 19, 47, 66, 2 A, 350 S

Ein Hauch von Amsterdam weht durch Christianshavn, das König Christian IV. ab 1618 auf der Insel ►Amager anlegen ließ – mit einem Mittelkanal und rechtwinklig dazu verlaufenden Straßen, die liebevoll restaurierte Patrizierhäuser säumen.

Viertel mit Holland-Flair

Hinter den Brücken Langebro und Knippelsbro entstand 1618 eine unabhängige »Kleinstadt«: Christianshavn, die 1674 aus Geldmangel dem Anschluss an Kopenhagen zustimmen musste. Doch bis heute regt sich auf Christianshavn der Freigeist – hier liegt der Freistaat Christiania! Längst gehört das Viertel zu den beliebtesten und teuersten Wohngebieten der Hauptstadt. Auffallend sind die vielen alten Patrizierhäuser und liebevoll gestalteten Höfe wie in der Strandgade, wo der dänische Seefahrer Peder Tordenskjold (1691 – 1720) und der Volkshochschulgründer Nicolai Frederik Severin Grundtvig (►Berühmte Persönlichkeiten) geboren wurden. Entlang des Christianshavn Kanals und in der Amagergade sind schöne Fachwerkbauten erhalten. Zur Landseite hin versah man die Stadt mit massiven Bastionen und dickem Mauerwerk. Zum Hafenkanal hin errichtete Henning Larsen als Gegenstück zum Schwarzen Diamanten am anderen Ufer für Nordea vier hochmoderne Büroriegel in tiefem Schwarz auf einem ehemaligem Werftgelände.

Szenetreffs und Schlemmertempel

Lauschige Plätze am Wasser und alte Hafenspeicher machen Christianshavn zu einem beliebten Ausgehviertel der Einheimischen, die das Ambiente genießen wie im Bootsverleih Christianshavns Bådudlejning og Café an der Overgaden 29 (www.baadudlejningen.dk), wo sie direkt am Wasser speisen. Oder in Rabes Have an der Langebrogade 8 – seit 1678 fließt hier das Bier aus dem Zapfhahn. Lauter kleine Leckereien gibt es auch im Boutique-Café Sweat Treat, wo die Szene auf kunterbunt gemixten Stühlen auf dem Gehweg ihren Chai Latte oder Moccacino schlürft. Auch der beste Italiener der Stadt – und einzige mit Michelin-Stern – verwöhnt auf Christianshavn seine Gäste mit himmlischer Cucina: das Era Ora von Fabio Donadoni (►S. 67). Zwei Sterne strahlen über dem Gourmettempel NOMA von René Redezepi im Nordatlantens Brygge (►S. 70).

Dansk Arkitektur Center

Im ehemaligen Speicher an der Strandgade 27 B werden ausgezeichnete **Architektur- und Designausstellungen** veranstaltet. Vom verglasten Café des Kulturzentrums blickt man auf die Schiffe im Inder-

Hollandidylle: Am Christianshavns Kanal dümpeln Folkeboote und Jollenkreuzer vor sorgsam restaurierten Fachwerkhäuschen.

havnen. Derzeit erhält das DAC auf dem Bryhusgrunden einen Neubau in Nachbarschaft zur Nationalbibliothek. Entworfen wurde er vom Niederländer Rem Koolhaas, 2015 soll Umzug sein.

DAC: tgl. 10.00 – 17.00 Uhr, Mi. bis 21.00 Uhr, Eintritt frei, www.dac.dk
Bryhusgrunden: www.bryghusprojektet.dk

Nordatlantens Brygge

Der Nordatlantik als Kultur- und Wirtschaftsraum lässt sich im **Kulturzentrum** an der Strandgade 91 entdecken – bei Ausstellungen, Konzerten, Konferenzen oder Gourmetgenüssen im Noma (▶S. 62).

ⓘ tgl. 10.00 – 17.00 Uhr, Eintritt frei, www.bryggen.dk

Christians Kirke

Die von Nicolai Eigtved 1755 – 1759 erbaute Rokokokirche war bis 1886 die Kirche der deutschen lutherischen Gemeinde. Da die Baukosten mit einer Lotterie finanziert wurden, erhielt »Friedrichs Deutsche Kirche« den Spitznamen »**Lotteriekirche**«. Erst 1901 bekam der Sakralbau seinen heutigen Namen. Der Turm, gekrönt von einer Kugel mit Fahne, stammt von 1769, die Steinmetzarbeiten am Turm wurden von C. F. Stanley ausgeführt. Beachtung verdienen das Marmortaufbecken, eine Taufschale mit deutscher Inschrift von 1759 sowie die Krypta mit 48 Grabkapellen des 18. und 19. Jh.s. Heute ist die Kirche auch Konzertsaal, in der Klassik wie moderne Klänge beim Jazzfestival zu hören sind.

ⓘ tgl. 8.00 –18.00, im Winter bis 17.00 Uhr, www.christianskirke.dk

Christiansbro Das Industrieareal bei der Christianskirche am Ende der Strandgade wandelte sich in den letzten Jahren zur exklusiven Wohngegend. Ihr Wahrzeichen erhebt sich dunkel und schwarz als Gegenpol zur Nationalbibliothek an der Wasserseite: die drei Büroriegel der Großbank Nordea, die Hennig Larsen entwarf. Die Nordea-Stiftung schenkte der Stadt 2013 eine Fußgängerbrücke über den Hafenkanal – und ihren Mitarbeitern einen direkten Zugang zur Innenstadt. Entworfen wurde die **Cirkelbro** von Olafur Eliasson aus fünf versetzten Plattformen, die jeweils von einem Mast getragen werden.

Schmetterlingsbrücke Ein Hingucker ist seit 2013 auch der geflügelte Brückenschlag über den Trangraven und Christianshavns Kanal nach Plänen des Österreichers Dietmar Feichtinger – bei Schiffsverkehr lässt sich die »Schmetterlingsbrücke« über einen Hydraulikmechanismus nach oben wegklappen, wie beim Flügelschlag eines Schmetterlings.

Orlogsmuseet Wer sich für historische Schiffsmodelle seit dem 17. Jh., nautische Instrumente und Marineuniformen, Unterwasserarchäologie und maritime Kunst begeistert, sollte das **Königliche Marinemuseum** in der Overgaden Oven Vandet 58 besuchen.

ⓘ Di. – So. 12.00 – 16.00 Uhr, Eintritt frei, www.orlogsmuseet.dk

***Vor Frelser Kirke** Die aus Sand- und Backstein errichtete **Erlöserkirche** entstand 1682 bis 1696 unter der Leitung des königlichen Architekten Lambert van Haven. Um den 90 m hohen Turm windet sich eine **Außentreppe**

Harte Drogen sind auch in Christiania längst verboten – Marihuana und Cannabis zu rauchen wird hingegen (noch) toleriert.

mit 400 Stufen spektakulär bis zur Spitze, die eine 3 m hohe, vergoldete Christusfigur auf einem Globus krönt, die der Kupferschmied Jacob Høvinghoff schuf. Laut Legende soll sich **Laurids de Thurah**, der 1752 den Turm anfügte, vom selben gestürzt haben, als er bemerkte, dass seine Treppe nicht im Uhrzeigersinn, sondern gegenläufig verlief – tatsächlich entschlief er sanft in seinem Bett. Den filigranen Barockaltar nach einem Entwurf von Nicodemus Tessin d. J. zieren kunstvolle Figuren und verspielte Putten. Zwei stattliche Stuckelefanten tragen die Kirchenempore mit der zweigeschossigen, klangvollen Orgel, die Christian Nerger 1698 fertigte.

***Christiania**

Wo ursprünglich die Flotte des Königs geschützt werden sollte, besetzten Aussteiger, Alternative und Hippies das seit Jahren aufgelassene Militärgelände und gründeten hier am 13. November 1971 mit dem **»Freistaat Christiania«** eine unabhängige Gesellschaft – das wohl berühmteste alternative Wohnprojekt der Welt. Alle Räumungsversuche, von der dänischen Öffentlichkeit mit Leidenschaft verfolgt, misslangen. Christiania wurde als **»soziales Experiment«** anerkannt und zum 20-jährigen Jubiläum legalisiert. 1991 verpflichteten sich seine rund 1000 Bewohner auch, erstmals regelmäßig für Miete und Wohnnebenkosten aufzukommen und 150 Gebäude sowie ausgedehnte Grünanlagen instand zu halten. Seit Sommer 2011 ist der Streit mit dem dänischen Staat endgültig beendet: Christiania ist heute eine Stiftung – und hat Gebäude und Grundstücke dem dänischen Finanzministerium abgekauft. Finanziert wurde der Kaufpreis von 76 Mio. Kronen für das 34 Hektar-Areal durch die Ausgabe von Aktien, die auch online auf der Website bei der Fonden Fristaden Christiania geordert werden können. Und so lockt heute Christianias weitläufiges Gelände mit viel Grün, idyllischen Wasserflächen und fantasievoll konstruierten Ein- oder Mehrfamilienhäusern nicht nur die Touristen an, sondern verstärkt neue Mieter: Zwei von drei Kopenhagenern können sich einen Umzug dorthin vorstellen. Die beiden Restaurants Morgenstedet (►S. 74) und Spiseloppen sind oft ausgebucht. Die Kunstschmiede von Christiania »exportiert« längst 90 % ihrer Produkte in die Stadt, die »Christiania Bikes« (►Baedeker Wissen S. 33) sogar bis in die USA. So sind die Hippies von einst erfolgreiche Kapitalisten geworden. Dennoch, wer Christiania besucht, sollte sich an die überall deutlich plakatierten Hausregeln halten: »**No photo**, not runnig, have fun!«. Fotografieren, auch mit Handy, sollte man unbedingt unterlassen. An der Pusher Street, wo offen mit Cannabis gehandelt wird, sollte man besondere Vorsicht walten lassen. Am sichersten ist es, Christiania tagsüber zu besuchen oder an einer Führung teilzunehmen, bei der auch das Kunstmuseum Galopperiet besucht wird.

ℹ Führungen: 26. Juni – 31. Aug. tgl. 15.00 Uhr, pro Person 40 DKK
www.rundvisergruppen.dk/porten.htm, www.christiania.org

Lille Mølle Südwestlich von Christiania ist auf den Wallanlagen eine **Windmühle** aus dem 17. Jh. erhalten, die 1916 von Einar Flach-Bundgaard und seiner Frau Johanne saniert und im romantischen Stil jener Zeit eingerichtet wurde. 1973 schenkte Johanne die Mühle dem Nationalmuseum, die sie seitdem im Sommer für Besucher öffnet. Im Turbinenhäuschen lebte von 1925 bis zu seinem Tod 1957 der Maler **Oscar Matthiesen** – betrachten Sie seine Werke bei Kaffee und Kuchen.

ⓘ Voldgade 54 , Juni – Sept. Führungen 13.00, 14.00, 15.00 Uhr
Eintritt Erw. 50 DKK, unter 18 Jahren frei, www.natmus.dk

★ Den Lille Havfrue

J 7

Lage: Langelinie
S-Bahn-Station: Østerport
Buslinien: 1A, 15, 19, 26, 29
Vom Bahnhof Østerport führt die Langeliniebro über dem Gleisgewirr als Teil einer grünen Route für Radfahrer und Spaziergänger zur Meerjungfrau.

Kleine Meerjungfrau An der Uferpromenade der Langelinie sitzt Kopenhagens bekannteste Attraktion: die Kleine Meerjungfrau, die am 23. August 2013 ihren 100. Geburtstag feierte – mit 100 Meerjungfrauen, die neben der Statue im Wasser die Zahl 100 bildeten (►Baedeker Wissen S. 170).

Marmormolen Nördlich des Langeliniekaj entsteht mit Marmormolen ein neuer Stadtteil auf einer Hafeninsel, die auch als Standort der neuen UN-City in Form einer Margeritenblüte gewählt wurde. Als Wahrzeichen des neuen Viertels beim heutigen Fährhafen hat Steven Holl zwei Türme entworfen, die an der Spitze der beiden Piers eine Fußgängerbrücke in 65 m Höhe verbindet.

Genmanipulierte Meerjungfrau 2006 bekam die Kleine Meerjungfrau nur 1 km weiter nördlich am Pakhuskaj eine große Schwester. Die für die Expo 2000 in Hannover entworfene Märchenfigur des dänischen Künstlers Bjørn Nørgaard (geb. 1947) sitzt wie ihr Vorbild in Bronze gegossen auf einem Stein am Hafen, ist aber entsprechend dem Titel **»Die genmanipulierte Meerjungfrau«** verwachsen und dekonstruiert. Sie gehört zu Nørgaards Skulpturengruppe »Das genmanipulierte Paradies«, die sich um einen versinkenden Triumphbogen im Wasserbassin gruppiert. »Nun kann sich Dänemark zwei Bilder davon machen, wie unterschiedliche Zeitalter ihr Kulturerbe deuten«, so Bjørn Nørgaard.

Kastellet Vor der Kleinen Meerjungfrau erstreckt sich als grüne Oase die 300 Jahre alte Festungsanlage des Kastells, zu der auch eine kleine Windmühle von 1847 gehört. Das heute die Königliche Garnisons-Biblio-

Göttlich: Im Churchillparken pflügt Gefion durch die Fluten.

thek beherbergende Kastell wurde 1662 – 1663 unter Frederik III. von dem Holländer Henrik Rüse am Standort der Sankt-Annä-Schanze Christians IV. erbaut. Die fünfeckige Festung mit doppeltem Wallgraben erhielt nach ihrem Gründer den Namen **Citadellet Frederikshavn**. Unter seinen Nachfolgern bis 1725 erheblich erweitert, umfasst der Komplex heute die Hauptwache, das Gefängnis von 1725, in dem auch Johann Friedrich **Graf von Struensee** (►Berühmte Persönlichkeiten) auf seine Hinrichtung wartete, das ebenfalls 1725 nach Plänen von E. D. Häusser erbaute Haus des Kommandanten, alte Speicher und zwei 1663 errichtete Festungsportale: das südliche Seeland-Tor (Sjóllandsporten) mit einer Büste König Frederiks III., die der Bildhauer Fr. Dieussart schuf, und das Norwegen-Tor (Norgesporten), das 1940 von den Deutschen gesprengt, später aber wiederaufgebaut wurde. In der 1704 geweihten Kirche konnten die Gefangenen dem Gottesdienst folgen, ohne sie zu betreten.

❶ Grünanlagen tgl. 6.00 – 22.00 Uhr

Gefion-springvandet

Von Mitte April bis Oktober schildert gegenüber ein gewaltiges Wasserspiel im **Churchillparken** die Entstehung Seelands: der Gefionbrunnen des Kopenhagener Bildhauers Anders Bundgaard. Der **Göttin Gefion**, die im Auftrag Odins Land beschaffen sollte, war von Schwedens König Gylfe so viel Land versprochen worden, wie sie in einer Nacht umpflügen könne. Die Göttin zog nach Jotunheim, wo sie einem Riesen vier Söhne gebar, die sie in Zugochsen verwandelte, vor einen Pflug spannte und so ein Gebiet von der Größe Seelands umpflügte, ehe sich die Sonne zeigte. Die starken Söhne hoben das Land empor und setzten es in die Ostsee: Seeland war geboren. Das verbliebene »Loch« ist der Vänersee.

Sehnsucht in Bronze und Stein

Auf einem vom Meer umspülten Stein am Kopenhagener Hafenufer von Langelinie blickt die zierliche Bronzefigur einer kleinen Meerjungfrau sehnsuchtsvoll hinaus auf den Øresund – die vermutlich bekannteste Dänin der Welt.

Vielleicht wird der eine oder andere Betrachter trotz des steten Besucherstroms hier in stille Märchenstunden seiner eigenen Kindheit zurückversetzt, als er der Geschichte von der jüngsten und schönsten Tochter des Meereskönigs lauschte, die sich vergeblich für ihren geliebten Menschenprinzen opferte. Die **überraschend kleine Skulptur** von »Den Lille Havfrue« entstand 1913 nach dem gleichnamigen, 1837 erschienenen Märchen von Hans Christian Andersen, das auf der Undinensage beruht.

Vorhang auf!

Den Anstoß gab 1909 die Premiere des Andersenballetts von der kleinen Nixe, die einst aus den Tiefen des Meeres stieg, weil sie sich in einen schiffbrüchigen Prinzen verliebt hatte, und die, wie der dänische Dichter erzählte, die Welt der Menschen wieder verlassen musste, weil der Prinz ihre Liebe nicht erwiderte. Während der Vorstellung im Königlichen Theater kam dem kunstinteressierten Brauereibesitzer Carl Jakobsen die Idee, Kopenhagen eine Statue des lieblichen Fabelwesens zu schenken. Vorbild sollte die gefeierte **Primaballerina Ellen Price** (1878 – 1968) werden, die die Titelrolle tanzte. Da sie jedoch wenig gewillt war, dem **Bildhauer Edvard Eriksen** nackt Modell zu sitzen, gestaltete dieser nur den Kopf der Bronzeskulptur nach Ellen Price, den Körper indes nach seiner Ehefrau Eline (1881 – 1965). **Kunstmäzen Jacobsen** wollte die Nixe mit einem Fischschwanz versehen lassen, Eriksen aber hatte Andersens Märchen genau gelesen und wusste, dass die Kleine Meerjungfrau der alten Seehexe ihr goldenes Haar und ihre süße Stimme gegeben hatte, um wie die Menschen zwei Beine zu erhalten. Als Kompromiss entwarf Eriksen daraufhin einen schleierähnlichen Schwanz, der die Beine gut erkennen lässt. Am 24. August 1913 wurde die 175 kg schwere und 125 cm große Figur feierlich enthüllt – allerdings nur als Kopie, das Original wird von Eriksens Nachfahren an geheimem Ort aufbewahrt.

Wahrzeichen der Stadt

Dass sich die zuerst wenig beachtete Skulptur der Kleinen Meerjungfrau zum **meistbesuchten Wahrzeichen** der Stadt entwickelte, nachdem eine amerikanische Zeitung einen gelungenen Schnappschuss von der verträumten Nixe abgedruckt hatte, gehört wohl zu den Märchen unserer Tage. Doch nicht alle haben die weltberühmte Nixe am Uferrand in ihrer fast 100-jährigen Geschichte geliebt. Mehr als einmal wurde sie **grausam behandelt**. 1963 und 1976 bestrichen Unbekannte die Bronzefi-

Nicht nur Kopenhagens Wahrzeichen, sondern auch dänisches Nationalsymbol und begehrtes Fotomodell: die kleine Bronzenixe am Langelinie-Ufer

gur komplett mit Farbe. 1964 und 1990 wurde sie brutal enthauptet, 1998 nach einem **Sägeanschlag** ihr Kopf zum dritten Mal wieder angeschweißt. 2005 verschwand sie unter einer Burka. Besonders hart war das Jahr 2003: Erst wurde die Meerjungfrau mit weißer Farbe übergossen, wenige Monate später gezielt **vom Sitzstein gesprengt**. Zu ihrer aufwendigen Restaurierung wurde eine der zwei vorhandenen Original-Gipsfiguren verwendet. Die bislang letzte Schändung erfolgte am 2. Mai 2006: Unbekannte bemalten sie mit dem Datum und versahen sie mit einem Dildo. Doch das geliebte **Nationalsymbol** der Dänen ist stärker als alle Anfechtungen: Immer wieder kehrt »Den Lille Havfrue« nach kurzer Zeit auf ihren angestammten Platz zurück, glatt und glänzend wie am ersten Tag. Im Sommer 2010 ging die Kleine Meerjungfrau, die sich bis dato allen Ortsveränderungen erfolgreich widersetzt hatte, auf Reisen. Auf der EXPO 2010 in Shanghai präsentierte sie ihr Heimatland. Mitten im dänischen Pavillon, in einem Becken, randvoll gefüllt mit Kopenhagener Hafenwasser, begrüßte sie die chinesischen Besucher. Seit November 2010 sitzt sie wieder am Uferrand in Kopenhagen und schaut mit schmachtendem Blick in die Ferne ...

★★ Designmuseum Danmark

J 7

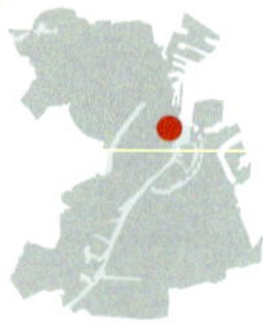

Lage: Bredgade 68
S-Bahn-Station: Østerport
Buslinien: 1A, 15
ⓘ Di. – Fr. 11.00 – 17.00, Mi. bis 21.00 Uhr, Erw. 75 DKK unter 18 Jahren frei, So. kostenlose Führungen
http://designmuseum.dk

Industriedesign, Kunstgewerbe und Wohnkultur sind Thema des Designmuseums, in dem Formschönes aus dänischen Designerschmieden versammelt ist. Klare Farben, keine Schnörkel – diese Devise gilt für Seifenschalen, Sofas und Stühle wie für Taschen oder Technikzubehör, cool eben und sehr dänisch.

Formschönes

Die neue Dauerausstellung, die 2013 im ehemaligen Kunstindustriemuseum eröffnet wurde, widmet sich berühmten **★★dänischen Designern des 20. Jh.s** wie Kaare Klint, Thorwald Bindesbøll, Poul

Ein Muss: Kultige Klassiker zeigt das Designmuseum Danmark.

Henningsen, Arne Jacobsen, Juhl Finn und Verner Panton (▶Baedeker Wissen S. 28). Das Kunstindustriemuseum wurde 1890 von der Ny-Carlsberg-Stiftung ins Leben gerufen und im früheren Frederik-Hospital eingerichtet. Aber nicht nur modernes Design, auch Service und Vasen der Königlichen Porzellanmanufaktur aus dem 18. und 19. Jh., Meissener Porzellan und Keramiken von Paul Gauguin und Thorvald Bindesbøll im Stil des Art Nouveau sind zu bewundern. 2014 eröffnet eine neue Abteilung über dänische Mode und Textilien von Ivan Grundahl, Nørgaard und Henrik Vibskov bis Marimekko. Die Bibliothek besitzt die größte Auswahl an Literatur zu Design in Skandinavien, im Museumsshop werden Weltklassiker verkauft.

BAEDEKER TIPP !

Klint Designcafé

Jacob, Clement und Nicolai bilden das junge talentierte Team, das im Café des Designmuseums den Kochlöffel schwingt. Leckere Snacks, knackige Salate und unwiderstehlich gute Kuchen stehen zur Auswahl. Im Sommer genießt man das gute Essen im Garten (Tel. 33 18 56 86, Di. – So. 11.00 – 16.30, Mi. bis 21.00 Uhr).

Sankt Ansgar Kirke

Die benachbarte neoromanische St.-Ansgar-Kirche ist nicht nur Gemeindekirche des Viertels Friedrichsstadt, sondern auch **Hauptkirche aller Katholiken** in Dänemark. Sie wurde 1842 eingeweiht und ist ein Hauptwerk des Architekten G.F. Hetsch.

Flakfortet

Ausflug

Lage: Insel im Øresund vor Kopenhagen
Schiff: Spar Shipping ab Nyhavn, nur im Sommer, www.banff.dk
Internet: www.flakfortet.com

Den Eingang zum Hafen von Kopenhagen schützten einst Festungen auf drei künstlich aufgeschütteten Inseln – das Trekroner Fort, Middelgrundsfortet und Flakfortet auf der Insel Saltholmreb, heute ein beliebtes Ausflugsziel für Familien und Firmen, die hier die Mitarbeiter zum Teambuilding einladen.

Erlebnisreicher Ausflug

Bereits der 40-minütige Törn zum 32 ha großen Eiland im Øresund ist ein Erlebnis. Vom Spar-Shipping-Anleger Nyhavn geht es vorbei an Schauspielhaus, Oper und Meerjungfrau, den beiden anderen Seefestungen im Sund und dem Middelgrunden Windpark nach Flakfortet, dessen Hafen ein Betonwall schützt, der die gesamte Insel umgibt. Im **Fort**, 1910 – 1914 erbaut, wurde ab 1950 eine Vielzahl von Flaks installiert, ab 1965 Hawk-Fliegerabwehrraketen. 2001 wurde die Insel vom dänischen Verteidigungsministerium an Malmökranen verkauft mit der Auflage, das Gebiet für Besucher zu öffnen. Seitdem hat sich viel getan. Firmen können den Kampfgeist ihrer Mitarbeiter bei einer »E-Schlacht« stärken, Familien und Freunde bei einer Schatzsuche die Kasematten des Forts erkunden, bei einer Geistertour das Gruseln lernen oder auf einer 12-Loch-Minigolfbahn abschlagen. Naturfreunde finden eine nahezu unberührte Natur, die im Sommer durch ihre Blütenpracht begeistert – 3000 **wilde Rosen** blühen dann auf Flaktorvet. Wer bleiben will: Wo einst 32 Soldaten pro Zimmer in Hängematten schliefen – 550 waren insgesamt auf der Insel stationiert – gibt es heute **einfache Unterkünfte** in Doppelstockbetten für maximal acht Personen pro Zimmer.

ⓘ Info/Buchung beim Hafenkontor, Tel. 32 96 08 00. Toll: Das Restaurant Flaktorvet serviert nicht nur typisch dänische Mittags- und Abendgerichte, sondern stellt auch Picknickkörbe zusammen, vorab bestellen!

* Fredensborg Slot

Ausflug

Lage: 40 km nördlich von Kopenhagen
Bahnhof: Fredensborg
Buslinien: 173 E

ⓘ Führungen Schloss & Kapelle: Juli – 5. Aug. 13.00 – 16.30 Uhr, Eintritt Erw. 55 DKK, 6 – 12 Jahre 20 DKK, Führungen private Gärten, Kräutergarten und Orangerie: Juli – 5. Aug. 13.00 – 16.20 Uhr, Eintritt Erw. 55 DKK, 6 – 12 Jahre 20 DKK; Gärten auf eigene Faust: tgl. 9.00 – 17.00 Uhr
Gemeinsame Eintrittskarte: Erw. 85 DKK, Kinder 30 DKK, www.ses.dk

Im Frühjahr und Herbst bewachen Soldaten mit Bärenfellmützen die Anlage im edlen Altweiß. Dann nutzt das Regentenpaar die Residenz, die 1720 als »Friedensburg« einen symbolischen Schlussstrich unter den Nordischen Krieg setzte.

Königliche Residenz

Am Esrumsø, den man im Sommer mit kleinen Ausflugsbooten erkunden kann, liegt Schloss Fredensborg, das Königin Margrethe II. und Prinz Henrik den Großteil des Jahres bewohnen. Ist die Königin anwesend, findet mittags um 12.00 Uhr die * **Wachablösung** statt. Die Innenräume und der private Garten der Königsfamilie sind nur im Juli zu besichtigen. Dass das schmucke Ensemble **Barock, Rokoko und Klassizismus** vereint, ist den königlichen Bauherren Frederik IV., Christian VI. und Frederik V. zu verdanken,

> **! BAEDEKER TIPP**
>
> *Fangfrische Fische ...*
>
> ... aus dem zweitgrößten See des Landes serviert das **Skipperhuset**, ein bereits 1761 errichtetes Bootshaus mit Biertischen und Bänken direkt am Esrumsee (Skipperallé 6, Fredensborg, Tel. 48 48 17 17, ⓔ/ⓔⓔ, www. skipperhuset.dk).

die es im 18. und 19. Jh. immer wieder erweitern und umbauen ließen. Ende des 19. Jh.s gingen hier neben der russischen Zarenfamilie englische, griechische und norwegische Herrscher ein und aus, da der damalige König Christian IX. durch seine familiären Bande **»Europas Schwiegervater«** war. Höhepunkte des Schlossparks, der sich bis zum See erstreckt, sind das **»Nordmansdalen«** mit 69 Sandsteinfiguren faröischer und norwegischer Bauern, die Orangerie und der Kräutergarten. Falkner und Greifvögel zeigen Sa. und So. um 14.00 Uhr im **Falkonergaarden** ihre Künste, www.falkonergaarden.dk.

Frederiksberg

D/E 9

Lage: zwischen Nørrebro und Vesterbro
Metro-Stationen: Frederiksberg Centret, Solbjerg
Buslinien: 14, 15, 6 A
ⓘ www.frederiksberg.dk

Kein Stadtteil von Kopenhagen, sondern mit 96 700 Einwohnern eine eigenständige Kommune – und damit Dänemarks fünftgrößte Stadt – ist Frederiksberg, dessen Schlosspark Hochzeitspaare und Ausflügler anlockt. Seit 1901 ist das nur 8,7 km² große Frederiksberg von der Hauptstadt umschlossen.

Frederiksberg Slot

Von 1700 bis 1703 ließ Frederik IV. von J. C. Ernst auf dem Valby-Hügel im schlichten Barock seinen Sommersitz errichten, in dem Christian VI. während des Baus von ►Christiansborg logierte. Seit 1869 dient das Schloss als **Militärakademie.**

ⓘ Besichtigung am letzten Sa. im Monat außer Juli und Dez. um 11.00 und 13.00 Uhr, Erw. 50 DKK (bar!), unter 14 Jahren frei
www.frederiksbergslot-frbslot.dk

Frederiksberg Have

Der bis 1711 von Hans Henrik Bruhn nach französischen Vorbildern geometrisch angelegte und mit Wasserspielen, Statuen und exotischen Gewächsen ausgestattete Schlossgarten wurde 1789 – 1800 von Peter Petersen nach englischem Vorbild neu gestaltet – als **romantische Parklandschaft**, in der sich Bäche um kleine Inseln schlängeln, auf einer erhebt sich seit 1799 ein chinesisches Teehaus. In den drei **Biergärten** am Rande des Schlossgartens an der Pile Allé wird gerne zünftig gefeiert, am Wochenende mit Musik. Hochzeitspaare leihen bei Flemming Svendsen einen Kahn für eine Kanalfahrt – er ist der Einzige, dem die königliche Bewilligung erteilt wurde.

Cisternerne

Im 1730 angelegten, 32,2 ha großen Park zeigt in drei Zisternen aus dem 19. Jh. das **Museum for Modern Glass Art** am Roskildevej 32

Königliche Residenzen

Die mehr als 1000-jährige dänische Monarchie gehört zu den ältesten der Welt und geht zurück auf den alten Gorm. Heute ist Margrethe II. Staatsoberhaupt. Mit ihrer Familie nutzt sie in Kopenhagen und Nordseeland traditionsreiche Schlösser und ihre Jacht »Dannebrog«.

1 FREDENSBORG SLOT
Staatsgäste dürfen im Jagdschloss Frederiks IV. mit einem Diamanten ihren Namen in die Fensterscheibe ritzen.

2 FREDERIKSBORG SLOT
Im Wasserschloss bei Hillerød wurden alle dänischen Könige gesalbt. Die Schlosskapelle ist beliebt für royale Hochzeiten.

3 SORGENFRI SLOT
Das Landhaus der königlichen Familien (1705 / 1796) ist nicht öffentlich zugänglich.

4 EREMITAGE SLOTTET
Eine Tafelmaschine mit Tisch und Zubehör beförderte einst das Essen durch eine Luke im Boden hinauf in den Speisesaal.

5 AMALIENBORG SLOT
Das Rokokoschloss ist seit 1794 Residenz – ist Margrethe II. anwesend, findet täglich um 12.00 Uhr die Wachablösung statt.

Der königliche Haushalt 2012

Einnahmen	
Abgeordneten-entschädigung	10,2 Mio. €
Weitere Einnahmen	272 200 €

Ausgaben	
Personalkosten	6,3 Mio. €
Kosten am königlichen Hof	1,7 Mio. €
Verwaltungskosten	583 800 €
Ausgaben für Besitz	678 400 €
Abschreibungen	219 800 €

6 ROSENBORG SLOT
Mit Marmorzimmer und Schatzkammer für die Kronjuwelen: ein Muss beim Kopenhagen-Besuch!

CHRISTIANSBORG SLOT
Heute residieren Parlament und Oberster Gerichtshof im Schloss. Jeden zweiten Montag gibt die Königin eine Audienz.

▶ **Neujahrsempfang**
Zu Beginn des neuen Jahres veranstalten die Königin und der Prinz traditionellerweise einen dreitägigen Empfang.

Tag 1 und 2: Zweimal Neujahrs-Bankett im Schloss Amalienborg
Gäste Tag 1: die Regierung, hohe Staatsbeamte und die Leiter des königlichen Hofes
Gäste Tag 2: oberster Gerichtshof, Offiziere der Königlichen Leibgarde und des Royal Husar Garderegiments
Außerdem Tag 2: Empfang im Schloss Christiansborg für die Diplomaten

Tag 3: Empfang im Schloss Christiansborg
Gäste: Offiziere aus dem Verteidigungs- und Katastrophenschutz, geladene Vertreter nationaler großer Organisationen, Menschen mit königlicher Schirmherrschaft

▶ **Residenzen auf dem Festland**

bei konstant 9 °C zerbrechliche Kunstwerke, wirkungsvoll ins Licht gesetzt von John Aage Sørensen.

Feb. – Nov. Do., Fr. 14.00 – 18.00, Sa., So. 11.00 – 17.00 Uhr, Eintritt Erw. 50 DKK, Schüler & Studenten 40 DKK, unter 14 Jahren frei
www.cisternerne.dk

Royal Copenhagen Factory Outlet

Am Søndre Fasanvej 9 können Teller und Tassen der Königlichen Porzellanmanufaktur aus zweiter Wahl deutlich günstiger erworben werden als in der Stadt am ►Amagertorv.

Tel. 38 34 10 04, Mo. – Fr. 10.00 – 18.00, Sa. 10.00 – 14.00 Uhr
Metro: Fasanvej Station, Bus: Line 9A, www.royalcopenhagen.com

Storm P.-Museet

Das Museum am Frederiksberg Runddel zeigt Arbeiten des humoristischen Zeichners und Bühnenbildners **Robert Storm Petersen** (1882 – 1949), der seine Werke mit »Storm P.« signierte.

Mai – Sept. Di. – So. 11.00 – 16.00 Uhr, Eintritt Erw. 45 DKK, unter 18 Jahren frei, www.stormp-museet.dk

Schlemmeradressen

Nur wenige Schritte vom Museum begeistern **Mielcke & Hurtigkarl** im Gartenhaus des königlichen Parks Kopenhagens mit monatlich wechselnden Menüs, die von den ausgedehnten Reisen der beiden Küchenchefs zeugen. Claus Meyer, der zu den Gründern der neuen nordischen Küche gehört (►S. 62), hat in Frederiksberg zwei Filialen von **Meyers Deli** eröffnet, die von 8.00 bis 22.00 Uhr mit nordischen und internationalen Delikatessen den Hunger stillen – vor Ort, zum Mitnehmen oder Kochen daheim.

Mielcke & Hurtigkarl: Frederiksberg Runddel 1, Tel. 38 34 84 36
Menü ab 700 DKK , www.mhcph.com
Claus Meyer: Gl. Kongevej 107 und Godthaabsvej 10, www.meyersdeli.dk

! BAEDEKER TIPP

Ausgefallene Lampen ...

... und Möbel aus nordischem Holz gibt es bei einem Autodidakten, der mit Lego seinen ersten Ideen Form gab – und inzwischen Designpreise einheimst: **Tom Rosseau**. Besonders seine Deckenleuchte TR19 und die Bodenleuchte TR7 sind Hingucker (Frederiksberg Allé 5, www.tomrossau.dk).

Revymuseet

Frederiksberg besitzt eine mehr als **200-jährige Theatertradition** für Komödien und andere leichte Kost. Fotos, Requisiten, Kostüme und Schmuck von Schauspielern wie Liva Weel lassen in der Allégade 5 diese Blütezeit Revue passieren.

Di. – So. 11.00 – 16.00 Uhr, Eintritt Erw. 35 DKK, www.revymuseet.dk

Bakkehuset

H. C. Andersen, Christian Winther und Adam Oehlenschläger gingen im Bakkehuset in der Rahbeks Allé 23 ein und aus, das dank der Gastfreundschaft von Kamma und Knut Lyne Rahbek zu den bedeutendsten **literarischen Salons des Goldenen Zeitalters** gehörte.

Di. – So. 11.00 – 16.00 Uhr, Eintritt Erw. 35 DKK, www.bakkehusmuseet.dk)

★★ Frederiksborg Slot

Ausflug

Lage: Hillerød
S-Bahn-Station: Hillerød
Buslinie: 301, 302 und 324 ab Hillerød Station
Schiff: Ein Ausflugsdampfer fährt zwischen Mai und September vom Torvet in Hillerød über den Schlosssee zur Anlegebrücke dicht am Eingang.
Nov. – März tgl. 11.00 – 15.00, April – Okt. tgl. 10.00 – 17.00 Uhr, Eintritt Erw. 75 DKK; Studenten 60 DKK, 6 – 15 Jahre 20 DKK, www.dnm.dk

Auf drei Inseln im Frederiksborg-See erhebt sich das monumentalste Bauwerk Christians IV.: Schloss Frederiksborg, Nordeuropas größte und schönste Renaissance-Anlage.

Erbe der Renaissance

Christian IV. (▶Berühmte Persönlichkeiten) ließ das Herrenhaus, das sein Vater Frederik II. 1560 samt der Ländereien erworben hatte, 1602 bis 1620 von Hans van Steenwinkel d. Ä. und seinem Sohn durch ein Backsteinschloss im holländischen Renaissance-Stil mit hellen Sandsteineinfassungen, geschwungenen Giebeln und aufgesetzten Kupfertürmen ersetzen. Bis zum Bau von ▶Fredensborg Slot lieferte Schloss Frederiksborg den dänischen Monarchen einen noblen Rahmen für ihre **Krönungszeremonien**. Alle Herrscher wurden

Frederiksborg Slot

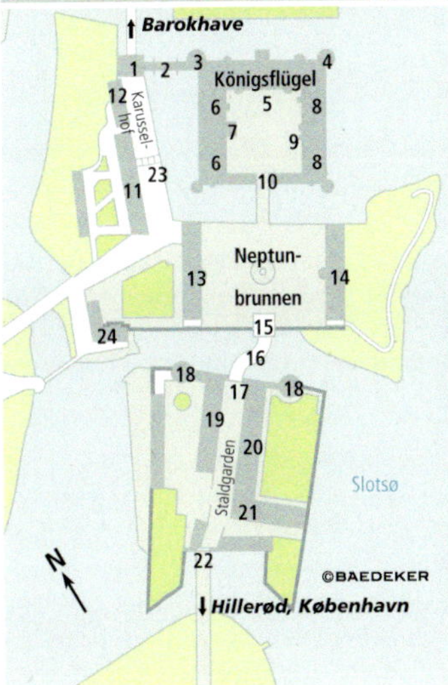

1 Audienzhaus
2 Langer Gang
3 Münzturm
4 Jägerbergturm
5 Große Galerie
6 Kirchenflügel
7 Kirchturm
8 Prinzessinnenflügel
9 Küchenbrunnen
10 Terrassengebäude
11 Vorratsflügel
12 Teestuben
13 Haus des Schlossherrn
14 Kanzleigebäude
15 Gefängnisturm
16 S-Brücke
17 Portal Christians VI.
18 Rundtürme Frederiks II.
19 Königsstall
20 Husarenstall
21 Herluf Trolles Turm
22 Stadttor
23 Karusseltor
24 Restaurant »Slotsherrens Kro«

Eines der schönsten Beispiele für dänische Schlossbaukunst nach holländischem Vorbild: Frederiksborg Slot mit dem Neptunbrunnen

zwischen 1671 und 1840 in der Schlosskapelle gesalbt, die auch als **Ritterkapelle** der Orden des Elefanten und des Dannebrog fungierte. Im Rittersaal wurde 1720 mit dem Frieden von Frederiksborg der Nordische Krieg zwischen Dänemark und Schweden beendet.

Wasserschloss

Den äußeren Schlosshof betritt man durch einen wuchtigen **Torturm**, den Hans van Steenwinkel d. J. 1618 – 1623 erbaute. Zwischen Kanzlei und Haus des Schlossherrn steht im Vorhof der zweiten Insel seit 1888 die Nachbildung eines **Neptunbrunnens** von Adrian de Vries aus dem Jahr 1623 – das Original hatten die Schweden 1659 als Kriegsbeute mitgenommen. Auf der dritten Insel erreicht man das **Schloss**. Ältester Teil ist der nördliche Königsflügel, später entstanden der westliche Kirchenflügel mit dem Kirchturm und der östliche Prinzessinnenflügel. Den Abschluss zur mittleren Insel bildet ein niedrigeres Terrassengebäude.

****Nationalhistoriske Museum**

In der Nacht des 16. Dezember 1859 brach ein Brand in einem der vielen Kamine aus und vernichtete bis zum Morgen den Großteil des Schlosses – nachzulesen im Roman »Unwiederbringlich« von Theodor Fontane. Eine nationale Spendensammlung ermöglichte den Wiederaufbau, 1864 war das Äußere restauriert. Als nach dem Tod Frederiks VII. weder Staat noch Königshaus Interesse an dem Bau bekundeten, gründete Brauereibesitzer J. C. Jakobsen eine Stiftung und ließ Schloss Frederiksborg am 5. April 1878 als »Nationalhistorisches Museum Dänemarks« mit mehr als 60 Räumen eröffnen. Für Durchblick in der dänischen Dynastie sorgt die **Nationale Dänische Porträtgalerie** im Königsflügel. Leben und Werk aller Königinnen und Könige seit 1500 werden mal heroisch, mal humorvoll dargestellt: Vor Christian VII., dem »Erfinder des Table Dance«, tanzen hauchdünn bekleidete Grazien auf dem Tisch.

****Slotskirke**

Verschont von den Flammen blieb die Schlosskapelle im Westflügel. 28 vergoldete Sandsteinpfeiler tragen die Decke mit sechs Sternengewölben. Marmorintarsien, Alabasterfiguren und Einlegearbeiten aus Ebenholz ergänzen die prächtige Ausstattung (►Abb. S. 139). Für Altar und Kanzel, gleichfalls aus Ebenholz, schuf der Hamburger Jakob Mores Silberreliefs mit biblischen Szenen. Der silberne Taufstein wurde erst 1920 nach einer Zeichnung von Mores angefertigt. Am Ende der Kirche erblickt man die **Schilder des Elefantenordens** – u. a. das Schild des Atomphysikers Niels Bohr (►Berühmte Persönlichkeiten), an den Seiten hängen die Schilder der Großkreuzritter des Dannebrogordens. Die klanggewaltige ***Compenius-Orgel** mit 1000 Pfeifen wurde 1617 von dem Braunschweiger Orgelbauer Esaias Compenius geschaffen – Vorführung jeden Donnerstag 13.30 Uhr.

***Riddersalen**

Der 50 m lange und nach dem Brand von 1859 rekonstruierte Rittersaal über der Schlosskapelle hieß zur Zeit Christians IV. **»Tanzsaal«**. Der König hatte ihn mit prachtvollen Ornamenten und Silberfiguren ausschmücken lassen, die Kassettendecke erhielt kostbare Holzschnitzereien, darunter das Königliche Wappen mit dem Wahlspruch der Monarchen »Regna firmat pietas« (Gottesfurcht stärkt die Reiche). Die Wandteppiche zeigen Szenen aus dem Kalmarkrieg von 1611 bis 1613, den Krönungszug 1596, die Porträts Christians IX. und von dessen regierenden Nachkommen.

Weitere Räume

Ein **Geheimgang** mit Gemälden aus dem 17. Jh. leitet vom Hauptschloss zum **Audienzsaal**, dessen Porträts die Könige von Christian I. bis Christian V. zeigen. Das Deckengemälde im **Engelsaal** ist die verkleinerte Replik einer Decke im Dogenpalast von Venedig. Ihr von Franz Schwartz 1883 gemaltes Bildwerk zeigt Frederik III. mit vier Reichsständen sowie »Krieg« und »Frieden«. Die 1879 – 1883 ausgeführten Wandgemälde handeln vom Schwedenkrieg und der Einführung des Absolutismus. Die pompöse Prachtentfaltung der absolutistischen Monarchen belegen die **Möbel in Raum 42** mit einem geschnitzten Paradebett aus Eiche, das für die Hochzeit des Grafen Danneskiold-Samsøe mit Christine Catharine von Holstein 1724 in Paris gefertigt wurde. Bekannte Größen des 19. Jh.s sind auf den **Gemälden in Raum 55** zu sehen, darunter der Bildhauer Bertel Thorvaldsen (►Berühmte Persönlichkeiten), der Dichter Adam Oehlenschläger, der Entdecker des Elektromagnetismus H. C. Ørsted und der Volkshochschulgründer Nicolai Severin Grundtvig (▶Berühmte Persönlichkeiten). Das Gemälde von der Eröffnungssitzung der verfassunggebenden **Reichsversammlung** am 23. Oktober 1848 füllt in Raum 61 eine ganze Wand – mit dieser Versammlung hatte der König die absolute Macht abgegeben. **Raum 62** ist Mynster, Søren Kierke-gaard und Nicolai F. S. Grundtvig (beide ▶Berühmte Persönlichkeiten) gewidmet, die das kirchliche Leben Dänemarks im 19. Jh. entscheidend geprägt haben.

**Slotshave

Frederik IV. ließ bis 1725 von Johan Cornelius Krieger den herrlichen **Barockgarten** anlegen, der sich am Ufer vom Schlosssee mit Kaskaden und Parterre-Beeten symmetrisch um eine zentrale Längsachse erstreckt. 40 Jahre später begann der Verfall, da der Garten als nicht mehr zeitgemäß empfunden wurde und Unsummen für die Wartung verschlang. Erst Mitte der 1990er wurde die ursprüngliche Anlage rekonstruiert. Das Lustschlösschen **Badstueslottet** erhielt unter Frederik VII. einen romantischen Landschaftsgarten mit verschlungenen Wegen, idyllischen Teichen und kleinen Kanälen.

❶ Nov. – Feb. tgl. 10.00 – 16.00, März, April, Sept., Okt. tgl. 10.00 – 19.00, Mai – Aug. tgl. 10.00 – 21.00 Uhr

** Frilandsmuseet

Ausflug

Lage: Kongevejen 100, Lyngby
S-Bahn-Station: Sorgenfri
Buslinien: 184, 194
❶ Ostern, Mai – 20. Oktober, Herbstferien (Mitte Oktober), Di. – So. 10.00 – 16.00 Uhr, Juli und Aug. bis 17.00 Uhr, Eintritt frei, www.natmus.dk

Vom Leben auf dem Lande in Dänemark und den früher dänischen Provinzen in Südschweden und Südschleswig erzählt seit 1901 eines der größten Freilichtmuseen Europas.

! BAEDEKER TIPP

Damhuset

In einer Gründerzeitvilla am alten Mühlenteich in der Lyngby Hovegade 1C werden Glas, Keramik, Textilien und Schmuck aus 50 dänischen Werkstätten angeboten (Mo. – Fr. 10.00 – 17.00, Sa. bis 14.00 Uhr, Eintritt frei, www.damhuset.dk).

Die Außenstelle des ▶Nationalmuseet präsentiert mehr als **50 Bauernhöfe** – große Vierkanthöfe und kleine Bauernkaten –, Mühlen, Schmieden und Seemannshäuser aus dem 17. – 19. Jh., die mit altem Mobiliar und Arbeitsgerät ausgestattet sind. Um die Höfe, die so originalgetreu wie möglich bewirtschaftet werden,

Das Freilichtmuseum zeigt, wie Landarbeiter im 19. Jahrhundert in Eglerup auf Seeland lebten.

wachsen heimische Wildpflanzen, die Gärten zieren Blumen und Gemüsebeete wie anno dazumal, im Stall stehen traditionelle Haustierrassen. Volkstänze, Handwerksvorführungen und Rundfahrten im Pferdewagen erwecken im Sommer das Museumsdorf zum Leben.

***Brede Værk**

Vom hinteren Ausgang des Frilandsmuseet sind es nur wenige Schritte bis zum I. C. Modewegsvej. Die im 19. Jh. **größte dänische Textilfabrik** dokumentiert hier mit Arbeiter- und Meisterwohnungen, dem Hof des Fabrikherrn, Speisehaus, Kinderasyl und Gärtnerei die Geschichte der Textilindustrie im 18. und 19. Jahrhundert.
❶ April – Okt. 10.00 – 17.00 Uhr, Eintritt frei, Führungen Erw. 40 DKK, http://bredevaerk.natmus.dk

Grundtvigs Kirke

E 4

Lage: På Bjerget 14B
S-Bahn-Station: Emdrup
Buslinien: 6 A, 171 E
❶ Mo.–Sa. 9.00–16.00, So. 12.00–13.00, im Sommer bis 16.00 Uhr, Eintritt frei, www.grundtvigskirke.dk

Aus sechs Millionen gelben Ziegelsteinen entstand zwischen 1921 und 1940 auf dem Bispeberg die bis heute gigantischste Paraphrase einer typisch dänischen Dorfkirche.

Die Ausmaße des nach Grundtvig (►Berühmte Persönlichkeiten), dem Vater der Volkshochschulbewegung, benannten Sakralbaus sind gewaltig: Länge innen 76 m, Breite innen 35 m, Höhe innen 22 m, außen 30 m. Das Hauptschiff bietet 1800 Personen Platz. 19 Jahre lang schufteten die sechs renommiertesten Maurer Dänemarks an dem Monumentalbau von **Peder Vilhelm Jensen-Klint**, den nach dessen Tod 1930 sein Sohn Kaare vollendete. Genießen Sie den Klang der Marcussen-Orgel bei einem der zahlreichen **Kirchenkonzerte**.

Havneholmen & Havnestad

F/G 10/11

Lage: am Südhafen
S-Bahn-Station: Dybboldsbro

Am Südhafen wachsen an der Kaikante Kopenhagens neue Stadtviertel, die Wohnen und Arbeiten am Wasser spannungsreich interpretieren. Rasant steigende Immobilienpreise beweisen dort: Familien und Firmen gefallen die neuen Viertel, die sich bei einem Törn mit dem Hafenbus entdecken lassen.

Havneholmen

Südlich von Vesterbro entstand bis 2009 auf der Halbinsel Kalvebod Brygge der neue Stadtteil Havneholmen. Auf dem alten Hafengelände erheben sich heute Büros und Wohnungen, die meisten Luxusappartements, hinter modern-futuristischen Fassaden, die die Bewegung von Wasser nachahmen. Entworfen wurde das Viertel von den Architekten, die bereits für das Schauspielhaus verantwortlich zeichneten: Lundgaard & Tranberg. Durch das Wohngebiet, dessen alter Hafen für Hausboote erhalten blieb, mäandert eine Promenade. Den Nordosten dominiert das 2011 renovierte Einkaufszentrum **Fisketorvet** mit 120 Geschäften und Restaurants, Cinemaxx-Kino und kleinem Aquarium im Zentralbereich (►S. 102). Sie wollen sich nicht ins Einkaufsgetümmel stürzen, sondern ins Wasser? Das **Hafenbad Copencabana** hat drei Becken für Kinder, Schwimmer und Springer. Die Spitze der Halbinsel dominiert das von PLH Arkitekten entworfene, achtstöckige Medienzentrum Aller-Haus, das sich wie ein Eisbrecher aus Glas und Aluminium in den Hafenkanal schiebt. Als grazil-weißen Bogen für Fußgänger und Radfahrer verbindet die 190 m lange Bryggebro Havneholmen mit Havnestad.

Havnestad

Wahrzeichen von Havnestad, das 2000 – 2008 auf dem 20 ha großen Gelände einer früheren Sojafabrik erbaut wurde, ist die Gemini-Residence von MVRDV, die durch Modernisierung zweier Getreidesilos entstand, die heute eine Glashaut überzieht. Das benachbarte Wennberg-Silo wurde 2004 von Tage Lyneborg Tegnestue zu Wohnungen umgebaut. Ab 1909 importierte Det Østasiatiske Kompagni

(The East Asiatic Company, EAC) Sojabohnen, die für die Ölherstellung und als Viehfutter verwendet wurden. Später wurde die Produktion ausgedehnt auf die Ölherstellung aus Kokosnuss, Raps und Flachssamen für die Herstellung von Seife, Paraffin-Wachs und Lebensmitteln. Die revitalisierten Maschinenwerkstätten, das Kraftwerk und das Kesselhaus sind heute Arbeitsplatz für Kreative. Vereine, Verbände und Kulturschaffende präsentieren sich an der neuen Hafenfront vier Tage Anfang August beim Volksfest **Kulturhavn**, mit Theater, Tanz, Musik und Sport – kostenlos und meist open-air.

ⓘ www.kulturhavn.dk

Højbro Plads

H 8

Lage: Am Ostende des Amagertorv
Metro-Station: Kongens Nytorv
Buslinien: 1A, 2A, 15, 26, 29, 650 S

Auf dem offenen »Hochbrückenplatz« grüßt Bischof Absalon (►Berühmte Persönlichkeiten) hoch zu Ross. »Er war mutig, klug und vorausschauend – ein Freund der Gelehrsamkeit – in reinem Bestreben ein getreuer Sohn Dänemarks«, wird Kopenhagens Stadtgründer auf dem Sockel gelobt.

Im Mittelalter verlief die Küstenlinie noch entlang der heutigen Løngangsstræde, Magstræde, Snaregade sowie Fortunstræde und luden die Fischer ihren Fang am jetzigen Kanal gegenüber der Schlossinsel aus – erst 1716 wurde der Name **Gammel Strand** verwendet. An den einstigen Fischmarkt erinnert seit 1940 das **Denkmal einer Fischersfrau**, die Fiskerkone. Neben dem Gammel Strand legen Boote der ***Hafen- und Kanalrundfahrten** ab. Bis 2018 ist der Gammel Strand Baustelle für eine der neuen Metrostationen des Cityrings. Zeitgenössische dänische Kunst zeigt die **Kunstforeningen Gammel Strand** im Haus Nr. 48. **Krogs Fiskerestaurant** ist seit 1910 beste Adresse für Fisch in Kopenhagen (►S. 71). Oder vielleicht gelingt Ihnen ein Glücksgriff beim samstäglichen Flohmarkt am Gammel Strand mit Antiquitäten und ausgewählter Kunst?

Kunstforeningen Gl. Strand: Di.–So. 11.00–17.00, Mi. bis 20.00 Uhr, Erw. 60 DKK, www.glstrand.dk

Am Højbro Plads grüßt Stadtgründer Bischof Absalon.

Am Gammel Strand gleiten die Boote der Kanalrundfahrten vorbei.

Canal Tours Copenhagen: tgl. einstündige Kanalfahrten Erw. ab 75 DKK, Kinder ab 35 DKK, www.stromma.dk

Nikolaj Kunsthal

Die **Nikolaikirche** aus dem 13. Jh. brannte 1795 bis auf den Turm völlig aus. Bis zur Einweihung der jetzigen Kirche stellten die Schlachter vom Højbro Plads ihre »Maven« (Magen)-Buden auf dem verwaisten Nikolaj Plads auf. Die Spitze des Kirchturms finanzierte Brauereibesitzer Carl Jacobsen. Heute zeigt die Kirche jährlich 7 – 9 Kunstausstellungen und lädt mit dem Café zur Pause ein.

ℹ Di. – So. 11.00 – 17.00, Do. 12.00 – 21.00 Uhr, Führungen Sa. 14.00 Uhr, Eintritt Erw. 20 DKK, unter 16 Jahren frei, www.nikolajkunsthal.dk, ►S. 20

Holmens Kirke

Keine 200 m trennen den Højbro Plads von der Holmens Kirke gegenüber der Schlossinsel. Sie beweist, dass auch Kirchen Karriere machen können: Wo 1562 eine kleine Ankerschmiede am Holmenkanal stand, die 1619 zur Marinekirche aufstieg, wurden am 10. Juni 1967 Königin Margrethe II. und ihr Mann Henrik getraut.
»Pantheon der Marine« nannte H. C. Andersen die Holmens Kirke, denn das Gotteshaus, 1619 unter Christian IV. durch Umbau einer Ankerschmiede zur Marinekirche erweitert, ist die letzte Ruhestätte

dänischer Seehelden wie **Peter Tordenskiold** und **Niels Juel.** Hauptportal des Renaissancebaus ist das östliche »Königsportal« aus dem 17. Jh., das einst den Dom in ►Roskilde schmückte. Im Innern trennt ein prachtvolles Messinggitter mit 38 Balustern den Chor vom Schiff. Meisterhaft sind auch der geschnitzte Altar und die bis zur Decke reichende Eichenkanzel – beides fertigte Abel Schrøder d. J. in der zweiten Hälfte des 17. Jh.s an. Neben dem berühmten Internationalen ***Orgelfestival** im Juni finden alljährlich rund 50 Konzerte in der Holmens Kirke statt – lauschen Sie nicht nur den Darbietungen des Organisten Jakob Lorentzen, sondern auch dem Kirchenchor, der bereits 1628 gegründet wurde.

ⓘ Mai – Sept. Mo. – Fr. 10.00 – 16.00, Sa. 9.00 – 12.00, Okt. – April Mo. bis Fr. 10.00 – 15.00, Sa. 9.00 – 12.00 Uhr
Eintritt frei, www.holmenskirke.dk

Islands Brygge

G/H 10/11

Lage: Am Südhafen
Metro-Station: Islands Brygge

Vor zehn Jahren noch ein tristes Arbeiterviertel mit Fernhafen und Werften, gilt Islands Brygge heute als Kopenhagens Antwort auf Londons Covent Garden.

Baden und Feiern

Im Hafenpark, den die junge Architektengruppe PLOT entwarf, erfrischen sich im Sommer Tausende mit einem Sprung ins kühle Nass – das **Havnebad** auf Island Brygge ist das berühmteste der mittlerweile drei Hafenbäder von Kopenhagen. Helle Holzstege und Terrassen rahmen das Hafenbad ein: perfekte Aussichtsliegen für ein Sonnenbad. Seit 2013 gibt es auch ein »Vinterbad« mit Sauna über und unter dem Wasser. Das benachbarte **Kulturhuset (**KIB) ist für sein Café Bryggens Spisehus bekannt. Dort gibt es nicht nur die günstig gute Hummersuppe, sondern auch schöne Ausblicke auf die Skyline der City. Zum Sommer gehört die schwimmende Bühne **Havnescenen**: Zum kostenlosen Jazz-Konzert wird am Kai gegrillt.

Havnebad: Juni – Aug. Mo. – Fr. 7.00 – 19.00, Sa./So. 11.00 –19.00 Uhr, Winterbaden: 15. Sept. – 15. Mai 6.00 – 22.00 Uhr, Schlüssel fürs Winterbaden im Kulturhaus, http://kubik.kk.dk/islandsbryggebad
Bryggens Spisehus: www.bryggens.dk

Kreative Szene

Um das Hafenufer zu sanieren, griffen die Bewohner selbst zu Schippe und Schaufel. Das Erbe als Arbeiterviertel, gekoppelt mit Aufbruchsstimmung und Ideen, lockt zunehmend Kreative an. Die Modemacherinnen von »Dart« sind in den Altbaubauten ebenso zu Hause wie die Kunsthandwerker Karin Blach Nielsen, Anette Dreyer und Gurli Elbæk von »Formwerk« oder die Macher von »Retrogade«, die in der Gunløgsgade 7 Vintagemöbel aus den 1950ern verkaufen. Zum »Workshop« in der Thorshavnsgade 22 (www.work shop-cph.dk) schlossen sich 2003 zwölf Künstler, Designer und Architekten zusammen – heute verkaufen 25 Kunsthandwerker, allesamt Frauen, am Kai Tassen und Krüge, selbst entworfene Kleidung, Schmuck, handgefertigte Ledertaschen und Lampen. In der Gunløgsgade 19 eröffnete Kirstine Andersen 2009 ihren Friseursalon »Cabello«, der konsequent grün ist – von der Wandfarbe über die Biohaarpflegeprodukte bis zu Bio-Kaffee für die Kunden (www.cabello.dk).

★ Karen Blixen Museet

Ausflug

Lage: Rungsted Strandvej 111, Rungstedlund
Bahnhof: Regionalzug bis Rungsted Kyst
Buslinie: 388
Mai – Sept. Di. – So. 10.00 – 17.00, Okt. – April Mi. – Fr. 13.00 – 16.00, Sa., So. 11.00 – 16.00 Uhr, Eintritt Erw. 60 DKK, unter 16 Jahren frei
Audioguides gibt es auch auf Deutsch, www.karen-blixen.dk

Im Herrenhaus von Karen Blixen hält ein Museum Leben und Werk der dänischen Erzählerin wach. Als sie ihre berühmten Erinnerungen an Kenia niederschrieb, lebte sie schon lange wieder in Rungstedlund, wo sie 1885 geboren wurde.

Rungstedlund

Als glücklich empfand Karen Dinesen, wie ihr Mädchenname lautete, ihre Jugendjahre nicht. Zwar konnte ihr die vermögende Familie materielle Geborgenheit bieten, doch führten Mutter, Großmutter und Tante ein strenges Regiment, das Karen (Kosename Tania) und ihren vier Geschwistern die sinnlichen Freuden des Lebens untersagte. Verstanden fühlte sich das temperamentvolle, rebellische Mädchen nur von ihrem **Vater Wilhelm Dinesen**. Für die zehnjährige Karen war es ein Schock, als sich ihr Vater 1895 das Leben nahm.

»Ich hatte eine Farm in Afrika ...«

Erst mit 28 Jahren gelang es Karen, der Enge des Elternhauses zu entfliehen. Sie heiratete ihren adligen Halbvetter, den Großwildjäger **Baron Bror Blixen-Finecke,** wanderte mit ihm 1914 in den Teil von Britisch-Ostafrika aus, der später zur Kronkolonie **Kenia** werden sollte, und erwarb dort eine Kaffeeplantage am Fuße der Ngongberge. Die Zweckehe mit dem Baron – Karen wollte seinen Adelstitel, er ihr Vermögen – hielt nicht lange. Von ihrem Ehemann unentwegt betrogen und mit Syphilis angesteckt, reichte sie 1925 die Scheidung ein. Nach der Trennung begann sie ein leidenschaftliches Verhältnis mit dem adligen Großwildjäger **Denys Finch Hatton**. Er phoilosophierte mit ihr über Kunst und Musik, nahm sie mit zur Löwenjagd und in die Lüfte über die unendlichen Weiten Kenias. Finch Hatton war es auch, der Karen zum Schreiben ermunterte. Doch das Glück wärte nicht lange. 1931 musste sie ihre Kaffeefarm wegen Unrentabilität verkaufen. Vier Monate später kam Denys bei einem Flugzeugabsturz ums Leben. Schweren Herzens kehrte Karen Blixen im Juli 1931 zu ihrer Mutter nach Dänemark zurück. Auf Rungstedlund drohten erneut die Fesseln eines bürgerlichen Daseins. Doch »ich versprach dem Teufel meine Seele, und als Gegenleistung versprach er mir, dass alles, was ich erlebte, in Geschichten verwandelt würde.« Ihre unter Pseudonymen wie Tania Blixen, Isaac Dinesen und Pierre Andrézel verfassten Erzählungen, die nicht nur in Afrika, sondern auch im Norden Europas spielen, verhalfen ihr binnen kurzer Zeit zu **Weltruhm**. Zwei Jahre nach dem Erfolg der »Sieben fantastischen Geschichten« erschien 1937 ihr stark autobiografischer Roman »Afrika, dunkel lockende Welt«, der 1985 von Sydney Pollack im oscargekrönten Hollywoodstreifen **»Jenseits von Afrika«** mit Meryl Streep und Robert Redford verfilmt wurde. Ein lukullisches Märchen – und eine Parabel für die Befreiung von Schicksals- und Alltagszwängen – ist die Erzählung »Babettes Fest«, die in der Verfilmung von Gabriel Axer 1987 ebenfalls einen Oscar erhielt. »Es ist ein großes Glück, die Dinge, die einem geschehen, in Geschichten verwandeln zu können, das ist vielleicht das einzig vollkommene Glück.« Am 7. September 1962 starb sie mit 77 Jahren im Giebelzimmer ihres Hauses auf Rungstedlund, ohne Afrika je wieder gesehen zu haben.

Aus der bürgerlichen Enge floh Karen Blixen nach Afrika.

Ihr Haus ist heute **Museum**. Die Räume schmücken Ölbilder und Zeichnungen der zierlichen Literatin. Am Pult ihres Vaters in der Ewald-Stube mit Blick auf den Øresund verfasste die Autorin die meisten ihrer Werke. 1958 vermachte sie das Haus und den 60 ha großen Park, den sie zum Vogelreservat erklärte, der Rungstedlund-Stiftung. Unter den Erinnerungsstücken aus Kenia ist auch das in »Jenseits von Afrika« erwähnte Grammophon, das Finch Hatton ihr schenkte. Beachtung verdienen Karens Porträts von Angehörigen des Kikuyu-Stammes. An der höchsten Stelle im Park liegt die Schriftstellerin unter einer riesigen Buche begraben.

⋆ Københavns Museum

F 9

Lage: Vesterbrogade 59
S-Bahn-Station: København H
Buslinien: 6A, 26
ℹ Tgl. 10.00 – 17.00 Uhr, Eintritt Erw. 40 DKK, unter 18 Jahren frei, Führungen nach Voranmeldung, Tel. 33 21 07 72 Mo., Mi. – Fr. 9.00 – 11.00 Uhr, www.copenhagen.dk

Vom Mittelalter bis zur modernen Metropole: Im Stadtmuseum wird die Geschichte Kopenhagens zur spannenden Zeitreise – verpassen Sie nicht die kuriosen Kellergewölbe!

Stadtmuseum

Im 1787 vollendeten Gebäude der Königlichen Kopenhagener Schießgesellschaft präsentiert das Bymuseum mehr als **800 Jahre Stadtgeschichte** in einem prunkvollen Rahmen – zu den schönsten Räumen gehören Bankettsaal und Gartenzimmer. In den **Kellergewölben** präsentiert sich die dänische Hauptstadt »im Untergrund«, von der Kanalisation und archäologischen Funden bis zu den dunklen Seiten einer Großstadt wie Verbrechen und Prostitution. Jeden Sommer wird ein Keramikmodell des mittelalterlichen Kopenhagen

Københavns Museum – spannender Streifzug durch die Geschichte der dänischen Hauptstadt

im Vorgarten aufgestellt. In der **Absalonsgade** erzählen alte Schilder, Laternen, Telefonhäuschen und Kopfsteinpflaster aus der Zeit von 1850 bis 1940. Seit 2010 wechselt **The Wall**, eine 12 m lange und 2 m hohe interaktive Touch-Screen-Wand des Stadtmuseums, zwischen den großen Plätzen der Hauptstadt und berichtet aus allen Epochen bis zur neuen City Ring Metro.

> **! BAEDEKER TIPP**
>
> *Hören & Sehen*
>
> Das Stadtmuseum bietet sechs **Audiowalks** für den iPod und MP3-Player durch Vesterbro. Junge dänische Autoren und Künstler präsentieren dabei in englischer Sprache Straßen, Gassen, Hinterhöfe und Plätze, Geister und Legenden des In-Viertels.

Kongens Nytorv

H 8

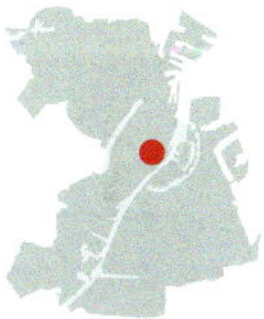

Lage: Ostende des Strøget
Metro-Station: Kongens Nytorv
Buslinien: 15, 19, 26, 1A, 350 S

Viele Prachtbauten gruppieren sich um den mehr als 300 Jahre alten Königlichen Neuen Markt, der bis 2018 wegen Bauarbeiten für den neuen Metro-Cityring eine Großbaustelle ist.

Kopenhagens größter Platz

Am Verkehrsknotenpunkt Kongens Nytorv, unter König Christian V. um 1680 als Kreisel für ein Dutzend Straßen angelegt, endet der Bummel durch die Fußgängerzone des ►Strøget. Hier logiert die internationale Prominenz im schneeweißen **Nobelhotel D'Angleterre** (►S. 120), shoppt im Magasin du Nord oder schlendert zu den Museumsschiffen des ►Nyhavn. Wer Bernstein liebt, kann im **Ravhuset** am Kongens Nytorv 2 das »Gold der Ostsee« erstehen. Die Königliche Akademie der Künste residiert im Haus Nr. 3, 1777 von Caspar Harsdorff streng klassizistisch entworfen. Im **Thotts Palais** an der Nordostecke des Platzes, 1685 – 1686 im Stil des holländischen Palladianismus für Admiral Niels Juel erbaut, residiert seit 1930 die Französische Botschaft.

***Det Kongelige Teater**

Die Südostseite beherrscht das elegante, 1748 gegründete **Königliche Theater**, 1872 – 1874 im Stil der Neurenaissance von Vilhelm Dahlerup und Ove Petersen erbaut. Die Inschrift der Hauptfassade »Ei blot til lyst« (Nicht nur zum Vergnügen) stammt noch von Nicolai Eigtveds 1748 errichtetem Vorgängerbau, die Dekorationen im Zuschauerraum mit 1500 Plätzen führte der Maler C. Hansen aus. Rechts und links vom Eingang grüßen Statuen der Dichter **Ludvig Holberg** (►Berühmte Persönlichkeiten) und **Adam Oehlenschläger** (1779 – 1850). 1931 erweiterte H. Jacobsen das Theater um die Neue

Szene mit 1050 Plätzen, 2005 folgte die ►Oper auf der Insel Holmen, 2008 das neue Schauspielhaus beim ►Nyhavn.

Tickets: August Bournonvilles Passage 1, Mo.–Sa. 12.00–18.00 Uhr, Tel. 33 69 69 69, billet@kglteater.dk, http://kglteater.dk – rechtzeitig reservieren!

Magasin du Nord Das Stammhaus der renommierten Kaufhauskette Magasin du Nord wurde 1893 an der Stelle der 1796 eröffneten Nobelherberge **Hotel du grand Nord** errichtet. Heute finden Shoppingfreunde hier auf vier Etagen alles, was das Herz begehrt.

> **! BAEDEKER TIPP**
>
> *Hviids Vinstue*
>
> Eng, gemütlich und immer proppenvoll: Hviids Vinstue ist seit 1723 angesagter Treff, um sich nach Shopping und Sightseeing mit einem Glas Øl oder hausgemachtem Gløgg zu stärken – der hochprozentige Glühwein mit Mandeln und Rosinen ist Kult (Kongens Nytorv 19 K, tgl. ab 10.00 Uhr, www.hviidsvinstue.dk).

Die Mitte des Kongens Nytorv markiert seit 1855 ein kleiner Garten mit dem **Reiterstandbild Christians V.**, den der französische Bildhauer Abraham-Císar Lamoureux 1687 als römischen Imperator darstellte. Zu seinen Füßen symbolisieren Minerva die Weisheit, Alexander der Große die Tapferkeit, Herkules die Kraft und Artemis die Ehre.

** Kronborg Slot

Ausflug

Lage: Helsingør
Bahnhof: Zug nach Helsingør

Di. – So. 11.00 – 16.00, Juni – Aug. tgl. 10.00 – 17.30 Uhr, Eintritt Erw. 50 – 95 DKK, Kinder 20 – 75 DKK; Museum für Kinder frei
Führungen durch die Kasematten: Di. – Fr. 13.00, Sa., So. 11.00 und 13.00 Uhr, königliche Gemächer: Di. – Fr. 13.30, Sa., So. 11.30 und 13.30 Uhr
www.kronborg.dk, www.kronborgcastle.com
Wer beim Wiener Ball mittanzen möchte, sollte sich rechtzeitig auf die Warteliste für den nächsten Ball setzen lassen – E-Mail: info@wienerbal.dk.

William Shakespeare machte Schloss Kronborg als Schauplatz seines Hamlet-Dramas weltberühmt. Seit 2012 präsentiert sich das UNESCO-Welterbe nach umfangreicher Restaurierung als moderne Ausstellungsstätte, die auch die rauschenden Feste von einst alljährlich wieder aufleben lässt: beim Wiener Ball im großen Rittersaal im Februar.

Hamletschloss Auf Schloss Kronborg lässt Shakespeare seinen Helden **Hamlet** den bedeutungsschweren Satz »To be or not to be« sprechen. Auch das geflügelte Wort »Etwas ist faul im Staate Dänemark!«, das Hamlets

An der schmalsten Stelle des Øresund ließ Erich von Pommern Kronborg Slot erbauen, dem alle Schiffe den Sundzoll entrichten mussten.

Freund Marcellus im ersten Akt ausruft, stammt aus der Tragödie. Bei **Gastspielen** verkörperten Stars wie Gustaf Gründgens, Sir Lawrence Olivier und Kenneth Branagh den Dänenprinzen, dessen Schicksal allsommerlich bei den Open-Air-Festspielen zu sehen ist.

Sundzoll für die Krone

Kaum war der »Krogen« (Haken) um 1420 fertiggestellt, nutzte Erich von Pommern die strategische Lage der Burg für ein einträgliches Geschäft: 1429 führte er den **Øresundzoll** ein – und sorgte so für jahrhundertelangen Wohlstand der Stadt. 400 Jahre kontrollierten Schloss Kronborg und die Festung Kärnan im schwedischen Helsingborg die Einfahrt in den Øresund und die Ostsee. Kein Schiff konnte passieren, ohne Sundzoll an den Dänenkönig zu zahlen – bis 1857. Unter Frederik II. erweiterten die Flamen Hans van Paeschen und Antonius van Opbergen die Burg 1574 – 1585 zu einer prachtvollen vierflügeligen **Renaissanceanlage**. Nach einem Brand 1629, bei dem nur die Kirche verschont blieb, beauftragte Christian IV. (▶Berühmte Persönlichkeiten) Hans van Steenwinckel d. J., das Schloss 1635 – 1640 unverändert wieder aufzubauen. 1785 – 1923 diente

? *Holger Danske*

BAEDEKER WISSEN

Wussten Sie, dass in den Kasematten von Schloss Kronborg Dänemarks Nationalheld schlummert? Erst bei größter Gefahr wird der steinerne Sagenheld Holger Danske wieder erwachen und das Land retten – die wichtigste dänische Widerstandsgruppe im Zweiten Weltkrieg benannte sich nach ihm.

Kronborg als Kaserne. Seit Jahren unterstützt die Ny-Carlsberg-Stiftung seinen Erhalt. Die ehemaligen **Königsgemächer** mit prächtigen Kaminen des 17. Jh.s liegen im Nordflügel. Mit 62 m Länge und 11 m Breite ist der **Rittersaal** der größte und einer der schönsten Renaissanceräume Nordeuropas. Höhepunkt sind die sieben Tapisserien des Flamen Hans Knieper von 1582, die frühe dänische Monarchen zeigen. Die zeitgleich geweihte **Schlosskapelle** im Südflügel besitzt kunstvolle Holzschnitzereien deutscher Meister. Das vergoldete Alabasterrelief der Kreuzigung über dem Altar ist auf 1587 datiert, die Verkleidung des Altarunterbaus lieferten 1982 Kirsten und John Becker. Wer die 145 Stufen der Wendeltreppe im **»Trompeterturm«** hinaufsteigt, wird mit einem herrlichen Blick über den Øresund belohnt. Wie zur Zeit Erik von Pommerns wird seit 2012 auf Kronborg wieder **Bier** gebraut: Indian Pale Ale und Brown Ale nach Original-Rezepten aus der Renaissance.

HELSINGØR

Ertragreiches Nadelöhr

Der blühende Wohlstand zur Zeit des Zolls hat Helsingør bis heute geprägt. Im Stadtzentrum, heute größtenteils eine Fußgängerzone, sind zahlreiche Häuser des 16. – 18. Jh.s sorgfältig restauriert worden. Zum Bier unter freiem Himmel treffen sich die Einheimischen am Axeltorv, zum Shoppen bummeln sie die **Stengade** entlang – Nr. 20 birgt das besterhaltene Fachwerkhaus von Helsingør, Nr. 76 ein Bürgerhaus der Renaissance, das auf gotischen Gewölben ruht. Ganz mittelalterlich gibt sich die Gl. Færgestræde. Aus dem 15. Jh. stammt das **Karmeliterkloster** in der Skt. Anna Gade – besonders schön ist sein Innenhof mit dem Kreuzgang. Am Südteil des Backsteinbaus erhebt sich die turmlose **Marienkirche**, an der Kirchenliedkomponist Dietrich von Buxtehude 1660 – 1668 Organist war. Das von den Mönchen gegründete Krankenhaus, ab 1630 ein städtisches Armenhaus, birgt beute das Stadtmuseum mit einem Modell des ersten Stadtschlosses, einer historischen Apotheke und einer Sammlung von 200 Puppen. Zum Museum gehört der **Skibsklarerergaarden**, die Wohnung eines Reeders in der Strandgade 91, in dem alles so lebendig erhalten ist, als sei der Schiffsmakler gerade erst gegangen. Wenige Schritte weiter erhebt sich der Backsteinbau von **St. Olai**, der um 1200 begonnen, aber erst 1559 vollendet wurde. Im Gotteshaus, seit 1961 ein lutherischer Dom, finden mehrmals im Monat Konzerte statt, bei denen auch die historische Orgel und der ausgezeichnete Knabenchor zu hören sind, der alljährlich auf Tournee geht.

Karmeliterkloster und Marienkirche: Führungen im Sommer tgl. 14.00 Uhr, www.sctmariae.dk

Stadtmuseum: Di. – Fr. 12.00 – 16.00, Sa. 10.00 – 14.00, So. 12.00 bis 16.00 Uhr, Erw. 20 DKK, unter 18 Jahren frei, www.museerne.helsingor.dk

Skibsklarerergaarden: Di. – Fr. 12.00 – 16.00, Sa. 10.00 – 14.00, So. 12.00 – 16.00 Uhr, Erw. 30 DKK, unter 18 Jahren frei

Kulturwerft und Museen

Das einstige Werftgelände gegenüber von Kronborg Slot, auf dem bis zur Schließung 1983 mehr als 100 Jahre Schiffe vom Stapel liefen, wurde in den letzten Jahren zu einem **Kulturzentrum** umgebaut, wo Besucher auch bei schlechtem Wetter den herrlichen Blick aufs Meer, den Hafen und das Hamletschloss genießen können. Auf drei Etagen gibt es eine Bibliothek, Theater- und Konzertsaal, Ausstellungsräume und Werkstätten sowie das 2010 eröffnete **Værftsmuseum** mit einer reichen Sammlung zur Geschichte des Schiffbaus. Im ehemaligen Trockendock hat seit Oktober 2013 das ehemalige Handels- og Søfartsmuseet, zuvor im Schloss beheimatet, als **M/S Museet for Søfart** seinen neuen Standort. Shooting-Star Bjarke Ingels verlegte die zwölf Ausstellungsbereiche in und entlang des 150 m langen Dock 1 – der Rundgang führt als Abwärtsspirale bis unter die Wasserfläche.

Wie beschwerlich das Landleben zu Urgroßmutters Zeiten war, verrät das Bauernhofmuseum **Flynderupgård** am Agnetevej 9. Südwestlich von Helsingør stellt **Danmarks Tekniske Museum** bahnbrechende technische Innovationen vor: Grammofone, Radios, Flugzeuge und Automobile aus dänischer Fabrikation.

Værftsmuseum: Allegade 2, Di. – Fr. 12.00 – 16.00, Sa. 10.00 – 14.00, So. 12.00 – 16.00 Uhr, Eintritt frei

M/S Museet for Søfart: tgl. 11.00 – 16.00 Uhr, Erw. Juni – Aug. 120 DKK, Sept. – Mai 100 DKK, unter 18 Jahren Eintritt frei, http://mfs.dk

Flynderupgård: Di. – So. 12.00 – 16.00 Uhr, Erw. 20 DKK, unter 18 Jahren Eintritt frei

Danmarks Tekniske Museum: Fabriksvej 25, Di – So. 10.00 – 17.00 Uhr, Erw. Mai – Sept. 65 DKK, sonst 50 DKK, Kinder frei, www.tekniskmuseum.dk

Marienlyst Slot

In Sichtweite von Schloss Kronborg wurde 1588 die Sommerresidenz Frederiks II. erbaut. 1759 –1763 wandelte Nicolas Jardin das Lustschloss für Königin Juliane Marie im Stil Ludwigs XVI. um. Um im 19. Jh. englische Romantiker als Gäste anzulocken, wurde gezielt die Legende gestreut, Hamlets Grab befände sich im Schlosspark – und ein Grabstein des legendären Prinzen aufgestellt. Fährt man vom Schloss auf dem Lindevej Richtung Meer, erreicht man den weitläufigen Komplex des luxuriösen Konferenzhotels Marienlyst – seit 1902 heißt es hier im ältesten **Kasino** Dänemarks »rien ne va plus«.

ℹ www.marienlyst.dk

Latinerkvarter

G 8

Lage: Frue Plads
Metro-/S-Bahn-Station: Nørreport
Buslinien: 5A, 6A, 14, 42, 43, 150 S, 173 E, 184, 185

Im Gewirr der Gassen des alten Univiertels rund um Studiestræde, Larsbjørnsstræde und Sanct Peders Stræde lebt Kopenhagen seine subkulturellen Strömungen aus.

Melting Pot der Stile und Geschmäcker

Bis heute prägen Studenten das Straßenbild des Viertels, wenngleich die meisten Abteilungen der Uni längst auf die Insel ►Amager verlegt worden sind. Das Hauptgebäude, bei dem **Peter Malling** Klassik und Neogotik harmonisch vereinte, wurde laut der lateinischen Fassadeninschrift »Fredericus sextus instauravit anno MDCCCXXXVI« 1836 von Frederik VI. eingeweiht. Auf dem **Frue-Platz** erinnern Büsten an Absolventen der Hochschule wie den Physiker Niels Bohr (►Berühmte Persönlichkeiten), der hier 1911 promovierte. Im Sommer werden auf dem Platz Theater und Musik open air aufgeführt.
Im **Lateinerviertel** lässt sich Ausgefallenes entdecken, herrlich in Bücherläden und Boutiquen stöbern, treffen brandheiße Underground-Trends auf Vintage, Gothic und Secondhand. In der Studie-

Die Liebfrauenkirche schmücken Skulpturen von Thorvaldsen.

stræde 18 finden Sie mit Sex Beat Records (►S. 96) einen der besten Plattenläden der Stadt, schräge Street Wear verkauft die Boutique Sneakfreak in der Skt Peders Stræde 43 (www.sneakerfreaker.com), ausgefallene Deko-Ideen gibt es hinter der pinkfarbenen Tür der Butik Nø in der Larsbjørnsstræde 22 (http://butiknoe.com). In der Larsbjørnsstræde, wo einst Huren und Luden nach Freiern Ausschau hielten, treffen sich heute Trendbewusste im Café The Living Room (Nr. 17), das auf Bio und Fair Trade setzt und seine Lounge mit gemütlichen Oma-Sesseln bestückt hat. Ganz und gar ökologisch gibt sich auch Din Nye Ven in der Skt. Peders Stræde 34 (www.dinnyeven.dk) – beim »Neuen Freund« bieten Kunstausstellungen und Konzerte Abwechslung von Tischfußball und traditionellen Brettspielen. Die Masken-Bar in der Studiestræde 33 (www.maskenbar.dk) ist die älteste Homo-Bar der Stadt.

***Vor Frue Kirke**

Kopenhagens »Dom«, 1811 – 1829 in neoklassizistischem Stil von C. F. Hansen erbaut, ist bereits die sechste Kirche an dieser Stelle – ihr Vorgänger war bei der Beschießung der Stadt 1807 abgebrannt. Das Giebeldreieck der Tempelfront zur Nørregade ziert eine »Johannesgruppe« des Bildhauers **Thorvaldsen** (►Berühmte Persönlichkeiten). Unter dem weiß gekalkten Tonnengewölbe des Innern sind weitere Arbeiten Thorvaldsens zu sehen: die große Christusstaue hinter dem Altar, zwölf überlebensgroße Apostelfiguren und das Taufbecken mit kniendem Engel, ein Geschenk des Meisters. Im 60 m hohen Turm der **Liebfrauenkirche** hängt mit der 4 t schweren »Stormklokken« die größte Glocke Dänemarks. 2004 heirateten hier Kronprinz Frederik und Mary Elizabeth Donaldson.

ⓘ tgl. 8.00 – 17.00 Uhr, www.koebenhavnsdomkirke.dk

> **! BAEDEKER TIPP**
>
> *Snegl*
>
> Hefeschnecken mit viel Zimt und noch mehr Butter essen Kopenhagener mit Leidenschaft. Die besten Zimtschnecken gibt es, sagen sie, bei der Skt. Peders Bageri, die sie mittwochs morgens frisch bäckt – aus allen Ecken der Stadt pilgern die Einheimischen dann zur Sankt Peders Stræde 29. Ab 6.00 Uhr früh ist geöffnet!

Die 1450 geweihte **Sankt Petri Kirke** an der Ecke Nørregade und St. Peders Stræde wurde 1585 von König Frederik II. der **deutschen Gemeinde** in der Hauptstadt übertragen. Von 1681 bis 1683 erweiterte Hans van Steenwinckel d. J. das Gotteshaus und versah den Chor mit einem Barockgiebel. 1728 zerstörte der Stadtbrand den Großteil des Inventars, drei Jahre später baute J. C. Krieger die Kirche wieder auf. 1757 fügte Boye Junge den spitzen, 78 m hohen Kirchturm hinzu. Sehenswert sind die **Grabkapellen**, die auch Arbeiten des neoklassizistischen Künstlers Johannes Wiedevelt zeigen.

ⓘ www.sankt-petri.dk

** Louisiana Museum for Moderne Kunst

Ausflug

Lage: Gammel Strandvej 13, Humlebæk
Bus und Bahn: Zug bis Humlebæk, dann Bus 388
ⓘ Di. – Fr. 11.00 – 22.00, Sa., So. 11.00 – 18.00, Führungen n. V., Di. – Fr. 11.00 – 22.00 Uhr, Tel. 49 19 07 91, Eintritt Erw. 95 DKK, unter 18 Jahren frei, www.louisiana.dk

Kunst, Architektur und Landschaft verschmelzen in Louisiana zu einem Gesamtkunstwerk: Calders Mobiles flirten mit der Küste, Moores Bronzen ruhen im Rasen, spindeldürr stehen Giacomettis Skulpturen in einem Raum aus Glas.

Kultstätte für Moderne Kunst

Knapp 35 km nördlich von Kopenhagen thront an der Steilküste eine weiße Villa mit Blick auf den Sund und Südschweden, umgeben von einem Park mit Ausstellungspavillons, Wandelgängen und Wintergärten zwischen uralten Bäumen. Initiator von Louisiana war der Industrielle Knud Jensen, der 1954 zunächst nur an eine Heimstatt skandinavischer Kunst gedacht hatte. Dank großzügiger Schenkungen, v. a. des Ny Carlsbergfonds, entwickelte sich das Museum rasch zu einer internationalen Kollektion, die heute mit über 3000 Werken weltweit zu den **besten Sammlungen der Moderne** gehört. Den

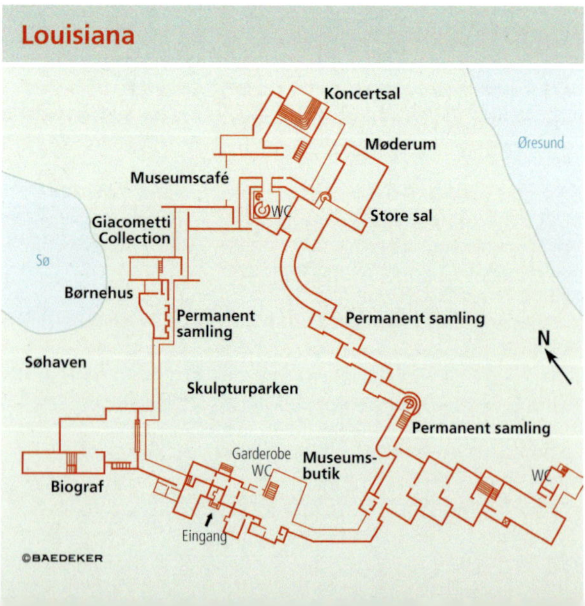

Mobiles von Alexander Calder tanzen in der Brise am Øresund.

Eingang markiert die efeuberankte Sommervilla von Alexander Bun, der drei Frauen zum Traualtar führte, die alle Louise hießen – daher der Name des Museums. Die ständige Sammlung setzte nach dem Zweiten Weltkrieg ein, als dänische Künstler wie Robert Jacobsen und Richard Mortensen nach Paris gingen und dort mit Künstlern wie Josef Albers, Pablo Picasso und Alexander Calder in Kontakt kamen, deren Werke nun in Louisiana zu bewundern sind. Die wegweisende **COBRA**-Gruppe ist mit Gemälden von Asger Jorn, Karel Appel und Pierre Alechinsky vertreten. Kunstströmungen der 1950er-Jahre zeigen die Skulpturen von **Alberto Giacometti** und Germaine Richier sowie die Gemälde von Saura, Sam Francis und Mark Rothko. **Jean Tinguelys** Freiluftskulptur »Skizze des Weltuntergangs« erinnert an die wilden 1960er, die farbenfrohe **Pop Art** jener Jahre wird durch Roy Lichtenstein, Robert Rauschenberg und Andy Warhol präsentiert. Raumgreifend sind die gewaltigen Leinwände von Morris Louis und Frank Stella. Die 1970er- und 1980er-Jahre sind durch **Per Kirkeby**, Richard Serra, Georg Baselitz und Anselm Kiefer vertreten, unter den zeitgenössischen Installationen sind Arbeiten von Bill Viola and Gary Hill, Thomas Demand und Candice Breitz.
Höhepunkte der Skulpturensammlung sind der lichte Giacomettisaal, stereometrische Figuren von Oskar Schlemmer und die Bronzestatuen von **Henry Moore, Max Ernst und Alexander Calder** im wunderschönen Park. Der Schwerpunkt der Grafikausstellung liegt auf den 1990ern mit Arbeiten von Mona Hatoum, Pipilotti Rist und Paul McCarthy. Louisiana veranstaltet jedes Jahr sechs bis acht Sonderausstellungen. Im Børnehus werden Kinder ab sechs an die Kunst herangeführt. Die **Cafeteria** garniert ihre Genüsse mit Meerblick, im **Museumsshop** werden Werkkataloge, Kunstbücher und Formschönes von jungen dänischen Designern verkauft.

** Malmö

Ausflug

Lage: Skåne / Schonen (Schweden)
Einwohnerzahl: 300 500

Die Fertigstellung der Brücke von Kopenhagen über den Øresund nach Malmö bescherte der drittgrößten Stadt Schwedens einen bis heute ungebrochenen Boom, der sich in ambitionierten Bauprojekten wie Västra Hamnen und einer lebendigen Kunst- und Kulturszene ausdrückt.

Stadtgeschichte Malmö wurde schon 1259 erwähnt als Landungsplatz in der seichten Lomma-Bucht, wo Schiffe der Hanse auf Heringsfang gingen. Die Befestigungsanlagen ließ Dänenkönig Erich von Pommern erbauen. Seit dem Frieden von Roskilde 1658 gehört Malmö zu Schweden. Ihren Aufschwung im 18. Jh. hat die Stadt sowohl dem Hafen als auch Kaufmann Franz Suell (1744 – 1817) zu verdanken, dessen Standbild in der Norra Vallgatan steht. Weiteres Wachstum brachte 1856 der Bau der Eisenbahn nach Stockholm. 2005 wurde im ehemaligen Werftgebiet Västra Hamnen der 190 m hohe »**Turning Torso**« fertiggestellt nach Entwürfen von Santiago Calatrava, der den Wohn- und Büroturm vom Erdgeschoss bis zum 54. Stockwerk um 90° verdrehte. Seit Dezember 2010 verbindet der 17 km lange **Citytunnel** den Malmöer Hauptbahnhof mit Triangeln und Hyllie, von wo aus Pendler und andere Reisende in 20 Minuten Kopenhagen erreichen können. Mit der Einweihung des Tunnels wandelte sich der Malmöer Bahnhof vom Kopf- zum Durchgangsbahnhof.

SEHENSWERTES IN MALMÖ

***Altstadt** Die meisten Sehenswürdigkeiten sind gut zu Fuß erreichbar. Sie liegen innerhalb des Ringkanals, der die Altstadt umschließt. Ihr Zentrum bildet der **Stortorget** mit einem 1896 gegossenen Reiterstandbild Karls X. Gustavs, der die Provinz Skåne 1658 mit Schweden vereinigte. An der Ostseite des weiten Stortorget, den stattliche Gebäude aus der Zeit um 1900 umgeben, steht das prachtvolle Renaissance-**Rathaus** von 1546, links über Eck die **Residenz** des Landeshauptmanns. Die Kyrkogata führt zur **St.-Petri-Kirche**, die im 14. Jh. als gotischer Backsteinbau nach dem Vorbild der Lübecker Marienkirche entstand. Das weiß verputzte Innere überspannen schmucklose Gewölbe, die Pfeiler zieren Epitaphe aus der Renaissance. Der Kirchenschatz ruht in einer Panzerglasvitrine im Nebenschiff.
Schönster Platz der Altstadt ist der ***Lilla torg** mit seinen für Schweden ungewöhnlichen, farbigen Fachwerkhäusern aus dem 16. bis

Malmö

han P.
rstiderna i Kockska huset
endel på Sturehof

4 Skeppsbron 2
5 Hipp

Übernachten
1 Mayfair Hotel Tunneln
2 Scandic Kramer
3 Pallas

A Anlegestelle der Kanalrundfahrten Rundan (Mai-Oktober)

Malmö erleben

AUSKUNFT

Malmö Tourism
Börshuset, Skeppsbron 2
SE-211 20 Malmö
Tel. 0046 40 34 12 00
www.malmotown.com

ANREISE: ØRESUND-TICKET UND MALMÖ-KARTE

Vom Kopenhagener Hauptbahnhof zur Malmöer Centralstation brauchen die Züge nur 35 Minuten. Das **Øresund-Rundt-Ticket** beinhaltet zwei Øresund-Überquerungen, ein Mal Brücke, ein Mal Fähre (▶Baedeker Wissen S. 206). Die bei Malmö Tourism erhältliche **Malmö City Kort** für 1, 2 oder 3 Tage gewährt freie Fahrt mit den Stadtbussen, kostenloses Parken und freien Eintritt in die Städtischen Museen, eine Sightseeingtour und Rabatte bei Kanalrundfahrten, Events, in Restaurants und Geschäften (www.malmocity.se, Erw. 100 SEK).

KANALRUNDFAHRTEN

Gegenüber vom Hauptbahnhof startet mehrmals tgl. Strömma mit seinem Ausflugsboot »Rundan« zu einer 50-minütigen Rundfahrt durch die Kanäle und den Schlosspark (www.rundan.se, 125 SEK pro Person).

SHOPPING UND MALMÖFESTIVAL

Wichtigste Einkaufsmeilen sind die Fußgängerzone Södergatan und ihre angrenzenden Straßen. Am Lilla torg findet man im Form Design Center schwedisches Kunsthandwerk, größte Shopping-Mall ist das Hansa-Zentrum an der Stora Nygatan. Di. – Do. und So. 8.00 – 13.00 Uhr gibt es am Fiskehoddorna fangfrischen Fisch, Flohmarktfreunde treffen sich sonntags an der Södra Promenaden. Höhepunkt im Kulturkalender ist das alljährliche Malmöfestival in der dritten Augustwoche mit 900 Stunden kostenloser Unterhaltung, viel Musik und kulinarischen Spezialitäten. Mit 1,5 Mio. Besuchern ist es das größte Festival Südschwedens (www.malmofestivalen.se).

ESSEN

❶ ***Johan P.*** €€€/€€
Saluhallen, Lilla torg / Landbygatan 3
Tel. 0046 40 97 18 18
www.johanp.nu
Das Fischlokal in der Markthalle gehört zu den Top 200 der schwedischen Restaurants. Mittags wird der Fang des Tages für rund 20 € serviert, abends kosten Hauptgerichte ab 30 €.

❷ ***Årstiderna i Kockska huset*** €€€
Frans Suellsgatan 3
Tel. 0046 40 23 09 10
www.arstiderna.se
Im Backsteinkeller aus dem 16. Jh. servieren Marie und Wilhelm Pieplow schwedische Hausmannskost stilvoll als Gabelhappen für Gourmets.

❸ ***Vendel på Sturehof*** €€€
Adelgatan 13, Tel. 0046 40 12 12 53,
www.vendelrestauranger.se/sture
Anders Vendel gehört zu den besten Köchen Schwedens. Im Sturehof verarbeitet er ausschließlich Bioprodukte aus Skåne, das Brot stammt aus der hauseigenen Biobäckerei.

❹ ***Skeppsbron 2*** €€
Børshuset, Skeppsbron 2
Tel. 0046 40 30 62 02

Mitten im Zentrum von Malmö gelegen: das Scandic Kramer

www.skeppsbron2.com
Tapas, Mittagsbuffet oder Menüs mit Blick aufs Wasser – es werden auch Kochabende veranstaltet.

5 ***Hipp***
►Baedeker Tipp, S. 205

ÜBERNACHTEN

1 ***Mayfair Hotel Tunneln*** €€€
Adelgatan 4S-21,S-20 122 Malmö
Tel. 0046 40 10 16 20
www.mayfairtunneln.com
Als das im 13. Jh. begonnene Gebäude noch Wohnsitz des Gouverneurs von Malmö war, logierten in der Nobelherberge dänische und schwedische Könige. Das Frühstück wird im Red Café im Gewölbekeller serviert, wo schon George Harrison und Paul McCartney saßen.

2 ***Scandic Kramer*** €€/€€€
Stortorget 7, S-20 121 Malmö
Tel. 0046 40 693 54 00
www.scandic-hotels.com
Der liebevoll restaurierte Bau aus dem 19. Jh. bietet im Herzen der Altstadt großzügige Zimmer und perfekten Service. Im Kramer Gastronomi & Bar kann man zwischen mediterranem 3-Gänge-Menü und schwedischen »Klassikern« wählen.

3 ***Pallas*** €/€€
Norra Vallgatan 74
S-20 121 Malmö
Tel. 0046 40 611 50 77
http://home.swipnet.se/Hotell_Pallas
Zentrales, einfaches Hotel mit 19 Zimmern. Toilette und Dusche auf dem Flur, dafür aber sehr günstig.

18. Jh. – sie sind ein dänisches Erbe und machen den »Kleinen Platz« geradezu heimelig. Im Sommer wird in zahlreichen Straßenlokalen geschlemmt, gelacht und geflirtet, im Winter werden zu Pop und Rock Pirouetten auf dem Eis gedreht. Ein Torweg führt zum Speicher des Hedmanska Gården – hier präsentiert und verkauft seit 1964 das **Form Design Center** skandinavisches Design von 50 Firmen, Klassiker von Georg Jensen, Marimekko, Kosta Boda und Orrefors, aber auch Werke junge Designer. Zu den schönsten **alten Bürgerhäusern** Malmös gehören das Flensburgska Hus von 1589 in der Södergatan 9 und das Jörgen Kocks Hus von 1525 sowie das Rosenvingeska Hus von 1534 in der Västergatan 2 und 5. Das Tunnelns Hus in der Adelgatan 4 ist auf 1519 datiert, das Diedenska Hus in der Östergatan 6 auf 1620, das Thottska Hus zwei Häuser weiter auf 1558.

Form Design Center: Di. – Fr. 11.00 – 17.00, Do. bis 18.00, Sa.. bis 16.00, So. 12.00 – 16.00 Uhr, Eintritt frei, www.formdesigncenter.com

Möllevangen

Immigranten aus dem Mittleren Osten haben das einstige Arbeiterviertel in ein buntes Quartier verwandelt, das Szenegänger begeistert. Falafel-Buden, Thai-Restaurants und Asien-Shops konkurrieren mit cool gestylten Bars und Boutiquen. Nachts wird in der einstigen **Schokoladenfabrik Mazetti** abgehottet, heute der angesagteste Nachtclub der Stadt (www.chokladfabrik.se). Feinschmecker zieht es zu **Möllans Ost** (www.mollansost.com) am Möllevångstorget, wo zwischen Parmaschinken und Ziegenkäse ein ganz besonderer Käse ruht, gereift im Kümmelschnaps der Hafenstadt: Malmö Akvavit Ost. Kinder lieben den **Folketspark**, der nach Vorbild des Tivoli entstand.

Beliebter Treffpunkt in der Altstadt von Malmö ist der Lilla torg.

***Malmöhus, *Tekniska o Sjöfardsmuseet**

Ein Wassergraben umgibt **Schloss Malmöhus**. Die vierflügelige Festungsanlage mit gedrungenen Ecktürmen wurde 1537 – 1542 erbaut und nach einem Brand 1870 erneuert. Im Erdgeschoss lockt das **Naturmuseet** mit Tropikarium, Aquarium und Nachttierhaus. Darüber präsentiert das **Kunstmuseet** skandinavische Kunst des 20. Jh.s. Im **Stadsmuseet** kann man neben Modellen der Stadt auch mittelalterliche Gebrauchskeramik, königliche Gemächer und den **Rittersaal** bestaunen. Vorbei am **Kommandanthuset**, das Wechselausstellungen zeigt, und den falunroten **Fiskehoddorna**, in denen Fischer Lachs und Makrelen frisch aus dem Rauch verkaufen, geht es zum **Technik- und Seefahrtsmuseum**, das interaktiv Flugtechnik, Schienen- und Straßenverkehr, Lebensmitteltechnologie und Kernkraft dokumentiert – besichtigen Sie auch das U-Boot. Vor dem Gebäude hält die über 100 Jahre alte **Museumsstraßenbahn**, die von Mai bis Sept. Sa. und So. in 15 Minuten durch den **Schlosspark** vorbei an Malmöhus zur Stadtbibliothek rattert. Zeitgenössische Arbeiten schwedischer Künstler zeigt die **Konsthall**.

Malmöhus, Tekniska o Sjöfardsmuseet, Konsthall: gemeinsame Eintrittskarte Erw. 40 SEK, 7 – 19 Jahre Eintritt frei, alle tgl. 10.00 – 17.00 Uhr
www.malmo.se/museer

! BAEDEKER TIPP

Hipp

Im ehemaligen Hippodrom von Malmö verwöhnt von Montag bis Freitag ein preisgekröntes Gourmetrestaurant die Sinne. Am Wochenende tanzen hier 20 – 30-Jährige zum Sound der Saison (Hipp, Kalendegatan 12, Tel. 00 46 40/97 40 30, Mo. – Fr. Mittagsmahl €€, Afterwork Fr. ab 16.00 Uhr, Schlagerklub Sa. Mitternacht bis 4.00 Uhr früh, www.hipp.se).

****Moderna Museet Malmö**

Seit seiner Eröffnung 2009 ist es ein Publikumsmagnet: die 900 m^2 große Malmöer Dependance des Stockholmer Museums für Moderne Kunst. Wo früher ein E-Werk Strom produzierte, dann das Rooseum Kunst zeigte, fügte das Architekturbüro Tham & Videgård Hansson dem Backsteinbau einen futuristischen Anbau in Form eines orangefarbenen Kubus an und schuf ein Museum, das bereits architektonisch beeindruckt. Drinnen werden gleichzeitig bis zu drei stets sehenswerte Sonderausstellungen veranstaltet.

● Di. – So. 11.00 – 18.00 Uhr, Erw. 50 SEK, unter 18 Jahren frei
www.modernamuseet.se

Ribersborg

Malmös »Copacabana« heißt Ribersborg, 2 km lang säumt **feinster Sandstrand** die seichte Badebucht. Im »Kallbadhus« von 1898 können Abgehärtete ganzjährig im Salzwasser baden, in der holzbefeuerten Sauna schwitzen und im Café den Sundblick genießen.

● Mo. – Fr. 8.30 – 19.00, Sa., So. 8.30 – 16.00 Uhr
www.ribersborgskallbadhus.se

Entdeckertour am Øresund

Mit dem Øresund-Rundt-Bahnticket lässt sich zwei Tage lang die dänisch-schwedische Øresundregion entdecken – mit Sightseeing und Shopping, Kunst und Kultur, Ausflügen in die Natur oder Badefreuden entlang der Küste.

Von Hamlets Schloss ▸Kronborg in Helsingør im Norden bis zu den Zwillingsstädten Skanör und Falsterbo erstreckt sich das blaue Band des Øresund. Hier sind sich Dänemark und Schweden ganz nah, wurde jahrhundertelang gemeinsame Geschichte geschrieben. Heute erschließt ein Bahnbillet dem Urlauber die Ferienlandschaft von Seeland und Schonen. Das **48-Stunden-Ticket »Øresund Rundt«** gewährt nicht nur freie Fahrt mit den Zügen der Dänischen Staatsbahnen (DSB), den Øresundstågen, Pågatågen, Kustpilen und den Fähren von Scandlines und Sundsbussarna, sondern auch Vergünstigungen bei Attraktionen und Übernachtungen. Einzige Bedingung: Der Øresund muss bei einer Fahrt über die Øresundbrücke, bei der anderen Fahrt auf der Fähre Helsingborg – Helsingør überquert werden (Erw. 249 SEK, 6-16 Jahre 124 SEK, www.malmotown.com).

Kopenhagen gen Norden

In **Hellerup** fällt die erste Entscheidung: durch's Hinterland nach Hillerød, wo die dänischen Könige 200 Jahre lang auf **Schloss ▸Frederiksborg** residierten, Nordeuropas schönster und größter Renaissanceanlage – oder die Küste entlang, wo jede Station an der 45-km-Strecke einen Stopp lohnt? In **Klampenborg** bringen Pferdekutschen Ausflügler in den Hirschpark Dyrehaven, in **Rungsted** lohnt das Anwesen von der Erfolgsautorin ▸Karen Blixen, in **Humlebæk** zeigt das ▸Louisiana Museum for Moderne Kunst Giacometti, Calder und Co. Nach 40 Minuten erreicht der Nahverkehrszug **Helsingør**. Für die Bahn ist hier Endstation; eine Rolltreppe führt vom Gleis zum Fährterminal, wo alle 20 Minuten Schiffe nach **Helsingborg** ablegen. Die Hafenstadt gilt als konservative Hochburg Schwedens und lebt seit Jahrhunderten vom florierenden Handel, geführt von Familien wie Sommelius, Bank, Trapp – und Dunker. Über eine Stiftung finanzierten sie Bau und Betrieb des Dunker Kulturhuset nach Plänen von Kim Utzon. Das Øresund-Ticket gilt auch auf dem Stadtbus zum Freilichtmuseum Frederiksdal mit Herrenhaus von 1787, bewirtschafteter Hofstelle und Altstadthäusern aus Schonen.

Von Nord nach Süd durch Schonen

Nördlichstes Ziel beim »Øresund Rundt« ist der Badeort **Båstad** auf der Bjäre-Halbinsel mit 20 km Sandstrand und ATP-Court – eine Hall of Fame erinnert an die schwedischen Tennisstars seit 1880. Bei »Vävaren i Båstad« kann man Leinenwebern bei der Arbeit zuschauen und hochwertige Tischtücher und Bettwäsche einkaufen. Gen

Schlemmen am Øresund: Wie wär's mit fangfrischem Hummer?

Osten lockt **Klippan**, Namensgeber für das meistverkaufte IKEA-Sofa und Ferienort an der Hügelkette Söderåsen, deren Laubwald Schwedens 27. Nationalpark schützt. Die leuchtend rote Festung von **Landskrona** mit Wehrtürmen und Wassergraben wurde im damals noch dänischen Skåne gegen die Schweden erbaut. Vom Hafen schippert im Sommer die Fähre in 25 Minuten zur Insel Ven mit dem unterirdischen Observatorium von ▸Tycho Brahe.

In **Lund** füllt sich der Zug. 30 000 Studenten sind an der größten Universität des Landes immatrikuliert und sorgen für Leben in den Gassen rund um den romanischen Dom, 1080 vom Dänenkönig Knut dem Heiligen gegründet. Ein Muss ist »Kulturen« am Tegnérplatz mit kulturhistorischen Sammlungen und dem 1892 eröffneten, zweitältesten Freilichtmuseum der Welt. Bis in die Steinzeit führt die Fahrt nach **Höör**, wo das Stenåldersbyn einlädt, das Leben vor 7000 Jahren hautnah zu erfahren: beim Bogenschießen, Brotbacken, Bänderflechten – oder übernachten in der Höhle. Im Skånes Djurpark leben 800 Tiere aus 90 nordischen Arten. Nordöstlicher Endpunkt des Øresund-Tickets ist **Hässleholm**, wo im 17. Jh. dänische Freischärler, die »Snapphanar«, Krieg gegen Schweden führten.

Mit Shopping in **Malmö** und Rückfahrt über die **Øresundbrücke** könnte die Reise enden – gäbe es nicht die Stichstrecke in den Südosten Schonens, der Landschaft der Literaten und Künstler. Bestseller-Autor Henning Mankell machte das idyllische **Ystad** mit seinen 40 km langen Sandstränden berühmt – bei der Toristeninformation gegenüber vom Bahnhof am St. Knuts Torg kann man sich mit Broschüren über die wichtigsten Schauplätze der Kurt-Wallander-Krimis eindecken. Mehr als 100 Maler und Bildhauer haben sich in **Simrishamn** niedergelassen, das zu Ostern mit der »Konstveckan« lockt, Schwedens größter Kunstausstellung.

* Marmorkirken · Frederikskirken

H 8

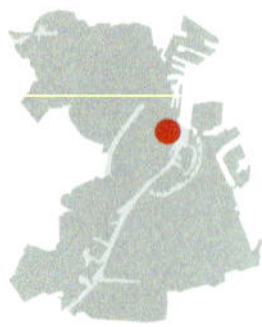

Lage: Frederiksgade 4
Metro-Station: Kongens Nytorv
Buslinien: 15, 19, 26, 1A
❶ Mo. – Do. 10.00 – 17.00, Mi. bis 18.30, Fr. – So. 12.00 – 17.00 Uhr, Eintritt frei. Turmbesteigung Sa./So. 13.00 – 15.00 Uhr, Erw. 25 DKK, Kinder 10 DKK
www.marmorkirken.dk

Ein Mammutprojekt mit Tücken war der Bau der Marmorkirche: Erst starb der Architekt, dann gingen die Staatsfinanzen aus – und erst nach 140 Jahren konnte der Sakralbau aus Sandstein statt aus Marmor vollendet werden.

Marmorkirche

Der offiziell »Friedrichskirche«, von den Kopenhagenern aber nur »Marmorkirche« genannte Sakralbau wurde 1740 als **Zentralkirche für Frederiksstad** von Nicolai Eigtved entworfen, der während der Bauarbeiten 1754 verstarb. 1749 legte König Frederik V. den Grundstein, aber 1770 ging der Krone das Geld aus, woraufhin Graf von Struensee (▶Berühmte Persönlichkeiten) den Bau stoppte. 1894 kaufte der Großindustrielle C. F. Tietgen die Baustelle und vollendete die Kirche – nicht aus Marmor, sondern aus dänischem Sandstein. Als »Dach« schuf Ferdinand Meldahl eine 46 m hohe **Kirchenkuppel** im

Statt in Marmor »nur« in Sandstein vollendet: die Marmorkirken

Stil des römischen Barock, mit 33 m Durchmesser eine der größten in Europa. Im Inneren der Rotunde befinden sich zwölf Marmorpfeiler und Fresken in Blau, Gold und Grün. Beachtung verdienen ein deutsches Eichenrelief der Kreuzabnahme in der Frontkapelle, das Marmortaufbecken von Joakom Skovgård, Grundtvigs siebenarmiger Goldleuchter und ein Relief von Niels Skovgård, das an C. F. Tietgen und seine Frau erinnert. **Statuen prominenter Dänen** rahmen die Kirche, darunter der hl. Ansgar, Dänemarks Schutzpatron, der Reformator Martin Luther, Søren Kierkegaard und der Pfarrer Nicolai Severin Grundtvig (beide ►Berühmte Persönlichkeiten). Auf dem Dachvorsprung thronen zwölf Skulpturen berühmter Vertreter der Kirchengeschichte.

Alexander Newski Kirke

Drei vergoldete Zwiebelkuppeln krönen die benachbarte Kirche der russisch-orthodoxen Gemeinde, die 1881 – 1883 mit einem Baukostenzuschuss von **Zar Alexander III.** errichtet wurde. Schutzpatron ist ein Nationalheld: 1240 besiegte der Nowgoroder **Fürst Alexander Newski** die Schweden an der Neva, 1242 auf dem Eis des Peipussees den Deutschen Orden. Den Entwurf des 1883 geweihten Sakralbaus lieferte David Ivanowitsch Grimm von der St. Petersburger Kunstakademie, die Ausführung übernahm Albert Nielsen. Die Kirche spiegelt den Moskauer Architekturstil des 17. Jh.s wider: Die Fassade entstand aus rotem und grauem Backstein, der ornamentale Schmuck aus Sandstein. Eine Marmortreppe führt im Innern hinauf zum Kirchenraum mit einer kunstvollen Ikonostase im »romantischen Stil«. Die Decke zieren russische und byzantinische Malereien. Beachtung verdient das symbolträchtige Farbenspiel in P. Bogoljoboffs Darstellung »Christus schreitet über den See Genezareth«.

** Nationalmuseet

G / H 9

Lage: Ny Vestergade 10
S-Bahn-Station: København H
Buslinien: 1A, 2A, 6A, 12, 15, 26, 29, 33, 650 S, 901, 902

Di. – So. 10.00 – 17.00, Kindermuseum Sa., So. bis 16.30 Uhr, Eintritt frei
Führungen: Juni – Sept. Di., Do., Sa. 11.00 Uhr, Erw. 30 DKK, unter 18 Jahren frei, http://natmus.dk

Ein Tag ist nicht genug, um alle Schätze des Nationalmuseums zu entdecken, das nicht nur die dänische Kulturgeschichte von der Eiszeit bis heute präsentiert, sondern auch Funde der Antike, Exponate aus Grönland, Afrika, Südamerika und Polynesien sowie die königliche Münzsammlung.

Größtes kulturhistorisches Museum Dänemarks

Kern des riesigen, 1807 eröffneten Museums am Frederiksholms Kanal ist das **Kronprinzenpalais**, das Nicolai Eigtved 1743 bis 1744 im Rokokostil erbaute. Später kamen die Flügel an der Stormgade, der Ny Vestergade und der Vester Voldgade sowie mehrere Außenstellen hinzu. Beim Anbau 1989 – 1992 wurden sämtliche Sammlungen neu gestaltet, 2001 kamen »Geschichten aus Dänemark« hinzu, seit 2008 erstrahlt die Ausstellung »Dänemarks Vorzeit« in neuem Glanz.

Mit Gold belegt: die Scheibe des Sonnenwagens von Trundholm

Aus **»Danmarks Oldtid«** stammt das 7500 Jahre alte Skelett eines Auerochsen aus Vig. Einen zentralen Platz haben Highlights wie der Gold- und Silberschatz der **Wikinger**, die berühmten Runensteine und der mehr als 3400 Jahre alte **Sonnenwagen von Trundholm** – er zeigt die Sonne, die von einem göttlichen Pferd gezogen wird, auf ihrer ewigen Reise. Ein Muss sind auch die bronzezeitlichen **Lurenhörner** – die ältesten noch spielbaren Blasinstrumente der Welt –, die auf 400 v. Chr. datierten Goldhörner und das **Egtved-Mädchen**, ein Teenager, der an einem Sommertag 1370 v. Chr. in einem Eichensarg beigesetzt wurde. Zwei römische Silberbecher mit Szenen der Ilias stammen aus einem Häuptlingsgrab auf Lolland.

Die zweite Abteilung stellt Dänemark **vom Mittelalter bis zur Renaissance** (1050 – 1660) vor, d.h. vom Ende der Wikingerzeit bis zur Einführung der absolutistischen Monarchie. Zu sehen sind mittelalterliche Altäre wie der Goldaltar von Lisbjerg, romanisches und gotisches Kircheninventar, Kirchensilber der Renaissance, Handwerksgerät und Möbel sowie sieben Gobelins, die um 1582 für den Rittersaal auf ►Kronborg Slot entworfen wurden.

Zur Epoche der Neuzeit gehören eine **Ålborger Bürgerstube** aus der Mitte des 17. Jh.s, Rokokozimmer sowie Räume, die für das Prinzenpalais geschaffen wurden. Die Ausstellung »**Geschichten Dänemarks**« erzählt, wie Menschen aller Schichten von 1660 bis zur Jahrtausendwende lebten, liebten und arbeiteten, darunter eine Vierzimmerwohnung von 1773 aus der Adelgade, die Fahne der dänischen Frauengesellschaft, die 1911 das Wahlrecht für die Frauen erkämpfte und farbenfrohe Wohnzimmermöbel aus den 1960ern.

Ägyptische Mumien, assyrische Reliefs und Teile vom Parthenonfries in Athen – die **Antikensammlung** ist wie eine Reise rund ums Mittelmeer mit Exponaten des klassischen Altertums aus Griechenland, Italien und dem Nahen Osten. Die Königliche **Münz- und Medaillensammlung** konzentriert sich vor allem auf Arbeiten aus Nordeuropa. Rund um den Globus führt die ethnografische Ausstel-

lung nach Indien und Afrika, Australien und China, Nordamerika und Grönland, dessen **Inuitsammlung** einzigartig ist.
Kostüme aus Großmutters Zeiten anziehen oder lieber wie eine moderne Prinzessin in Pink rumlaufen? Im **Børnenes Museum** dürfen kleine Besucher alles anfassen und ausprobieren, eine dänische Schulklasse der Jahrhundertwende oder der 1950er-Jahre erleben, eine mittelalterliche Burg erklimmen, Wikingerschiffe steuern oder den Tuaregs in die Sahara folgen.

Klunkehjemmet

Das benachbarte 1851 – 1852 erbaute **viktorianische Haus** zeigt eine hochherrschaftliche Wohnung des betuchten dänischen Geschäftsmanns Rudolph Christensen aus der Zeit um 1890. Seine Töchter Gerda and Ellen Christensen vermachten sie dem Nationalmuseum.
ⓘ Besichtigung nur als Führung, Juni – Sept. Sa. 14.00 Uhr (engl.)
Eintritt Erw. 50 DKK, unter 18 Jahren frei

Marmorbroen

Über den Frederikskanal hin zur Insel Slotsholmen führt ein Meisterwerk des Hofbaumeisters Nicolai Eigtved: die Neue Brücke, Haupt- oder Schlossbrücke, die wegen des Marmorpflasters der Gehsteige jedoch bald den Namen »**Marmorbrücke**« erhielt. 1739 erteilte Christian VI. den Auftrag für den Bau der Brücke, deren flache Bögen eine fast waagerechte Fahrbahn ergaben. 1745 wurden die Bildhauerarbeiten vollendet. Die Mittelpfeiler tragen klassizistische Porträtmedaillons mit Rokokoschmuck, den mittleren Bogen ziert das Haupt der Medusa. Mit der Ausführung wurde **Louis-Augustin**

Auf 1680 datiert: die prunkvolle Ålborger Bürgerstube

le Clerc betraut. In seiner Werkstatt entstanden aus sächsischem Sandstein die symbolträchtigen Porträts, die, von Schilf, Rocaillen und zwei Schaum speienden Seeungeheuern eingerahmt, eine Huldigung an das Meer sind – ob es sich um die antiken Gottheiten Poseidon, Amphitrite, Okeanos und Tethys handelt, ist umstritten.

Nørreport

G 8

Lage: Nordwestlich vom Zentrum
Metro- / S-Bahn-Station: Nørreport
Buslinien: 5A, 6A, 14, 42, 43, 150 S, 173, 185, 350 S

Nørreport hat sich in den letzten Jahren zu einer der interessantesten Ecken der Innenstadt entwickelt. Der alte Discounter Daells Varehus birgt heute das hippe First Hotel Sankt Petri, einstige Ladenwerkstätten wandelten sich zu angesagten Boutiquen und Bars, und spätestens seit der Eröffnung der Torvehallerne ist Nørreport das neue Trendviertel der City.

Reichlich Betrieb!

Hinkommen ist einfach: Der Tunnelbahnhof von Nørreport ist der meistfrequentierte Bahnhof Dänemarks. 300 000 Reisende nutzen täglich den Verkehrsknotenpunkt der Metro, S-Bahn, Regional- und Fernbahn. Durch den Bau des Cityringes bei laufendem Betrieb des Bahnhofs kann es bis 2018 zu Behinderungen kommen.

***Torvehallerne**

Kaum weniger Gedränge herrscht von früh bis spät wenige Schritte entfernt am Israels Plads. Im September 2012 eröffnete dort Kopenhagens »Speisekammer«, wie sie sich selbst versteht: die Torvehaller, **Food-Court** und **Markthalle** am Standort des in den 1960ern geschlossenen Wochenmarktes von Kopenhagen. Den Entwurf aus Glas und Stahl lieferten Iselin C. Hermann und Hans Peter Hagens. Ihr Konzept: Auf dem kopfsteingepflasterten Platz gibt es saisonale Waren – Äpfel im Sommer und Tannenbäume im Winter –, in den beiden Hallen die besten landwirtschaftlichen Erzeugnisse Dänemarks. Die 60 Stände wurden vorrangig an kleine Bioproduzenten vermietet. Kulinarische Highlights: der Hodde Kristian-Hartkäse von der Molkerei Kristiansminde – 2012 als einer der besten Biokäse Europas ausgezeichnet –, das Siedesalz aus dem jütländischen Mariager und der seeländische Dessertwein von Ørnberg.

❶ An der Markthalle starten täglich Di. – Sa. 10.00 Uhr die **Copenhagen Food Tours** unter dem Motto »A Taste of Denmark«. Beim 4-km-Spaziergang werden auch die 120 Jahre alte Bonbonmanufaktur Sømods Bolcher, der Bio-Hotdog-Stand DØP und das Nørrebro Bryghus besucht. Pro Person 600 DKK, Reservierung unter www.CphFoodTours.dk.

Bummel durch die Nansensgade

In den kleinen Läden und Lokalen der Nansensgade setzen **junge Designer** und Restaurateure neue Konzepte um, führen Altbewährtes fort oder wagen völlig Ausgefallenes. Zu ihnen gehört Piet Breiholm von »The Last Bag« (Nr. 48, www.pietbreinholm.dk). Als er mit seiner Band in den USA tourte, wurde seine abgetragene, dänische Lederschultasche so bewundert, dass er sie heute in Serie und vielen Farben fertigen lässt – und längst auch Schlüsselanhänger und MacBook-Hüllen in seine erfolgreiche Kollektion aufgenommen hat. Krestine Kjaerholm ist die Tochter des berühmten dänischen Designers Poul Kjaerholm– und arbeitet in einem Hinterhof in der Nansensgade als Textilkünstlerin. Jesse Hensen ist das Gesicht hinter dem Bücherantiquariat in Haus Nr. 70 (http://bogantikvar.dk). Tim Meicker, der sein Handwerk bei Munthe plus Simonsen und Bruuns Bazaar perfektionierte, hat in Nr. 53 einen Flagship Store »Copenhagen Kasbash«. Auf der Bank vor der Tür von **Amalie's Kaffeebar** (Nr. 35) kann man Kaffee schlürfend dem Treiben auf der Straße zuschauen. La Fiorita, **Mamma Che Gelato** (Nr. 62) ist eine der besten Eisdielen der Stadt. Abends lockt die charmante **Bibendum** Weinbar (Nr. 45, http://bibendum.dk) mit guten Tropfen aus Südeuropa, den USA und Australien.

! BAEDEKER TIPP

Nachhaltig trendy

Auch das Goethe-Institut schickt Gäste gerne in das 2011 mit dem Umweltpreis des Nordischen Rates ausgezeichnete **Ibsens Hotel** an der Vendersgade 23. Zum Konzept gehört neben Energiesparen, Biokost und Fairtrade auch das Bekenntnis zum Lokalen. Und so ist das Boutiquehotel ein bunter Mix aus Vintage-Möbeln und Arbeiten junger Designer und Handwerker des Viertels (€€, DK-1363 Kopenhagen, Tel. 33 95 77, www.ibsenshotel.dk).

Arbejdermuseet

Wo einst Rosa Luxemburg getagt hat, erzählt heute ein Museum von den Anfängen der Industrialisierung bis zu den Folgen der Globalisierung für die dänische Arbeiterschaft. Die vier Dauerausstellungen befinden sich im 1879 erbauten Versammlungshaus der Arbeiter, in dessen Sitzungssaal sich Sozialisten aus aller Welt trafen, und in der Zweizimmerwohnung ohne WC, in der Peter Sørensen 1915 mit seiner Frau und acht Kindern lebte. Besuchen Sie auch die Arbeiterbierstube **Café & Ølhalle 1892**! In der einzigen Bierstube Kopenhagens, die unter Denkmalschutz steht, werden klassische Gerichte und das »Stjerne Pilsner« in Flaschen mit Originaletiketten von 1947 serviert.

❶ Rømersgade 22, tgl. 10.00 – 16.00 Uhr, Eintritt Erw 65 DKK, unter 18 Jahren frei, www.arbejdermuseet.dk

***Botanisk Have**

Im 2009 – 2012 renovierten, 10 ha großen **Botanischen Garten** sind alle wild blühenden Pflanzen Dänemarks einschließlich Grönlands und der Färöer-Inseln vertreten. Der Botanische Garten, der zur Universität gehört, wurde 1871 – 1874 nach Plänen des Landschaftsgärtners H. A. Flindt mit Sumpf-, Heide- und Dünenbiotopen angelegt. See und Steingarten sind Teil des früheren Festungsgrabens. Im Alpengarten gedeihen Gebirgspflanzen aus aller Welt, im **Palmenhaus** (sub-)tropische Pflanzen, Kakteen und andere Sukkulenten – Vorbild für die Glas-Gusseisen-Konstruktion nach Plänen von J. C. Jacobsen und Tyge Rothe war 1874 vermutlich das Londoner Palmenhaus von Kew Gardens. Bedrohten Arten ist ein neues Gewächshaus gewidmet, das Mi., Sa. und So. von 13.00 – 15.00 Uhr geöffnet ist. Im Zuge der 17-Mio.-Kronen-Sanierung durch eine Spende der Mc-Kinney-Møller-Stiftung erhielt der Garten nicht nur neue Spaliere, Pergolen und Wege, einen neuen Brombeergarten und 10 000 m^2 mehr Land, sondern auch einen neuen Aussichtspunkt auf dem höchsten Hügel der Innenstadt: **Observatoriehøjen**.

ⓘ Mai – Sept. tgl. 8.30 – 18.00, Okt. – April Di. – So. 8.30 – 16.00, Eintritt frei
http://botanik.snm.ku.dk

★★ Ny Carlsberg Glyptotek

G 9

Lage: Dantes Plads 7
S-Bahn-Station: København H
Buslinien: 1A, 2A, 15, 33, 65 E
ⓘ Di. – So. 11.00 – 17.00 Uhr, Eintritt Erw. 75 DKK
So. Eintritt frei, Mai – Aug. kostenlose Führungen auf Englisch So. 13.00 Uhr
www.glyptoteket.com

Die Ny Carlsberg Glyptotek birgt zwei Sammlungen der Superlative: die bedeutendste Kollektion antiker Skulpturen in Nordeuropa sowie weltberühmte Werke französischer Meister von David bis Bonnard.

Von der Antike bis zur Moderne

Initiatoren waren Carl Jacobsen aus der Bierbrauerdynastie ▶Carlsberg und seine Frau Ottilia, die 1888 beschlossen, ihre Kunstschätze der Öffentlichkeit zugänglich zu machen. Nach Entwürfen von Vilhelm Dahlerup wurde bis 1897 der älteste Trakt errichtet, 1906 schuf Hack Kampmann einen Erweiterungsbau und 1996 realisierte Stararchitekt **Henning Larsen** einen Flügel für die Impressionisten. Zum 100. Geburtstag von Wintergarten und Antikensammlung finanzierte die Carlsberg-Stiftung den 2006 vollendeten **Umbau** des Museums, dessen Sammlungen jetzt nicht nur besser präsentiert und barrierefrei zugänglich sind, sondern auch erweitert wurden – mit der ständigen Schau »Antikes Mittelmeer«. Bindeglied zwischen den Museumstrakten und Kleinod für eine Kunstpause ist der mediterrane **Wintergarten** mit dem **Café Glyptoteket** und der anmutigen Brunnengruppe »**Wassermutter**« des Dänen Kai Nielsen.

Aus dem 1. Jh. v. Chr. stammt die römische Büste von Pompejus d. Gr., der seine Haarlocke genau wie Alexander d. Gr. zu tragen pflegte.

Antikensammlung

Die **Ägyptische Abteilung** mit Exponaten von 3000 v. Chr. bis 400 n. Chr. konzentriert sich auf die Kunst aus Gräbern und Tempeln. Besondere Erwähnung verdienen der auf 1842 – 1795 v. Chr. datierte **schwarze Kopf** von Pharaoh Amen-em-hat III., die Doppelstatue von Ptah and König Ramses II. aus dem 13. Jh. v. Chr. und eine Mumie von Sesekh-Nofru aus der Zeit um 1050 v. Chr.

Die Glyptotek besitzt außerhalb Syriens eine der größten Sammlungen mit **Grabporträts aus Palmyra**. Die Oasenstadt an der Ostgrenze des Römischen Reiches lag an der Seidenstraße und erlebte ihre Blütezeit im 1. – 3. nachchristlichen Jahrhundert.

Die Sammlung **griechischer Kunst** der archaischen, klassischen und hellenistischen Periode des 6. – 1. Jh.s v. Chr., mit Hilfe der deutschen Archäologen W. Helbig und P. Arndt zusammengetragen, gilt mit ihren Marmorstatuen und -reliefs sowie Votivgaben aus den Heiligtümern der Götter als beste nördlich der Alpen. Höhepunkte sind der auf 520 v. Chr. datierte **»Rayet-Kopf«** aus Athen und die römischen Kopien griechischer Porträts der klassischen und hellenistischen Ära. Zur Sammlung **römischer Ideal-Plastiken** gehören berühmte Werke wie die Amazone Sciarra und Hera Borghese, Skulpturen der Villa Adriana und der **»Gärten von Sallust«** in Rom. Die römischen Porträts aus dem 1. Jh. v. Chr. – 5. Jh. n. Chr., darunter **Büsten von Pompejus, Augustus, Caligula und Livia**, wurden fast

Ny Carlsberg Glyptotek

Jens Juels Porträt von Elisabeth Henriette Bruun de Neergaard und ihrem Sohn (1799)

Schwerpunkte des Museums sind ägyptische, griechische, etruskische und römische Kunst von 3000 v. Chr. bis 500 n. Chr. sowie französische und dänische Skulpturen und Gemälde des 19. Jahrhunderts.

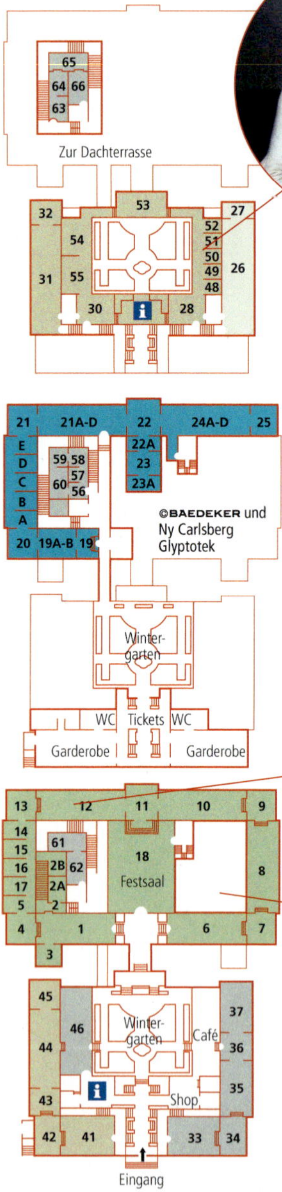

Französische Kunst
Saal 63-66: Französische Gemälde der Postimpressionisten: 47 Werke von Paul Gauguin, ferner Arbeiten von van G... Toulouse-Lautrec, Bonnard und Signac

Dänische Kunst
Saal 28, 30, 48-55: Dänische Malerei des »Goldenen Zeitalters« (um 1800-1850): Juel, Eckersberg, Lundbye, Købke u.a.
Saal 31-32: Dänische Skulpturen des 19. und 20. Jahrhunderts
Saal 26-27: Wechselausstellungen

»Antikes Mittelmeer«
Saal 19: Altorientalische Kulturen
Saal 20A-D: Frühes Griechenland, um 800-500 v. Chr.
Saal 21-23A: Etruskische Sammlung
Saal 24A-D: Archaisches, klassisches und hellenistisches Griechenland
Saal 25: Römisches Reich

Degas' Tänzerin im Ballett Tutu

Französische Kunst
Saal 56-60: Französische Malerei: Romantik und Realismus (18... bis 1870) u.a. Corot, Courbet, Rousseau und Manet

Antike Kunst
Saal 1-4: Ägyptische Kunst
Saal 5: Grabkunst aus Palmyra/Syrien
Saal 6-18: Griechische und römische Skulpturen

Aus parischem Marm... der »Rayet-Kopf«

Französische Kunst
Saal 61-62: Französische Malerei der Impressionisten, Monet, Degas u.a.
Saal 33-36, 46: Französische Skulptur: Rodin, Carpeaux, der Salon

Dänische Kunst
Saal 41-45: Dänische Skulpturen der Thorvaldsen-Schüler, u.a. Sinc... Jerichau und H. W. Bissen sowie Arbeiten von Kai Nielsen und Gerhard Henning

alle von griechischen Bildhauern in römischen Werkstätten ausgeführt. Beachtung verdienen auch die Grabporträts von Mitgliedern der Licinier-Familie und Skulpturen vom Diana-Heiligtum bei Nemi südlich von Rom. Der herrliche **Casali-Sarkophag** wird von Porträts aus dem 2. Jh. n. Chr. umgeben. Im **Festsaal**, der für Konzerte und Vorträge genutzt wird, sitzen die Zuhörer zu Füßen illustrer Herrscher aus der römischen Kaiserzeit.

Antikes Mittelmeer

Die Dauerausstellung präsentiert **Archäologie und Kulturgeschichte** von den frühesten Zivilisationen im Nahen Osten um 6000 v. Chr. bis zum Fall des Römischen Reiches um 400 n. Chr. Sie zeigt, dass der Handel mit Metallen und anderen Waren, aber auch Machtkämpfe für einen regen Austausch von Ideologien und Wissen, Begräbnisriten und anderen Ritualen sorgten. Die Ausstellung schlägt einen Bogen von den frühen Kulturen der Türkei bis zu den Königreichen in Ägypten, im Iran und Irak. Deutlich wird der enorme Einfluss **phönizischer Kaufleute**, die mit ihren Schiffen in den Jahren 1000 – 600 v. Chr. im Mittelmeer handelten. Weitere Exponate zeigen das Entstehen des griechischen Stadtstaates, des griechischen Handelsnetzes und der ersten Kolonien um 800 bis 500 v. Chr. Kunstvolle Sarkophage und Grabschmuck aus Cerveteri, Vasen und Bronzen erzählen von der Entstehung, Blütezeit und dem Niedergang der **etruskischen Kultur** an Arno und Tiber zwischen 900 und 400 v. Chr. und ihrer allmählichen Verschmelzung mit der expandierenden römischen Republik. Weitere Exponate dokumentieren den Stadtstaat Athen als Zentrum des klassischen Griechenlands, berichten von Alexander dem Großen und dem hellenistischen Königreich sowie dem **Aufstieg Roms** zur ersten Macht im Mittelmeerraum.

Dänische Malerei

Das »Goldene Zeitalter« Dänemarks zwischen 1800 und 1850 ist mit Gemälden von **C. W. Eckersberg** (Doppelporträt des Grafen Bille-Brahe und seiner Frau Johanne Caroline Wilhelmine, 1817, ►Abb. S. 26 und ein Porträt von Bertel Thorvaldsen, 1828), von **Jens Juel** (»Elizabeth Henriette Bruun de Neergaard mit ihrem Sohn«, 1800), von **Christen Købke** (»Das Nordtor der Zitadelle«, 1834, und »Schloss Frederiksborg«, 1835), Constantin Hansen, Lundbye und Skovgaard vertreten.

Dänische Skulpturen

Glyptoteksgründer Carl Jacobsen war sehr an einer Sammlung dänischer Skulpturen seiner Zeit interessiert. Die klassizistische Linie von Bertel Thorvaldsen (►Berühmte Persönlichkeiten) setzten seine Schüler H. W. **Bissen**, H. E. **Freund** und J. A. **Jerichau** fort: Mythologische Stoffe, Portraits und Denkmäler ausdrucksstark in Marmor verewigt. Stärker naturalistisch zeigt sich die nächste Künstlergeneration mit Saabye und Stein, während Kai Nielsen und Gerhard Henning den Aufbruch ins 20. Jh. markieren.

Anmutig: Kai Nielsens »Wassermutter« im mediterranen Wintergarten der Ny Carlsberg Glyptotek

Französische Skulpturen

Während die Bronzefiguren von Degas im Larsen-Neubau ausgestellt sind, birgt das Dahlerup-Gebäude eine in ihrer Vollständigkeit nur in Frankreich wiederzufindende Sammlung französischer Skulpturen mit Werken von **Auguste Rodin** sowie **Salonskulpturen** von Carpeaux, Dubois und Barrias.

Französische Malerei

Vorläufer, Hauptvertreter und Erben der Impressionisten präsentiert der **Larsen-Neubau** im Innenhof des Kampmannschen Traktes. Das Erdgeschoss zeigt Werke der Romantik und des Realismus von Eugène Delacroix, Camille Corot (»Blick auf Grand Trianon«, 1866), Gustave Courbet (»Drei englische Mädchen«, 1865), Henri Rousseau und Edouard Manet (»Erschießung Kaiser Maximilians I. von Mexiko«, 1867). Im ersten Stock (Saal 61, 62) sind die Impressionisten **Monet, Sisley, Pissarro, Morisot** und Degas vertreten. Zu den 72 **Bronzen von Degas**, die im Wechsel gezeigt werden, gehört die bezaubernde Figur einer vierzehnjährigen Tänzerin mit echtem Tüllkostüm (►Abb. S. 216). Dank einer Schenkung des Gründersohns Helge Jacobsen aus dem Jahr 1927 besitzt das Museum **47 Arbeiten von Paul Gauguin**, darunter das Bild »Tahitifrau mit einer Blume« (1891) und zwölf Keramikarbeiten. Zu den Postimpressionisten zählen auch van Gogh (»Landschaft von Saint-Rémy«, 1889), Cézanne (»Selbstporträt mit Bowlerhut«, um 1883), Toulouse-Lautrec, Signac, Bonnard (»Landschaft aus Südfrankreich«, 1920), Vuillard und Maillol. Im Larsen-Neubau werden auch **Wechselausstellungen** gezeigt.

★★ Nyhavn

H/J 8

Lage: Beim Kongens Nytorv
Metro-Station: Kongens Nytorv
Buslinien: 15, 19, 26, 1A, 350 S

Am Kai liegen malerische Kutter, vor bunt gestrichenen Giebelhäusern servieren Gaststätten Spezialitäten aus aller Welt: Der »Neue Hafen«, 1671 unter Christian V. vom ▸Kongens Nytorv als Stichkanal zum Hafen angelegt, ist heute hyggeliges Ausgehviertel mit nostalgisch-maritimem Charme. Im Winter lockt Nyhavn mit einem Weihnachtsmarkt am Wasser.

Hyggelige Hafenzeile

Entlang des Nyhavn, wo **H. C. Andersen** (▸S. 36) einst die Häuser Nr. 18, 20 und 67 bewohnte, gab es früher eine »anständige« Seite mit geraden Hausnummern – und ein »sündiges« Nordufer mit ungeraden Hausnummern. Heute ist der Nyhavn eine wunderschöne Fußgängerzone mit kleinen Cafés und Restaurants, die neben traditionellem »Kolde Bord« auch Fisch und ausländische Köstlichkeiten bieten. Ältestes Gebäude ist die Nr. 9 aus dem Jahr 1681, die eine Vorstellung von der Bebauung vor dem Großbrand 1728 vermittelt. Zu den Kuriositäten unter den kleinen Läden, die sich hier angesiedelt haben, gehört im Keller von Nr. 17 das Studio von Ole, dem **»König der Tätowierer«**. Am Ende des Hafens erinnert ein riesiger Anker an die Seeleute, die im Zweiten Weltkrieg umkamen. Nyhavn ist Liegeplatz für die **Museumsschiffe** des ▸Nationalmuseet und anderer liebevoll restaurierter Schiffe wie die 1885 vom Stapel gelaufene »Fyrskib XVII.«, die einst als Feuerschiff Dienst tat.

> **!** BAEDEKERTIPP
>
> *Leinen los!*
>
> Am Nyhavn beginnen **Hafen- und Kanalrundfahrten** in offenen und überdachten Booten, die zur Kleinen Meerjungfrau, Schloss Amalienborg, der Oper, um Slotsholmen und durch Christianshavn schippern. Im Sommer sorgen Henning Munk & Co. abends mit Jazzmelodien für Stimmung an Bord (Canal Tours Copenhagen, Nyhavn 3, Tel. 32 96 30 00, einstündige Rundfahrt Erw. 75 DKK, Kinder 35 DKK. Jazz Cruise, 90 Minuten, 150 DKK pro Person, www.stromma.dk).

Neue Flanierstrecken

Von Nyhavn führt seit Herbst 2012 eine 540 m lange und 8 m breite Promenade am Hafenkanal entlang zum Schloss ▸Amalienborg. Unterwegs laden Bänke, Blumenbeete und Trampoline zur Erholung oder einer kleinen Aktivpause ein. Die Neugestaltung der auch als Schiffsanleger konzipierten Spazierstrecke kostete rund 26 Mio. Kronen. Die fußläufige Verbindung zur ▸Oper schaffen via Nordatlantens Brygge drei Fußgängerbrücken.

Touristenmagnet: die farbenfrohe Hafenmeile des Nyhavn

Kunsthal Charlottenborg

Schloss Charlottenborg, 1672 – 1683 für den Halbbruder Christians V. und früheren Statthalter Norwegens, Ulf Frederik Gyldenløve, im holländisch-palladianischen Barockstil errichtet, zeigt heute spannende Wechselausstellungen zeitgenössischer Kunst.

Di.–So. 11.00 – 17.00 Uhr, Eintritt Erw. 60 DKK, unter 16 Jahren frei
www.kunsthalcharlottenborg.dk

***Skuespilhuset**

An der Kvæsthusbro beim Nyhavn wurde 2008 das von Lundgaard & Tranberg entworfene, 120 Mio. Euro teure **Schauspielhaus** eröffnet – das dritte Haus des Königlichen Theaters. Von Hand gemauert aus flachen, dunklen Ziegeln erhebt sich der schlichte, aber noble Bau direkt an der Hafenfront, auf der Wasserseite von einer Promenade aus Eichenholz umgeben. Das offene Foyer bietet sonnige Plätze mit Panoramablick, innen sorgen Hunderte von dünnen Stableuchten für elegantes Licht. Im Großen Saal ist Platz für 650 Gäste, zwei kleinere Bühnen fassen 200 bzw. 100 Zuschauer. Das **Café** an der Kailinie ist im Sommer ein herrlicher Aussichtsplatz mit Paradeblick auf die ►Operaen gegenüber.

Sankt Annæ Plads 36, http://kglteater.dk, Metro: Kongens Nytorv, Buslinine: 29, Theaterbus vom Kongens Nytorv, Hafenbusse: 901, 902
Karten frühzeitig bestellten beim **Ticketservice Billetnet**, ►S. 56

** Operaen

J 8

Lage: Ekvipagemestervej 10, Holmen
Metro: Christianshavns Torv
Buslinien: 66, Hafenbus 901, 902, 903, Bootsshuttle vom Anleger Nyhavn
Karten frühzeitig bestellten beim **Ticketservice Billetnet**, ▸S. 56
Gruppenführungen: n. V. 9.30, 10.00, 16.30, 17.00 Uhr, Tel. 33 69 69 78
Führungen: Erw. 100 DKK, Kinder 50 DKK, www.kgl-teater.dk

Großreeder Mærsk Mc-Kinney Møller (▸Berühmte Persönlichkeiten) schenkte Kopenhagen 2005 ein Opernhaus. Realisiert wurde es für 335 Mio. € von Stararchitekt Henning Larsen auf der einstigen Marineinsel Holmen als monumentaler Kubus aus Glas und gelbem Jura-Kalkstein von der Fränkischen Alb.

****Opernhaus**

Eindrucksvoll erhebt sich das Opernhaus mit einem **gewaltigen Flugdach** und einer breiten Freitreppe, die vom Anleger hinein ins Foyer führt. Von der Stadt aus ist die Oper nicht nur mit dem Hafenbus und Opernshuttle zu erreichen, sondern seit 2013 auch zu Fuß – dank der 180 m langen Inderhavnsbro für Fußgänger und Radfahrer, die Flint & Neill aus London zwischen Nyhavn und Nordatlantens Brygge entwarf. Von dort schaffen Brücken am Christianshavns Kanal und Trangraven die Verbindung zur Oper.
Auch drinnen überwältigen die Ausmaße der Oper. Den Bühnenraum gibt es gleich sechsmal, der **weltgrößte Orchestergraben** ist stufenlos verstellbar, über den 1500 Sitzplätzen im holzgetäfelten Zuschauerraum zieren mehrere Tonnen **Blattgold** die Decke. Auf 14 Stockwerken – fünf davon unter der Erde – befinden sich ferner ein zweiter Saal für 200 Zuschauer sowie mehr als 1000 Nebenräume und luxuriöse Probensäle. Opern- und Ballettliebhaber können komplette Kultur-Reisepakete für einen Wochenend-Aufenthalt in Kopenhagen online buchen. Unter **www.culturekick.dk** haben Sie die Wahl zwischen einem »Opern-Paket« (Culture Kick Opera Package) und einem »Ballett-Paket« (Culture Kick Ballet Package).

Holmen

Von 1690 – 1993 war Holmen die wichtigste Basis der **dänischen Marine**. Das Konglomerat aus **mehreren Inseln**, die auf einer Kanalrundfahrt erkundet werden können, wurde künstlich aufgeschüttet. Die älteste Insel, Nyholm, ist Standort der Søværnets Officersskole. Seit 1701 werden dort alle dänischen Marineoffiziere ausgebildet. Von der Batterie Sixtus, einem Verteidigungswall im Norden, wird jeden Tag morgens und abends ein Kanonenschuss abgefeuert zu Ehren der dänischen Fahne, dem »Dannebrog«. Auf **Frederiksholm** unterrichten heute die Dänische Filmschule, die Staatliche

Theaterschule, das Rhythmische Musikkonservatorium und die Arkitektskolen den kreativen Nachwuchs. Was Dänemarks künftige Architektur schon jetzt können, zeigen sie hinter den Backsteinmauern der **Meldahls Smedie** an der Philip De Langes Alle 10. Ein Boot vor der Königlich Dänischen Architekturschule verwandelte sich zur **Kontiki Bar**. Zwar spielen dort auch gelegentlich Bands, doch die eigentlichen Stars sind die selbst gemachten Kuchen – und die Aussicht auf die Industrielandschaft des Hafens. Wer das Strand-Feeling vermisst: Zur **Beach-Bar Halvandet** gehört auch ein aufgeschütteter Strand mit Beach-Volleyball und Beach-Soccer-Feld. Die Reihe der denkmalgeschützten Kanonbådsskurene, 32 schwarz geteerte, hölzerne Bootsschuppen am Ostufer, bergen heute statt Kanonenbooten Büros von Werbeagenturen, Architekten und anderen kreativen Branchen. Die einstige Torpedoboot-Werft aus den 1950er-Jahren am Galionsvej 1 – 11 wandelte sich zum Luxusdomizil mit wettergeschützten Liegeplätzen für die Jachten der neuen Anwohner.

Meldahls Smedie: Öffnungszeiten je nach Ausstellung, Eintritt frei
Kontiki Bar: Takkelloftvej 1, www.kontikibar.dk
Beach-Bar Halvandet: Refshalevej 325, www.halvandet.dk

Kühne Konstruktion aus Jura-Stein und Glas: die Oper

Østerbro

G/H 6/7

Lage: Nördlich vom Zentrum
Buslinien: 1 A, 15, 42, 43, 150 S
S-Bahn-Stationen: Østerport, Nordhavn, Ryparken

Aufgewacht ist auch das Nobelviertel Østerbro, dem lange der Hauch der edlen Langeweile anhing. Das Brückenviertel wird von betuchten Familien als bester Stadtteil für Kinder angesehen. Auch Ex-Prinzessin Alexandra ist mit ihrem neuen Mann und den beiden jungen Prinzen hierhergezogen. Gefragte Adresse unter Diplomaten ist die Dags Hammerskjolds Allé.

Edel oder kultig?

Ausgelöst wurde die Verwandlung durch das coole Design-**Kaufhaus Normann**, das in ein angestaubtes Kino an der Østerbrogade 70 einzog (►S. 102). In einem einstigen öffentlichen Bad an der Østerbrogade 55a verkauft heute Rambow neue und gebrauchte Möbel sowie Kultiges für die Küche. Einen Besuch wert ist auch der Feinkost-Schlachter Gourmandiet an der Rosenvængets Allé 7a (www.gourmandiet.dk) – abends ein Bio-Restaurant.

Picknick-grün & Sterneküche

Grüne Oase des Viertels ist **Faelledparken**, noch Ende des 19. Jh.s Übungsgelände des Heeres und Weideland für Kühe. 1908 wandelte sich das Areal zum Park fürs einfache Volk. Dass die aufwendige Gestaltung wie in anderen Parks fehlt, ist heute ein Vorteil: Die großen Rasenflächen eignen sich perfekt fürs Picknick, Ball spielen und Sonnenbaden und sind auch für Festivals beliebt. Das **Parken Stadion** ist Konzertarena und Heimstatt von Kopenhagens Stadtkickern FCK – bis zu 42 000 Zuschauer können dort die Spiele der »Löwen« verfolgen. Im achten Stock des Stadionanbaus – mit Blick auf das Spielfeld – steht ein begnadeter Kopenhagener am Herd: Rasmus Kofoed hält für sein elegantes **Geranium** zwei Sterne (►S. 63). Absolut hip ist auch das **Park-Café** in der Nähe des Fußballstadions – von Do. bis Sa. gibt es Live-Musik, DJs und Disco.

Parken: Wo sich die Spieler umziehen und VIPs das Match beobachten, verraten Backstage Touren im Juli Di., Do. 11.00, 13.00 Uhr, Anmeldung/Preise unter Tel. 35 43 31 31, http://parken.dk.

Park Café: im Sommer wird draußen gegrillt, www.parkcafe.dk

Nyboder

Südlich der Østre Voldgade, die dem Verlauf des alten Festungswalls folgt, ließ Christian IV. anno 1639 für 615 Seeleute der königlichen Marine außerhalb der Stadtmauern **schnurgerade einstöckige Häuserreihen** anlegen. Zu diesem sozialen Wohnungsbau der Renaissance, der von der Anlage her seiner Zeit weit voraus war, gehörte neben der eingeschossigen Bebauung auch ausreichend Abstand

Schnurgerade im satten Sonnengelb: die Nyboder-Häuschen

zwischen den Häusern, damit Gärten angelegt werden konnten. Erst im 18. Jh., als Nyboder völlig übervölkert war, kamen zweigeschossige Häuserreihen hinzu. Einblicke in das Leben einer Familie um 1900 gewährt die kleine **Nyboders Mindestuer** in der Skt. Paulsgade 24. Gegenüber im **BioM** ist alles öko: Gläser und Wasserkaraffen sind aus Recyclingglas, die Sitzflächen der Stühle aus recycelten Plastikflaschen und auf der Speisekarte steht nur, was gerade Saison hat und in der Umgebung wächst oder gefangen wird.

Nyboders Mindestuer: So. 11.00 – 14.00 Uhr, Eintritt Erw. 15 DKK, Kinder 10 DKK, http://nybodersmindestuer.dk

BioM: €€, Fredericiagade 78, www.biom.dk

Kunst und Theater

Und wer Østerbro bislang nur als etabliert kennt: Bereits vor mehr als 100 Jahren wurde auch hier kräftig protestiert – und zwar gegen die Zensur des damals königlichen Kunstrates. Als Forum der freien Kunst wurde 1891 am Oslo Plads **Den Frie Udstilling** gegründet, die bis heute hinter ihrer griechisch anmutenden Tempelfassade zeitgenössische Kunst präsentiert. In einem alten Gasometer, 1883 nach Plänen von Martin Nyrop errichtet, zeigt das **Østre Gasværk Teater** Publikumsrenner wie »Hair« und »West Side Story« (▶S. 56).

Den Frie Udstilling: Di. – Fr. 12.00 – 17.00, Mi. bis 21.00, Sa./So. 10.00 bis 17.00 Uhr, Eintritt Erw. 45 DKK, unter 12 Jahren frei, http://denfrie.dk

Sport & Spaß

Seit Sommer 2010 hat Østerbro sogar einen neuen **Badestrand** – den Svanemøllestrand mit 130 m langer Pier ins Meer. Von Oktober bis April drehen die Einheimischen in der Zelthalle der **Østre Skøjtehal** an der Sionsgade 15 ihre Pirouetten auf dem Eis.

ℹ http://kulturogfritid.kk.dk

★ Rådhuspladsen

G 9

Lage: Gegenüber vom Hauptbahnhof
Buslinien: 2A, 5A, 6A, 10, 12, 14, 26, 29, 33, 48, 67, 68, 69, 173 E, 250 S
S-Bahn-Station: København H

Der Rathausplatz ist betriebsamer Treffpunkt, illuminiert von riesiger Leuchtreklame, dominiert vom monumentalen Rathaus mit dem höchsten Turm der Stadt – nach 300 Stufen lockt in 106 m Höhe eine fantastische Aussicht!

Rådhus
►Abb. S. 22

Das fünfte **Rathaus** der dänischen Hauptstadt, nach 13-jähriger Bauzeit 1905 fertiggestellt, ist Sitz der **Stadtverwaltung** – zu der einst auch sein Architekt gehörte: Professor Martin Nyrop (1849 – 1921). Als Vorbild für den gewaltigen Komplex diente das Rathaus von Siena. Flankiert von sechs steinernen Wächtern, flattert auf dem Dachfirst des Vorderhauses die dänische Flagge. Über einem kleinen Balkon thront die vergoldete Statue des Stadtgründers Bischof Absalon (►Berühmte Persönlichkeiten), ein Werk von H.W. Bissen. Die Führungen beginnen in der überglasten, 9 m hohen und 44 x 24 m großen **Rathaushalle**, die als Wahllokal bei den Wahlen zur Stadtverordnetenversammlung bzw. zum Folketing dient, aber auch als Festsaal für Ausstellungen und Konzerte genutzt wird. Vier Büsten erinnern an berühmte Dänen und **Ehrenbürger der Stadt**: Die erste zeigt den Architekten, die anderen den Bildhauer Bertel Thorvaldsen, den Physiker Niels Bohr und den Dichter Hans Christian Andersen (alle drei ►Berühmte Persönlichkeiten). Die oberen Stockwerke sind mit Balkonen und Galerien versehen. Die 17 Baluster am Eichenholzgeländer der Bürgertreppe zeigen den Architekten und die Handwerker beim Betreten des Rathauses. Die Sitzungssäle des Magistrats und der Stadtverordneten, ein Festsaal mit den Wappen dänischer Städte und eine Bibliothek vervollständigen den städtischen »Regierungssitz«. Von der Vorhalle aus erreicht man die ★**Weltuhr** von Jens Olsen (1872 – 1945). Fast 27 Jahre baute der Mechaniker an seinem Meisterwerk, das 1955 in Betrieb gesetzt wurde: ein astronomisches Wunderwerk mit Angabe von Weltzeiten und Sternenlauf, Sonnenauf- und Untergang sowie der Daten des Gregorianischen und Julianischen Kalenders. Das Glockenspiel ist Zeitzeichen im dänischen Rundfunk.

❶ Mo. – Fr. 8.30 – 16.30 Uhr, Sa. 10.00 – 13.00 Uhr
tgl. Führungen, Erw. 20 DKK, www.kk.dk

Den Rathausplatz bewachen die bronzenen Lurenbläser.

Rådhus-pladsen Für den monumentalen Rathausplatz, der bis 2018 eine neue Metrostation erhält, schuf Joachim Skovgaard 1923 aus Bronze den **Drachenspringbrunnen**, der den Kampf eines Stiers mit einem Drachen darstellt. Das 1908 von Martin Nyrop entworfene **Bronzebecken** trägt die Inschrift »Schöne Stadt, du unsre Mutter; freundlich blickst du auf den Sund. Deinen Kindern – großen, kleinen – lieblich lächelt uns dein Mund.« Zwischen Rathaus und **Palace Hotel** (►S. 123) grüßen auf 12 m hoher Säule zwei bronzene **Lurenbläser** von Siegfried Wagner, die seit 1914 in ihre 1,70 bzw. 1,80 m langen Hörner blasen (►Abb. S. 225). Mehr als 30 dieser heiligen Musikinstrumente der Bronzezeit wurden in Dänemark gefunden, 18 davon sind heute im ►Nationalmuseet zu bewundern.

Merkwürdig und märchenhaft Zweiköpfige Kälber, Harfen ohne Saiten und andere Merkwürdigkeiten aus aller Welt kann man in **Ripley's Believe It or Not!** am Rådhuspladsen 57 bestaunen. Im gleichen Haus entführt das ***H. C. Andersen Eventyrhuset** kleine und große Besucher in die Märchenwelt von Hans Christian Andersen (►Baedeker Wissen S. 36). Mit Originaldokumenten, Zeichentrick-Tableaus und Soundeffekten inszeniert das »**Märchenhaus**« nicht nur die Werke des Dichters und seine Reisen, sondern auch die bedrückende Kindheit in Odense.

Beide Museen: Sept. – Mitte Juni tgl. 10.00 – 18.00, Mitte Juni – Aug. tgl. 10.00 – 22.00, Fr., Sa. bis 20.00, Erw. 85 DKK, 11-14 Jahre 68 DKK, 4-10 Jahre 43 DKK, www.ripleys.com/copenhagen

** Rosenborg Slot

H 7/8

Lage: Øster Voldgade 4A
Metro-/S-Bahn-Station: Nørreport
Buslinien: 5A, 6A, 14, 26, 42, 43, 184, 15, 173 E, 150 S, 350 S
Jan. – April, Nov./Dez. Schloss Di. – So. 11.00 – 16.00, Schatzkammer 11.00 – 16.00, Mai, Sept., Okt. tgl. 10.00 – 16.00, Juni – Aug. tgl. 10.00 bis 17.00 Uhr, Führungen nur für Gruppen. Eintritt Erw. 80 DKK, unter 18 Jahren frei, www.rosenborgslot.dk

Das Renaissanceschloss im Königspark, das geradezu Andersens Märchenwelt entsprungen scheint, war die Lieblingsresidenz Christians IV. – heute ruhen hier die Kronjuwelen.

Bilderbuch-schlösschen Historische »Geburtsurkunde« von Schloss Rosenborg ist ein Brief Christians IV. (►Berühmte Persönlichkeiten) vom 12. April 1606, seinem 29. Geburtstag. Darin erwähnt der Monarch erstmals das Bauvorhaben für sein Lustschloss, das er im holländischen **Renais-**

Rosenborg Slot

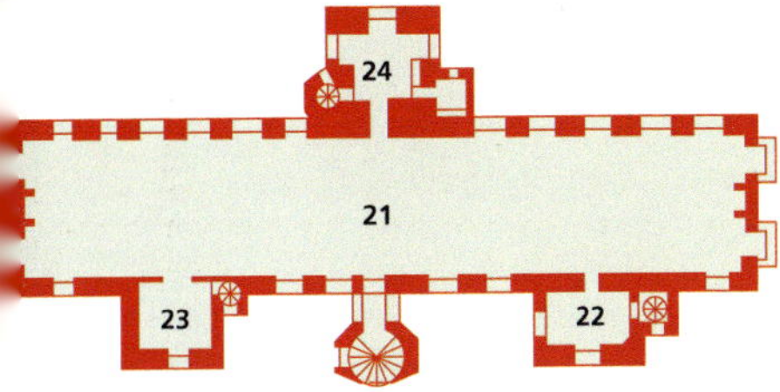

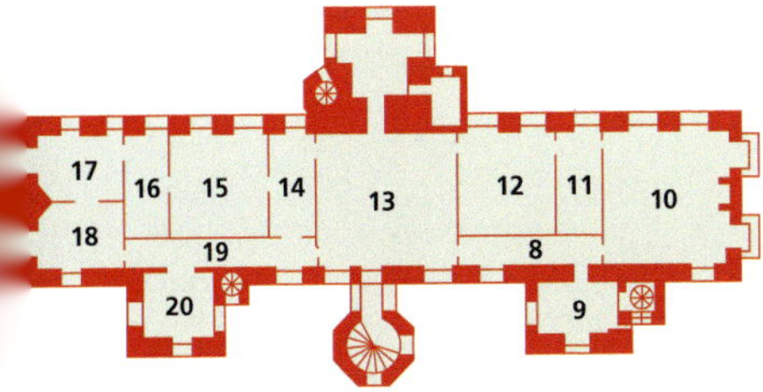

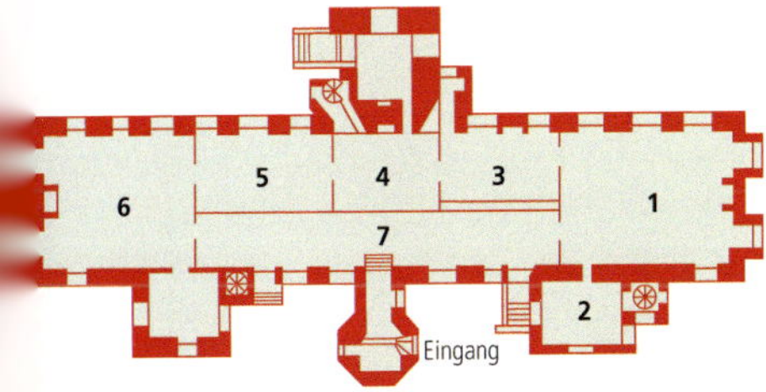

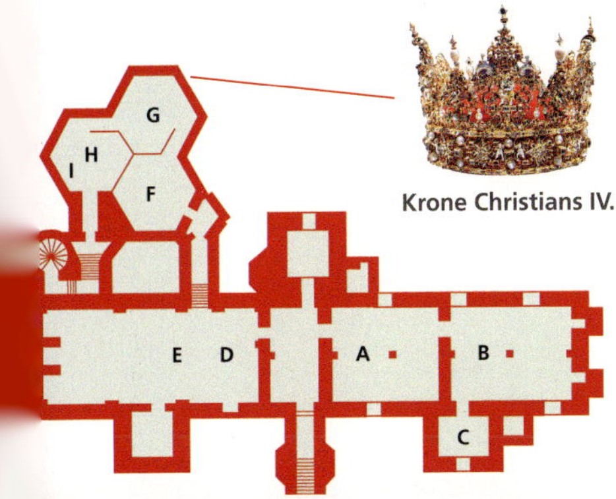

Krone Christians IV.

ZWEITER STOCK

21 Langer Saal
22 Glaskabinett
23 Porzellankabinett
24 Regalienkammer

ERSTER STOCK

8 Korridor Frederiks IV.
9 Lackkabinett von Prinzessin Sophie Hedvig
10 Gemach Frederiks IV.
11 Kabinett Frederiks IV.
12 Gemach Christians VI.
13 Vorzimmer "Die Rose", Spiegelkabinett
14 Kabinett Frederiks V.
15 Gemach Christians VII.
16 Gemach Frederiks VI.
17 Gemach Christians VIII.
18 Gemach Frederiks VII.
19 Korridor von Christian VII. und Frederik VI.
20 Bronzezimmer

ERDGESCHOSS

1 "Winterstube" Christians IV.
2 Schreibzimmer Christians IV.
3 Schlafzimmer Christians IV.
4 Dunkles Zimmer
5 Marmorzimmer Frederiks III.
6 Königsgemach Christians V.
7 Steinpassage

KELLER UND SCHATZKAMMER

A Waffen und Wein
B Elfenbein und Bernstein
C Alter Wein von Rosenborg (1615)
D Reitzeug Christians IV. von 1596
E Reitzeug von der Hochzeit des Erwählten Prinzen 1634
F Reichsschwert Christians III. von 1551
G Krone Christians IV. von 1596
H Kronen der absolutistischen Herrscher. Die Königskrone von 1671 war bei den Krönungen von Christian V. bis Christian VIII. Krönungskrone. Die Krone der Königinnen ist von 1731.
I Kronjuwelen, Zepter, Reichsapfel und Krönungsdegen

**Schloss Rosenborg

Verspielte Türmchen und Erker machen das für Christian IV. erbaute Renaissancegebäude zu einem wahren Märchenschloss. Seit 1838 dient Rosenborg als Museum und beherbergt neben den Porträts sämtlicher Herrscher 24 prunkvolle Gemächer, die bis 2008 restauriert wurden. Im Keller sind die Kronjuwelen des dänischen Königshauses ausgestellt.

Öffnungszeiten ►S. 226

❶ Königsgemach

Ursprünglich gehörte das Königsgemach der Ehefrau Christians IV., Kirsten Munk. Erst Frederik III. nutzte es als Vorzimmer des Marmorsaals. Zwei Porträts von J. d'Agar erinnern an König Christian V. und seine Frau Charlotte Amalie. Die Wände zieren kostbare niederländische Wandteppiche von M. Wauters.

❷ Schatzkammer

In der Schatzkammer ist auch die 1671 von Poul Kurtz in Kopenhagen gefertigte Goldkrone der dänischen Herrscher zu bewundern. 170 Jahre lang schmückte sie die Königshäupter und wird bis heute jedem aufgebahrten Monarchen auf den Sarg gelegt.

❸ Spiegelkabinett

Das Spiegelkabinett für Frederik IV. entstand um 1700 nach dem Vorbild von Schloss Versailles.

❹ Langer Saal/Rittersaal

Christian V. gab 1685 bei Berent van der Eichen die berühmten flämischen Rosenborg-Gobelins in Auftrag, die im Rittersaal von Dänemarks Siegen im Schonischen Krieg gegen Schweden 1675 bis 1679 erzählen.

❺ Schreibstube Christians IV.

Kunstvolle Paneele und Deckengemälde schmücken die Schreibstube Christians IV., der in dieser luxuriösen Umgebung seine stets umfangreiche Korrespondenz bewältigte. Ein Porträt zeigt den siebenjährigen Prinzen im Silberbrokatgewand.

Erstrahlt seit 2012 in voller Pracht: das barocke Marmorzimmer Frederiks III.

Flämisch
Zwölf Bil
Christian
im langer

sancestil anlegen ließ. Bis Mitte des 18. Jh.s war Rosenborg Frühjahrs- und Herbstresidenz dänischer Könige – und Fundus für Erbstücke und Reichsinsignien. Bereits 1838 wurden die königlichen Sammlungen für das Volk geöffnet. Rosenborg Slot zeigt heute eine Fülle von Kunstobjekten, die mit dem Königshaus verbunden sind. Der vergoldete Kabinettschrank in der Schreibstube Christians IV. kam 1734 aus dem Schleswiger Schloss Gottorf nach Rosenborg. Die **Winterstube Christians IV.** besticht durch ihre kostbare Täfelung mit flämischen Gemälden. Das bis 2012 aufwendig restaurierte **Marmorzimmer Frederiks III.** war in den letzten 350 Jahren nie renoviert worden – so blieb das ehemalige Schlafzimmer von Kirsten Munk, der Ehefrau des dänischen Königs Christian IV., besser als alle anderen Räume im Schloss originalgetreu erhalten. Frederik III. ließ es 1668 zur Verherrlichung des Absolutismus prächtig mit Kunstmarmor im Stil des Barock ausstatten. Christian V. verlieh hier den ersten Danebrog-Orden, bis heute eine der höchsten Auszeichnungen, die Dänemark zu vergeben hat. Das Deckengemälde und die meisten der Stuckarbeiten, die vor allem Engel und allegorische Figuren darstellen, stammen vom italienischen Stuckateur Francesco Bruno.
Für Sophie Amalie, die Gemahlin Frederiks III., wurde 1663 – 1665 das Lackkabinett mit **kostbaren Chinoiserien**, Türkisen und Perlmutt dekoriert, rund 30 Jahre später erhielt der Saal Frederiks IV. Gobelins aus Audenarde. Aus der Zeit Frederiks V. stammen Gemälde und Mobiliar im Vorgemach »Die Rose«. Beachtung verdienen im Spiegelkabinett das 1803 von der Königlichen Porzellanmanufaktur für 100 Personen gefertigte Service **Flora Danica**, dessen Blumendekoration nach einer Vorlage von G. C. Oeders entstand. Das Glaskabinett ließ Frederik IV. nach seiner Europareise 1714 mit venezianischem Glas ausstaffieren. Als letzter Raum wurde 1624 der **Rittersaal** mit seinen vielen Silbermöbeln vollendet. Auf der Anfang des 18. Jh.s unter Frederik IV. angebrachten Stuckdecke flankieren Elefanten- und Dannebrogorden das Reichswappen.

****Schatzkammer**

In den Kellergewölben wird seit 1975 die gut gesicherte Schatzkammer zur Schau gestellt. Zu sehen sind das Reichsschwert Christians III. von 1551, die 1596 vom Odenser Goldschmied Dirk Fyring ausgeführte Krone Christians IV. (►Abb. S. 227) sowie die von Poul Kurtz in Kopenhagen gefertigte **Goldkrone der absolutistischen Herrscher** mit Diamanten, Saphiren und Rubinen. Gezeigt werden auch die **Kronjuwelen** und die 1648 zur Krönung Frederiks III. ausgeführten **Reichsinsignien**. Das Zepter symbolisiert Autorität und Rechtsmacht, der mit dem Kreuz versehene Reichsapfel ist das Sinnbild der Erde, deren Kirche den gesalbten Herrscher zum Oberhaupt hat. Im ehemaligen königlichen Weinkeller präsentiert eine Ausstellung mehr als 700 **Kunstwerke aus Elfenbein und Bernstein** aus dem 17. Jh., königliche Armbrüste, Schwerter und Schusswaffen.

***Kongens Have**

Seit seinem 400. Geburtstag 2006 erhält der Kongens Have sukzessive wieder sein Renaissancegesicht. 1606 hatte Christian IV. die ersten Flächen gekauft, um sich mit einem **»Königlichen Garten«** eine grüne Freistatt und Naherholung vor den Wällen der Hauptstadt zu schaffen. Vorlage für die Arbeit der Landschaftsarchitekten, die die alten Achsen und die streng quadratische Anlage von Kongens Have aufleben lassen, sind Originalpläne der Entstehungszeit. Die Grasflächen um Schloss Rosenborg werden zu Beeten mit Kräutern rückverwandelt, damit die jährlich über 2,5 Millionen Besucher auf Promenaden lustwandeln können wie einst Christian IV. Mehrere Statuen schmücken die Grünanlage, darunter eine von Hans Christian Andersen (▶Baedeker Wissen, S. 36). Mitten im Park steht seit 1880 ein lichtdurchfluteter Teepavillon, in dem heute das **Orangeriet** eine erlesene Küche serviert (▶S. 73).
In der 200 Jahre alten **Kaserne der königlichen Leibgarde** an der Gothersgade 100, von der die neue Wache kurz vor 11.30 Uhr zur Wachablösung nach ▶Amalienborg ausrückt, dokumentieren Uniformen, Waffen und Gemälde die Geschichte der Leibgarde seit 1658.

Livgårdens historiske Samling: Mai – Sept. Di., So. 11.00 – 15.00, Okt. bis April So. 11.00 – 15.00 Uhr, www.hok.dk/lg

Reformert Kirke

Nachdem die deutschen, französischen und holländischen Calvinisten 1685 das Recht auf freie Religionsausübung erhalten hatten, wurde 1688 die deutsch-französische **Reformierte Kirche** an der Gothersgade erbaut. Architekt des Barockbaus aus holländischem Backstein war der Steinmetz Henrik Brockham. Nach den schweren Brandschäden von 1728 und 1731 wurde die Kirche originalgetreu restauriert. Besondere Beachtung verdienen die geschnitzte Kanzel von Friedrich Ehbisch und der Kirchenstuhl für den Monarchen.

** Roskilde

Ausflug

Lage: 30 km westlich von Kopenhagen
Bahnhof: Roskilde
Einwohner: 48 000

Roskilde gehört zu den ältesten dänischen Städten: Hafen der Wikinger, erste Hauptstadt der Dänen, Grablege der dänischen Krone – und quicklebendige Unistadt, die alljährlich im Sommer ihr Roskilde-Festival feiert.

Stadt der Könige und Wikinger

Der Sage nach ließ König Ro an einer Quelle (dän. Kilde) eine Siedlung anlegen, als eigentlicher Stadtgründer gilt jedoch der Wikingerkönig Harald Blauzahn – 1998 wurde das 1000-jährige Stadtjubiläum gefeiert. Bereits 1020 wurde Roskilde Sitz der seeländischen Bischöfe und stieg zum Zentrum von Krone und Klerus auf. 1168 schenkte König Valdemar seinem Günstling Absalon (▶Berühmte Persönlichkeiten) die Stadt und Burg Havn. Absalon wurde damit zum Gründer Kopenhagens, das damals noch ein kleines Fischerdorf war – mit bis zu 10 000 Einwohnern war Roskilde eine der größten Städte Nordeuropas. Die Wende kam 1536 mit der Reformation, 11 Pfarrkirchen und alle Klöster von Roskilde wurden aufgelöst, die Einwohnerzahl sank bis Mitte des 18. Jh.s auf 1500. Erneuten Aufschwung brachte die erste Eisenbahnverbindung, die 1847 zwischen Kopenhagen und Roskilde eingerichtet wurde.

SEHENSWERTES IN ROSKILDE

****Roskilde Domkirke**

▶Baedeker Wissen S. 236

Als weltältester gotischer Dom aus Backstein gehört die St. Lucius-Kathedrale mit ihren schlanken Turmspitzen zu den Nationaldenkmälern Dänemarks und zum **UNESCO-Weltkulturerbe**. 960 soll Harald Blauzahn, der Herrscher, der die Dänen taufen ließ, hier eine Holzkirche gestiftet haben. Sie wurde durch eine 1080 geweihte dreischiffige Basilika aus örtlichem Travertin ersetzt. Der heutige Bau geht auf einen jungen Priester zurück, den König Valdemar zum Bischof wählen ließ: Absalon (1128 –1201). 1170 wurde mit dem Bau im romanischen Stil begonnen, Stilvielfalt brachten zehn spätere Anbauten. Die beiden Westtürme wurden im 14. Jh. angefügt, ihre mit Kupfer verkleideten Helme 1635 und 1636. Im Roskilder Dom wurde 1658 der Friedensvertrag zwischen Dänemark und Schweden unterzeichnet, durch den Dänemark seine Besitzungen jenseits von Kattegat und Øresund verlor.
Seit der Reformation 1536 ist der Dom **Grablege dänischer Monarchen**. In Alabaster- und Marmorgrabmälern ruhen 39 dänische Königinnen und Könige – von **Margrethe I.** († 1412), deren Liegefigur von 1414 hinter dem Hochaltar zu sehen ist, bis zur Königinmutter Ingrid († 2000), die in einer 1985 als Oktagon aus Handstrichziegeln außerhalb angefügten Grabkapelle für Frederik IX. († 1972) neben ihrem Ehemann beigesetzt wurde. ***Barockorgel** An der Nordwand sieht man die Königsempore und den reich verzierten Stuhl Christians IV., gegenüber die berühmte Barockorgel aus dem 16. Jh., die im Sommer jeden Donnerstag um 20.00 Uhr bei **kostenlosen Orgelkonzerten** internationaler Solisten erklingt. Über dem geschnitzten Chorgestühl aus der Mitte des 15. Jh.s erzählen **Holzreliefs** aus dem Alten und Neuen Testament. Der **vergoldete Flügelaltar**, im 16. Jh. in Antwerpen gefertigt, war ursprünglich für die Schlosskirche von ▶Frederiksborg Slot vorgesehen. Auf der granitenen **Königssäule** aus dem 13. Jh. ließen Potentaten aus aller Welt ihre Körpergröße markieren – König Christian I. maß angeblich stol-

Roskilde

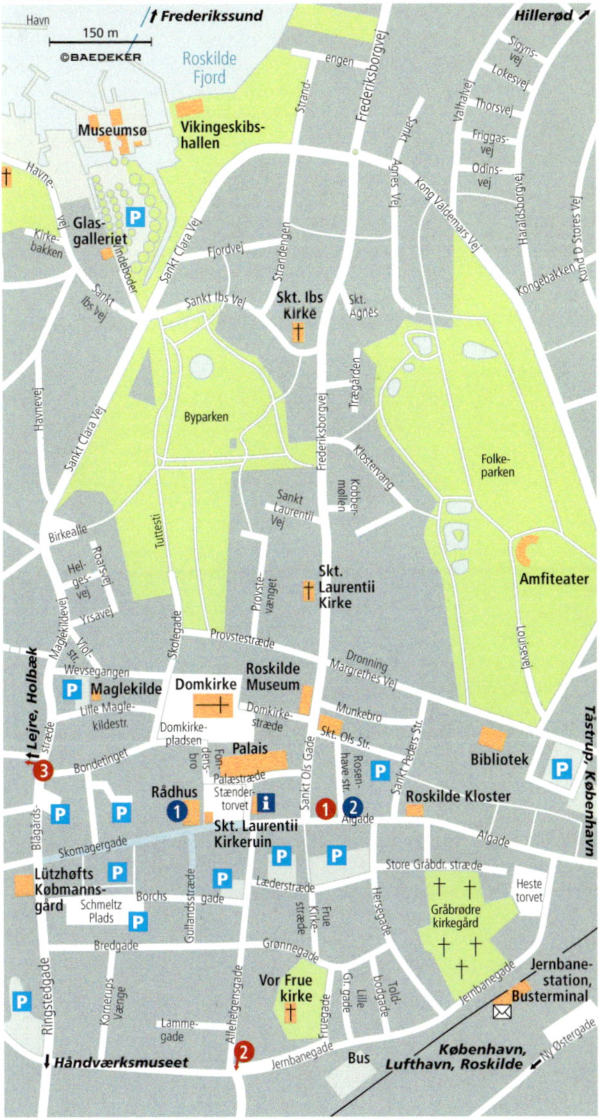

Essen

1 Raadhus-kælderen
2 Bruggergården

Übernachten

1 Hotel Prindsen
2 Scandic Hotel Roskilde
3 Svogerslev Kro

Fußgänger-zone

Roskilde erleben

AUSKUNFT

Roskilde Lejre Turistbureau
Stændertorvet 1, DK-4000 Roskilde
Tel. 46 31 65 65
www.visitroskilde.com

SCHLEMMER-TÖRN

Der Nostalgiedampfer »Sagafjord« legt im Sommer zu Frohkost-, Kaffee- und Dinnerfahrten auf dem Roskilde-Fjord ab. Mittags mundet ein großes dänisches Buffett, abends ein Drei-Gänge-Menü, das monatlich wechselt. Im Winter liegt die »Sagafjord« als schwimmendes Restaurant im Hafen von Roskilde vertäut (www.sagafjord.dk).

SHOPPING

Ausgiebig bummeln kann man in der Algade und den Fußgängerzonen von Skomagergade und Gullandsstræde. Raku-gebrannte Keramik gibt es bei Helle Duus Weiss am Knud den Stores Vej 18, in der Werkstatt Vævestuen in der Algade 27 wird auf alten Webstühlen gewebt, mundgeblasene Kunstwerke bietet die **Glasgalleriet** am Hafen am Vindeboder 1 (www.glasgalleriet.dk). Mittwoch und Samstag ist auf dem Stændertorv Markttag.

ROCK IN ROSKILDE

Zwei Jahre nach dem legendären Woodstock-Festival ging 1971 in Roskilde zum ersten Mal ein riesen Konzert über die Bühne – heute gehört das **viertägige Rockfestival** am ersten Wochenende im Juli mit 75 000 Zuschauern zu Europas größten Open-Air-Events. »Viele Leute von heute und morgen und ein paar von gestern«, lautet die Devise bei der Auswahl der alljährlich rund 150 auftretenden Bands und Solisten aller Stilrichtungen. Neben Superstars der Rock- und Popszene – 2013 standen hier Rihanna, Kraftwerk, Metallica und die dänische Rockband Volbeat auf der Bühne – bekommen unbekannte Newcomer eine Chance. Wahrzeichen des Festivals ist die an drei Masten aufgehängte »Orange Stage« – das einstige Tourneezelt der Rolling Stones wurde 1978 in einem Lagerschuppen entdeckt. Daneben gibt es fünf weitere Zeltbühnen, die den Fans auch Schutz vor Wind und Wetter bieten. Um die Organisation und den reibungslosen Ablauf von Dänemarks größtem Rockfestival kümmern sich rund 20 000 freiwillige Helfer. Weder sie noch der Organisator »Roskildefonden« wirtschaften in die eigene Tasche. Roskildefonden ist ein gemeinnütziger Verein, der die Gewinne – bislang mehr als 12 Mio. Euro – Jugendorganisationen, Kindergärten und anderen humanitären Einrichtungen zugute kommen lässt (Kartenverkauf ab 1. Dezember, Tickets unter http://roskilde-festival.dk).

ESSEN

❶ ***Raadhuskælderen*** €€/€€€
Stændertorvet
Tel. 46 36 01 00
www.raadhuskaelderen.dk
In den Gewölben des Rathauskellers wird ausgezeichnet gekocht. Bei schönem Wetter kann man auch im Garten speisen mit Blick auf den Dom.

❷ ***Bryggergården*** €€
Algade 15, Tel. 46 35 01 03
www.restaurantbryggergaarden.dk
Dänische Gerichte mit französischen Touch – probieren Sie die Fischsuppe.

ÜBERNACHTEN

1 *Hotel Prindsen* €€€
Algade 13, DK-4000 Roskilde
Tel. 46 30 91 00
www.prindsen.dk
Mit über 300 Jahren eines der ältesten Gasthäuser des Landes, das liebevoll restauriert worden ist. Mehrere Zimmer haben Blick auf die Domkirche, die schönste Suite ist nach H. C. Andersen benannt. Für große Feiern: die in Zusammenarbeit mit dem Nationalmuseum renovierte »Golden Age Hall« und die Holger-Drachmann-Salons. Unser Tipp: der Gourmet-Lunch in der Brasserie.

2 *Scandic Hotel Roskilde* €€€
Søndre Ringvej 33, DK-4000 Roskilde
Tel. 46 32 46 32
www.scandic-hotels.dk/roskilde
Modernes Business-Hotel in einem herrlichen Park am See, 15 Minuten bis zur Innenstadt. Im Restaurant Roskilde Ring wird lecker gekocht.

3 *Svogerslev Kro* €€
Svogerslev Hovedgade 45
Svogerslev
DK-4000 Roskilde
Tel. 46 38 30 05
www.svogerslevkro.dk
Gemütliche Gastlichkeit in reetgedeckten roten Fachwerkhäuschen keine 3 km westlich der Stadt. Ein Genuss: der Räucherlachs mit Avocadomousse.

ze 2,10 m, Zar Peter der Große noch 2,08 m, König Christian VII. nur 1,64 m. Zu den Schätzen des Dommuseums gehört die Kopie eines **Goldkleides von Margrethe I.**, das nur im Rahmen einer Führung zu sehen ist.

ℹ April – Sept. Mo. – Sa. 9.00 – 17.00, So. 12.30 – 17.00, Okt. – März Di. – Sa. 10.00 – 16.00, So. 12.20 – 16.00 Uhr, Erw. 60 DKK, Kinder frei
www.roskildedomkirke.dk

Roskilde Palais

Ein Brückengang verbindet den Chor mit dem 1733 von Laurids Thura entworfenen Barockpalast, in dem 1835 – 1848 die Ständeversammlungen stattfanden, 1849 das dänische Grundgesetz verabschiedet wurde und 1923 der Bischof einzog. Heute präsentiert hier das **Museet for Samtidskunst** zeitgenössische Kunst aus aller Welt. Der Verein **Roskilde Kunstforening** veranstaltet im Palaisflügel Ausstellungen, Konzerte und Vorträge.

Museet for Samtidskunst: Di. – Fr. 11.00 – 17.00, Sa., So. 12.00 – 16.00 Uhr, Eintritt Erw. 40 DKK, Kinder & So. Eintritt frei, www.mfsk.dk
Roskilde Kunstforening: Di. – So. 12.00 – 16.00 Uhr, Eintritt Erw. 40 DKK, unter 18 Jahren frei www. roskilde kunst.dk

** Dom von Roskilde

Mehr als 800 Jahre Architekturgeschichte spiegeln sich im mächtigen Dom von Roskilde wider. Das 1170 begonnene Bauwerk ist die größte Kirche Dänemarks, Grablege der Könige und UNESCO-Weltkulturerbe.

Öffnungszeiten ►S. 235

❶ Königsportal

Das Portal zwischen den beiden Westtürmen wird nur bei fürstlichen Begräbnissen geöffnet.

❷ Kapelle Christians IV.

Die prachtvolle Kapelle des Renaissancefürsten schmücken Wandmalereien von Wilhelm Marstrand und eine Bronzestatue des Königs von Bertel Thorvaldsen.

❸ Königssäule

An einer Granitsäule der Dreikönigskapelle ist die Größe verschiedener Könige abzulesen: als Größter hat sich Christian I. mit gut 2,10 m eingetragen, sein Skelett misst allerdings nur knapp 1,90 m. Er ist hier mit seiner Gemahlin beigesetzt.

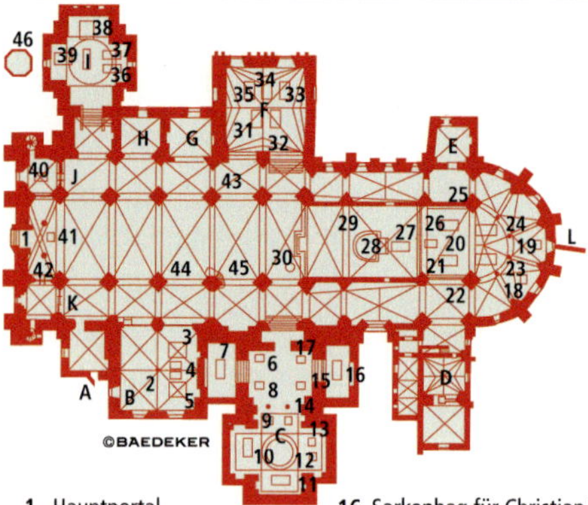

A Eingang
B Kapelle Christians I. (Dreikönigskapelle)
C Kapelle Frederiks V.
D Kapitelhaus
E Oluf-Mortensen-Vorhalle
F Kapelle Christians IV.
G St.-Andreas-Kapelle
H St.-Birgitte-Kapelle
I Kapelle Christians IX.
J Nördliche Turmkapelle
K Südliche Turmkapelle
L Absalonsbogen

1 Hauptportal
2 Königssäule
3 Grabmal für Christian III. und Königin Dorothea
4 Gräber für Christian I. und Königin Dorothea
5 Grabmal für Frederik II. und Königin Sophie
6 Sarg für Caroline Amalie
7 Sarkophag für Sophie Magdalene
8 Sarg für Christian VIII.
9 Sarg für Marie Sophie Frederikke
10 Sarkophag für Königin Louise
11 Sarkophag für Frederik V.
12 Sarg für Juliane Marie
13 Sarg für Christian VII.
14 Sarg für Frederik VI.
15 Sarg für Louise Charlotte
16 Sarkophag für Christian VI.
17 Sarg für Frederik VII.
18 Helhestens Sten
19 Grabstein für Bischof Peder Jensen Lodehat
20 Grabmal für Herzog Christopher
21 Sarkophag für Frederik IV.
22 Pfeiler mit Gebeinen von Svend Estridsen
23 Sarkophag für Christian V.
24 Sarkophag für Charlotte Amalie
25 Pfeiler mit Gebeinen von Estrid (Schwester Knuds d. Gr.)
26 Sarkophag für Königin Louise
27 Sarkophag für Königin Margrethe
28 Hochaltar
29 Chorgestühl von 1420
30 Taufstein
31 Sarkophag für Frederik III.
32 Sarkophag für Sophie Amali
33 Sarg für Anne Cathrine
34 Sarg für Christian IV.
35 Sarg für Prinz Christian
36 Sarkophag für Königin Alexandrine
37 Sarkophag für Christian X.
38 Doppelsarkophag für Christian IX. und Königin Louise
39 Doppelsarkophag für Frederik VIII. und Königin Louise
40 Sarkophag für Anne Sophie Reventlow
41 Kirsten Kimer, Per Døver und St. Jørgen
42 Rüstung von Vincentz Hahr
43 Königsempore
44 Orgel (1554–1654)
45 Kanzel (17.Jh.)
46 Grab für Frederik IX.

Prunk
Renais
für Ch

Roskilde Museum

Die Entwicklung der **Stadtgeschichte** dokumentiert das Museum in der Skt Ols Gade 15, das 2012 den dänischen Publikumspreis erhielt. Neben Fundstücken aus Lejre und Dänemarks größter Mittelalter-Sammlung sind vor allem die Stickereien aus Hedebo sehenswert.

tgl. 11.00 – 16.00 Uhr, Eintritt Erw. 25 DKK, unter 18 Jahren frei
www.roskildemuseum.dk

*** Lützhøfts Købmandsgård**

Beachtung verdienen auch die Außenstellen: das Handwerksmuseum mit der Sammlung des Holzhändlers Dahls in der Ringstedgade 6, der **Kaufmannsladen** in Nr. 8, wo Salzheringe und Stockfisch, Würste nach Großmutters Rezept und köstliche Bonbontüten wie in den 1920er-Jahren über den Tresen gereicht werden. Werfen Sie nebenan auch einen Blick in O. Lunds Metzgerei.

Mo. – Fr. 11.00 – 17.00, Sa. 10.00 – 14.00 Uhr, Eintritt frei

Danmarks Rockmuseum

2015 soll als jüngste Außenstelle des Roskilde-Museums das dänische Rockmuseum in der Rabalderstræde 1 eröffnen. Unter dem Motto »Rock me« präsentiert die Ausstellung eine Zeitreise von Hillbilly bis Hard Metal und lädt ein, im Aufnahmestudio die eigene Version des Lieblingssongs zu singen.

www.danmarksrockmuseum.dk

Rådhus, St. Laurentii

Nur der über 500 Jahre alte Turm des 1880 erbauten Rathauses zeugt noch von der mittelalterlichen Laurentiuskirche am Stændertorvet, die im 16. Jh. abgerissen wurde – ihre Ruine wurde 1998 unter dem Marktplatz freigelegt (Schlüssel im Rathausturm). Mittwochs und samstags findet auf dem Stændertorvet ein **Wochenmarkt** statt.

****Vikingeskibsmuseet**

▸Baedeker Wissen S. 240

Fünf Wikingerschiffe, die um 1000 mit Steinen beschwert bei Skuldelev im Roskildefjord als Sperre der Fahrrinne versenkt worden waren, konnten 1962 geborgen und restauriert werden. Sie sind heute im Wikingerschiffsmuseum zu bewundern, dessen breite Glasfront Panoramablicke über den Fjord eröffnet. Ausgestellt sind ein knapp 18 m langes Kriegsschiff für 30 Mann Besatzung, die 30 m lange »Skuldelev II« für 60 Ruderer bzw. 70 bis 80 Mann Besatzung, zwei 14 bzw. 16,5 m lange Handelsschiffe mit 4 t bzw. 20 t Nutzlast und ein 12 m langes Fischerboot – im Øresund gab es damals große Heringsschwärme. Die Ausstellung beschreibt nicht nur die eingesetzten Schiffe und Waffen, sondern auch die Funktion der Skuldelev-Sperre als Schutz gegen Angriffe von See. Auf der **Bootswerft** wurden mit dem Know-how und Werk-

> ! BAEDEKER TIPP
>
> *Hits für Kids*
>
> Im Sommer können Kinder sich im Vikingeskipsmuseet mit Wams und Umhang **wie Wikinger** kleiden, Schwerter schwingen, Silbermünzen prägen, ihre Namen in Runen schreiben oder bei einem **Segeltörn** auf dem Roskilde-Fjord am Ruder eines Rahseglers stehen.

Im Museumshafen kann man an Rundfahrten auf einem originalgetreu nachgebauten Rahsegelboot der Wikinger teilnehmen.

zeug der Wikinger Repliken des seetüchtigen Frachtschiffs »Skuldelev I« und der »Skuldelev II« gebaut. Letztere wurde 2004 zu Wasser gelassen und auf den Namen »Seehengst von Glendalough« getauft – eine Ausstellung dokumentiert einem Törn nach Dublin und zurück. 2010 wurde mit der Skuldelev VI ein weiterer Nachbau auf Kiel gelegt, ein kombiniertes Ruder- und Segelboot, das vermutlich zur Fischerei benutzt wurde. In den Werkstätten kann man im Sommer die Kunst der Seilerei und Segelmacherei erproben oder **Dörrfisch kosten**. Wie 1997 gehobene Wrackteile weiterer Schiffe untersucht und datiert werden, sehen Besucher in der archäologischen Werkstatt. Im **Museumshafen** liegen die nachgebauten Wikingerschiffe »Helge Ask« und »Roar Ege« sowie der restaurierte Einmaster »Ruth« vor Anker.

ℹ tgl. 10.00 – 17.00 Uhr, Eintritt Mai – Sept. Erw. 115 DKK, unter 18 Jahren frei, Nov. – April Erw. 80 DKK; Bootstörn zusätzl. 80 DKK
www.vikingeskibsmuseet.dk/de

Auf den Spuren der Wikinger

Die rekonstruierten Skudelev-Schiffe im Museumshafen von Roskilde belegen, dass die Wikinger nicht nur gefürchtete Seeräuber waren, sondern auch ausgezeichnete Bootsbauer, kluge Kaufleute und auf nautischem Gebiet ihrer Zeit weit voraus.

▶ **Drachen-/Langboot**
Mit 40 – 70 Mann an den Riemen konnten sie auch ohne Wind vorwärtskommen, unter Segeln bis zu 17 Knoten erreichen. Für die dänischen Gewässer und die Ostsee wurden kleinere Langschiffe bis 17 m und 30 Mann Besatzung eingesetzt. Den Kurs bestimmten sie mit der Sonne, einer Peilscheibe und dem Polarstern.

▶ **Knorr**
Das hochseetüchtige Frachtschiff besaß mittschiffs einen offenen Laderaum. Die Besatzung bestand aus 6 – 8 Mann. Bei günstigem Wind konnte es 5 Knoten halten.

▶ **Typische Klinkerbauweise**
Die Spanten (Eiche, Kiefer, Linde) wurden über Feuer und Glut geformt, mit Eisennägeln genietet und mit Teer, Ruß, Ocker und Leinö abgedichtet.

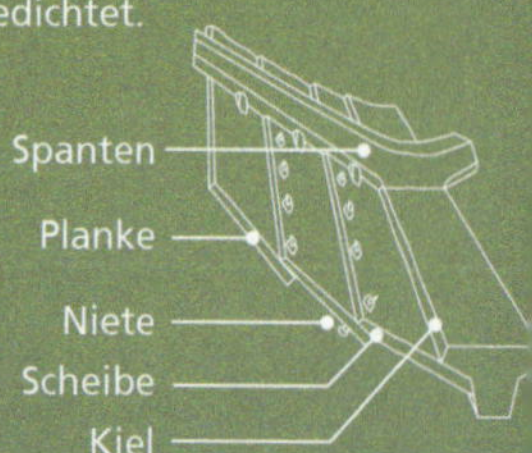

Leinen los!
Törns und Segelkurse auf rekonstruierten Wikingerschiffen

www.vikingeskibsmuseet.dk

Fahrende Händler
Die Wikinger tauschten Honig, Wachs, Bernstein, Felle und Waffen gegen Edelmetalle, Seide, Gewürze, Helme und Rüstungen. Als Norwegen, Dänemark und Schweden im 11. Jh. Königreiche wurden, begannen die Nordmänner sesshaft zu werden.

▶ **Wikinger**
Die Bezeichnung »Wikinger« ist bis heute nicht eindeutig geklärt. Am wahrscheinlichsten ist die Abstammung vom nordischen »vikingr« = »Krieger auf See«.

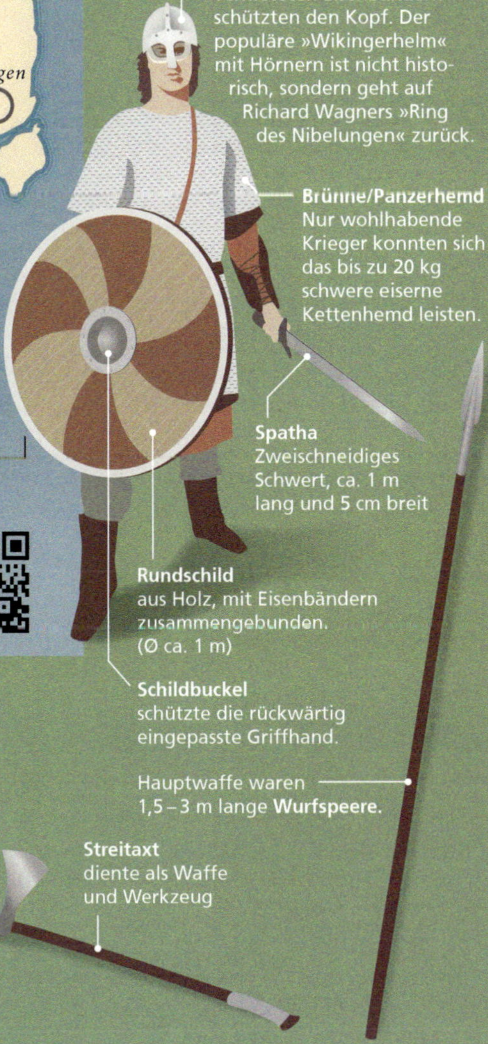

Brillenhelm
Eisenplatten zwischen vernieteten Eisenbändern schützten den Kopf. Der populäre »Wikingerhelm« mit Hörnern ist nicht historisch, sondern geht auf Richard Wagners »Ring des Nibelungen« zurück.

Brünne/Panzerhemd
Nur wohlhabende Krieger konnten sich das bis zu 20 kg schwere eiserne Kettenhemd leisten.

Spatha
Zweischneidiges Schwert, ca. 1 m lang und 5 cm breit

Rundschild
aus Holz, mit Eisenbändern zusammengebunden. (Ø ca. 1 m)

Schildbuckel
schützte die rückwärtig eingepasste Griffhand.

Hauptwaffe waren 1,5 – 3 m lange **Wurfspeere.**

Streitaxt
diente als Waffe und Werkzeug

* Rundetårn

H 8

Lage: Købmagergade 52A
Metro-/S-Bahn-Station: Nørreport
Buslinien: 5A, 6A, 14, 42, 43, 150S, 173E, 184, 185
ⓘ 21. Mai – 20. Sept. tgl. 10.00 – 20.00, 21. Sept. bis 20. Mai tgl. 10.00 – 17.00 Uhr, Eintritt Erw. 25 DKK, Kinder 5 DKK
www.rundetaarn.dk

Wer die herrliche Aussicht vom 36 m hohen Runden Turm genießen will, muss bis zur Wendeltreppe vor der Aussichtsplattform keine Treppen steigen – sondern 209 m wie in einem Schneckenhaus hinauflaufen.

Runder Turm

Der Runde Turm an der Købmagergade wurde 1642 unter Christian IV. als **Observatorium** angelegt. Um den Transport der schweren astronomischen Geräte zu erleichtern, die heute in einer Sondersammlung zu sehen sind, erhielt der Bau keine Treppe, sondern einen **Wendelgang**. Zar Peter der Große soll bei seinem Besuch in Kopenhagen 1716 den Runden Turm hinaufgeritten sein, von seiner Frau in einer vierspännigen Kutsche begleitet. 1902 fuhr das erste Auto hinauf, und heute finden alljährlich **Einradrennen** im Turm statt. Oben angekommen, zeigt eine 1928 installierte »Planetmaschine« vor einem nördlichen Sternenhimmel die Sonne und sechs sie umkreisende Planeten. Ebenfalls zum Programm gehören interessante Ausstellungen, Vorträge und Konzerte. Zu Füßen des Turms beweist **DØP**, dass Bio-Hotdogs nicht nur gesünder sind, sondern auch besser schmecken (►S. 59).

Der Runde Turm verspricht den schönsten Altstadtblick.

Die **Købmagergade** ist eine belebte Fußgängerzone mit Kneipen, Cafés und Boutiquen wie Noa Noa, Carla F und Diesel. Namensgeber für die mittelalterliche Hauptstraße Richtung ►Roskilde waren die Kødmangere, Schlachter, die im 16. Jh. in die Skindergade umzogen. In der Købmagergade 50 befand sich ab 1774 für 100 Jahre die Königliche Porzellanfabrik. Von den Depeschen König Christians IV. über die Grönlandpost bis zum Internet und Handy: In der Købmagergade 37 wird die Zeitreise durch 400 Jahre **dänische Postgeschichte** zum Vergnügen für die ganze Familie. Im Haus Nr. 49 residiert Dänemarks größte Buchhandlung: **Arnold Busck** – eine Schatzkammer für Bücher über Design, Architektur und Kunst.

Post & Tele Museum: tgl. 10.00 – 16.00 Uhr, www.ptt-museum.dk

Trinitatis Kirke

Baulich gehört der Runde Turm zur 1637 von Hans van Steenwinckel d. J. entworfenen **Dreifaltigkeitskirche**. Der 1656 geweihte Sakralbau diente als Universitätskirche, Universitätsbibliothek und Observatorium, das 1862 auf den Østervold verlegt wurde. Die Kirche besitzt einen Barockaltar und eine kunstvolle Holzkanzel, die beide Friedrich Ehbisch geschaffen hat, sowie eine vergoldete **Rokokouhr** von 1757. Ein Marmorepitaph an der Nordwand des Chores erinnert an den dänischen Feldmarschall Hans Schack († 1676).

Regensen

Um mittellosen Studenten zu helfen, gründete Frederik II. 1569 eine Gesellschaft, die 100 Stipendiaten Freiplätze bot. Sein Sohn, Christian IV. (▶Berühmte Persönlichkeiten), ließ 1623 – 1628 das älteste Studentenwohnheim der Welt errichten: das **Collegium Regium**, ein Backsteinbau mit 48 Zimmern für 100 Studenten, die ihre neue Bleibe »Regensen« nannten. Die **Linde** im Hof ersetzt seit den 1950ern den vom Probst A. C. Hviid am 12. Mai 1785 gepflanzten Vorgängerbaum, dessen »Geburtstag« noch immer alljährlich gefeiert wird.

★ Sagnlandet Lejre

✧ Ausflug

Lage: Slangealleen 2, Lejre
Bahn: Zug bis Lejre, dann Bus 233
❶ Mai – Okt. Di. – Fr. 10.00 – 16.00, Sa., So. 11.00 – 17.00, 28. Juni bis 17. Aug. und 11. – 17. Okt. bis 17.00 Uhr, Sonderöffnungen für Thementage, Eintritt Erw. 130 DKK, Studenten/Schüler 95 DKK, 3-11 Jahre 85 DKK
www.sagnlandet.dk

Willkommen in der Eisenzeit! In Lejre wird die Vorgeschichte zum spannenden Mitmach-Abenteuer. Und in der Mittsommernacht werden die schönsten Geschichten erzählt.

Land der Legenden

Knapp 7 km südwestlich von ▶Roskilde kann man 13 000 Jahre dänische Geschichte erleben. Das Sagenland besteht aus einer Steinzeit-Siedlung am See, einem **Eisenzeitdorf**, einem Marktflecken der Wi-

Wie die Wikinger in grauer Vorzeit lebten, wird in Lejre nachgestellt.

kinger und zwei Bauernhöfen aus der Zeit um 1850 mit Gärten und Weiden. In drei **Schauwerkstätten** – Weberei, Töpferei und Schmiede – lässt sich altes Handwerk erleben, im Laden gibt es die Erzeugnisse aus Lejre für daheim: gewebte Stoffe, schmiedeeiserne Kronleuchter, Keramik, Holzschwerter und Honigwein. Im **Feuertal** kann man in Einbäumen fahren, Holz hacken oder Mehl mahlen, im Opfermoor, wo nicht nur Tiere, sondern auch Menschen den Göttern geopfert wurden, Auerochsen, Wildschweine und andere Beutetiere der Steinzeit kennenlernen. In den Sommerferien ziehen Familien in das Eisenzeitdorf ein und demonstrieren, wie das Leben zu jener Zeit ablief.

Museum Lejre

Das Museum am Orehøjvej im benachbarten Gammel Lejre zeigt Funde aus den mächtigen Hallen, die bis zum Ende der Wikingerzeit auf den Hügeln an der Lejre Å thronten. Zum Heimatmuseum gehört der 300 Jahre alte **Gammel Kongsgård** mit original möblierten Bauernstuben und einem Bauerngarten.

❶ Sept. – Juni Sa., So., Juni – Aug. tgl. 11.00 – 16.00 Uhr, Eintritt frei
www.roskildemuseum.dk

***Ledreborg Slot**

Das Schloss Ledreborg in Lejre, seit 1730 von der Familie Holstein-Ledreborg bewohnt, gehört zu den schönsten **Rokokoschlössern** Dänemarks. Da die Familie den Palast noch bewohnt, lässt er sich nur im Rahmen von vorab gebuchten Privatführungen für Gruppen besichtigen und bei Firmenevents – oder Hochzeiten! – erleben. Im großen Schlosspark locken Dschungelpfad, Labyrinth und im August die populären **Open-Air-Konzerte.**

ⓘ Park: tgl. 11.00 – 16.00 Uhr, pro Person 25 DKK, www.ledreborg-slot.dk

Sluseholmen und Teglholmen

E/F 12/13

Lage: Südhafen
Buslinien: Hafenbus, Buse 30, 991

Am Südende des Hafenkanals nehmen seit 2008 nach Plänen von Arkitema & Soeters Van Aldonk Ponic zwei holländisch inspirierte Stadtviertel Gestalt an: Sluseholmen und Teglholmen. 2022 sollen sie an die Metro angeschlossen werden.

Teglholmen

Wo ab 1871 ein Ziegelwerk Backsteine und Dachpfannen für die Häuser von ►Vesterbro lieferte, ist heute die **IT-Industrie** Kopenhagens konzentriert. Nokia, Ericsson und Philips haben hier ebenso ihre Firmenzentralen wie der Fernsehsender TV2, der 2008 seine Kopenhagener Büros und Studio in einem neuen Medienhaus auf Teglholmen zusammenführte. Noch im Bau ist die neue Zentrale des Zeitungskonzerns Berlingske Tidende. Die ehemalige Tongrube der Ziegelwerke bildet seit 1916 das kleine Hafenbecken Teglværkshavnen, wo heute Motorjachten und Segelboote vertäut sind – und, direkt an der neuen Teglværksbro, das schwimmende Labor der Kunstkooperative **Illutron** (www.illutron.dk), die auf einem alten Kahn mit Licht und Feuer atemberaubende Installationen inszeniert. Teglholmen lockt auch Familien mit attraktiven Eigentumswohnungen am Wasser, viele mit Liegeplatz fürs eigene Boot. Badefreuden verspricht das Koralbadet mit drei Becken, Sprungturm und Sauna.

Sluseholmen

Teglholmen ist durch eine Brücke mit Sluseholmen verbunden, einst Standort der Schwerindustrie und einer Ford-Fabrik, in der ab 1924 das Modell T vom Band lief. Seit 2004 wurde nach dem Masterplan des Niederländers Sjoerd Soeters eine kleine, die bunte Enge des historischen ►Nyhavn modern interpretierende Wasserstadt geschaffen: 800 Wohnungen auf acht künstlich aufgeschütteten Inseln, durchzogen von sieben Kanälen. Wahrzeichen der Grachtenstadt ist der organische »Metropolis«-Wohnturm von Future Systems und des dänischen Büros Kasper Danielsen Arkitekter mit 80 Wohnungen auf elf Etagen, die auf drei Seiten von Wasser umgeben sind – bei Bedarf kann er um 20 Etagen aufgestockt werden. Das neue Wohnviertel, 2011 mit dem Dänischen Städtebaupreis geehrt, gehört inzwischen zu den gefragtesten Wohnlagen der Hauptstadt. Zum Charme von Sluseholmen gehört auch die alten Bootsschuppen des **Valby Bådklubben** – das Clubrestaurant ist für alle geöffnet! Am Sluseholmen 10 bringt **Københavns Auktioner** Antiquitäten, Möbel, Münzen und Bücher unter den Hammer.

Valby Bådklubben: Oscar Pettifords Vej 10, www.bkvorg.dk

** Statens Museum for Kunst

H 7

Lage: Sølvgade 48-50
Metro-/S-Bahn-Station: Nørreport
Buslinien: 6A, 14, 26, 40, 42, 43, 184, 185, 150 S, 173E
Di. – So. 10.00 – 17.00, Mi. bis 20.00 Uhr, Eintritt frei
Eintritt nur für Sonderausstellungen, www.smk.dk

Von der heiligen Maria über Matisse zu Schaumstoff im Netz und Seemännern im Pyjama: Das Hauptmuseum für bildende Kunst in Dänemark hält unter seinen 8000 Werken des 13. bis 21. Jh.s manche Entdeckung bereit – und bietet auch architektonisch immer wieder spannende Einblicke.

Dänemarks größte Kunstsammlung

Hervorgegangen ist der Museumsfundus aus der königlichen Kunstkammer in ▸Christiansborg Slot, die nach dem Brand von 1894 neue Räume benötigte. Die alten europäischen und dänischen Meister findet man im 1889 – 1896 von Vilhelm Dahlerup und E. V. Møller erbauten Neorenaissancebau, der 2006 renoviert wurde. Im 1996 bis 1998 nach Plänen von **Anna Maria Indrio** angefügten Flügel, der die Ausstellungsfläche auf 30 000 m^2 verdoppelte, sind zeitgenössische Werke, ein Kindermuseum und eine Kunstbuchhandlung zu finden.

Alte europäische Meister

Die Gemäldesammlung präsentiert europäische Meister des 13. – 18. Jh.s. Italien ist in erster Linie durch die Venezianer Tizian, Tintoretto, Guardi und Tiepolo vertreten, ergänzt durch Arbeiten von Mantegna, Filippino Lippi, Parmigianino und Barocci. Die niederländische Kollektion mit flämischer Kunst des frühen 15. Jh.s. bis zur Blütezeit der holländischen Schule des 17. Jh.s zeigt Gemälde von Rubens, Bruegel d. Ä., Hans Memling, Frans Hals, Rembrandt, van de Velde,

Ruisdael, Jan Steen, Pieter Lastman und Jacob Jordaens. Zur deutschen Sammlung gehört die umfangreichste **Werkschau von Lucas Cranach d. Ä.** außerhalb Deutschlands. Unter den französischen Gemälden sind vor allem die Werke von Poussin, Lorrain und Fragonard aus dem 18. Jh. zu nennen.

Dänischer Klassizismus, Biedermeier und Romantik

Zu den herausragenden dänischen Künstlern des 18. Jh.s zählen Nicolai A. Abildgaard und Jens Juel, das Goldene Zeitalter des frühen 19. Jh.s ist durch den prominenten Dänen **C. W. Eckersberg** und seine Schüler **Christian Købke** und Constantin Hansen repräsentiert. Unter den Landschaftsmalern aus der zweiten Hälfte des 19. Jh.s verdienen J.T. Lundbye, **P.C. Skovgaard** und **Vilhelm Hammershøi** besondere Beachtung. Vertreten sind auch die **Fünen-Maler** Peter Hansen, Frits Syberg und Johannes Larsen sowie die **Skagen-Maler** Michael und Anna Ancher und P. S. Krøyer.

Moderne Kunst

Als Wegbereiter der modernen dänischen Kunst gelten die Maler Harald Giersing, Edvard Weie und Karl Isakson. Unter den Bildhauern der ersten Hälfte des 20. Jh.s verdienen besonders Kai Nielsen, Gerhard Henning und Astrid Noack Beachtung. Zeitgenössische Strömungen zeigen die Arbeiten von Egill Jacobsen, **Richard Mor-**

Meister des Klassizismus im Statens Museum for Kunst

tensen und Robert Jacobsen. CoBrA-Künstler **Asger Jorn** ist ein eigener Saal gewidmet. Dank großzügiger Schenkungen besitzt das Museum auch Werke von Braque, Rouault und Picasso sowie 25 Gemälde von **Henri Matisse**. Die neun Gemälde von **Emil Nolde** vermachte der Künstler selbst dem Museum.

Kupferstichkabinett

Das 1835 aus der Königlichen Bibliothek ausgegliederte Kupferstichkabinett der Nationalgalerie umfasst rund **300 000 europäische Zeichnungen** und grafische Arbeiten von der Mitte des 16. Jh.s bis heute, darunter Radierungen und Stiche von A. Dürer sowie Arbeiten von Piranesi, Degas, Toulouse-Lautrec, Picasso und Giacometti. Im **Kindermuseum** mit Kino und Workshops können 6 – 12-Jährige mit unterschiedlichsten Materialien und Techniken experimentieren.

***Den Hirschsprungske Samling**

Mit 600 Gemälden, 200 Skulpturen und mehr als 1000 Aquarellen und Zeichnungen gibt die benachbarte Sammlung des Tabakfabrikanten Hirschsprung einen hervorragenden Überblick über die dänische Kunst von 1800 bis 1910. In 40-jähriger Kleinarbeit trugen Heinrich Hirschsprung und seine Frau Pauline die Werke dänischer Künstler vom Goldenen Zeitalter bis zum frühen 20. Jh. zusammen und ergänzten sie mit Mobiliar aus Wohnungen der Künstler. Vertreten sind **C. W. Eckersberg** und seine Schüler **Christian Købke**, P. C. Skovgaard und Constantin Hansen, Vilhelm Hammershøj, Ejnar Nielsen und L. A. Ring sowie die **Skagen-Maler** Anna und Michael Ancher und Peter Severin Krøyer, der seinen Mäzen mit Frau, Tochter und den vier Söhnen malte – das Porträt hängt im zweiten Raum.

ⓘ Stockholmsgade 20 , tgl. außer Di. 11.00 – 16.00 Uhr, Eintritt Erw. 75 DKK, unter 18 Jahren frei, www.hirschsprung.dk

** Strøget

G / H 8

Verlauf: Vom Rådhuspladsen bis zum Kongens Nytorv

Bus/Metro-/S-Bahn: Rådhuspladsen und Kongens Nytorv

Fünf Straßenzüge bilden seit 1962 den »Strøget« – der »Strich« ist nicht nur Dänemarks berühmteste und Europas älteste Einkaufsmeile, sondern mit 1,8 km auch eine der längsten Fußgängerzonen der Welt.

Flaniermeile zum Shoppen und Staunen

Die autofreie Flaniermeile zwischen dem demokratischen ▶Rådhuspladsen und königlichen ▶Kongens Nytorv wandelt auf dem Weg von der Frederiksgade, Nygade, Vimmelskaftet, Amagertorv und Østergade ihr Gesicht. Dominieren in Rathausnähe Fast-Food-Ket-

Shopping der Superlative auf dem Strøget

ten, Souvenirshops und Billigboutiquen, wird der »Strich« mit jedem Meter eleganter und exklusiver, präsentieren Flagshire-Stores Weltmarken und Luxusmode. Um den Damen der gehobenen Gesellschaft den Einkaufsbummel so angenehm wie möglich zu gestalten, wurden bereits Ende des 18. Jh.s die Bürgersteige der Østergade mit Platten belegt. Beliebte Treffpunkte sind drei Plätze am Strøget. Den **Gammeltorv** schmückt seit 1608 ein Renaissancebrunnen, dessen Bronzegruppe von Peter Hofmann eine schwangere Frau mit zwei Kindern als Symbol die Nächstenliebe »Caritas« zeigt. Auf dem **Nytorv**, heute beherrscht vom Gericht im klassizistischen Stil, stand einst ein Galgen. Etwa die Hälfte der Flaniermeile markiert der ▶**Amagertorv**, wo man sich im Café »Norden« oder »Europa« auf einen Kaffee verabreden kann, nachdem man die Auslagen bei Royal Copenhagen, Georg Jensen und Illums Bolighus bewundert hat.
In der Østergade 16 werden im **Guinness World Records Museum** die verrücktesten Rekorde vorgestellt, vom 2,72 m langen, größten Mann der Welt bis zum giftigsten Frosch. Wer will, kann sich in einem Dragster als Radrennfahrer testen oder erleben, wie 1 382 101 Dominosteine zu Fall gebracht werden. Gruseliges und Lustiges wird im **Mystic Exploratorie** geboten.

Guinness World Records Museum und Mystic Exploratorie: 15. Juni bis Aug. tgl. 10.00 – 22.00, sonst 10.00 – 18.00, Fr., Sa. bis 20.00 Uhr, Eintritt Erw. 85 DKK, 11 – 14 Jahre 68 DKK, 4 – 10 Jahre 43 DKK
www.ripleys.com/copenhagen/de

★★ Thorvaldsens Museum

H 8

Lage: Bertel Thorvaldsens Plads 2
Metro-Station: Kongens Nytorv
Buslinien: 1A, 2A, 15, 26, 29, 650 S
ⓘ Di. – So. 10.00 – 17.00 Uhr, Eintritt Erw. 40 DKK, unter 18 Jahren frei, www.thorvaldsensmuseum.dk

Glatte Marmorskulpturen machten Bertel Thorvaldsen zum bekanntesten dänischen Bildhauer. Sein Museum, noch von ihm selbst begründet, wurde auch sein Mausoleum: Seine Grabplatte liegt im Innenhof.

Skulpturensammlung

Bertel Thorvaldsen (▶Berühmte Persönlichkeiten) begründete 1837 selbst das ihm gewidmete Museum, das erst nach seinem Tod im September 1848 eröffnet wurde. Das Baugrundstück war eine Spende von Frederik VI., Thorvaldsen stiftete eigene und gesammelte Werke. Zum Architekten des Vierflügelbaus im Stil des Historismus wurde **Gottlieb Bindesbøll** bestimmt, der das Museum mit intensiven Farbgebungen gestaltete und die Außenmauern mit einem bunten **Bilderfries** versah, der auf der Kanalseite die triumphale Heimkehr Thorvaldsens aus Rom 1838 darstellt. Die beiden anderen Seiten zeigen das Entladen der Fregatte »Rota« und den Transport von Thorvaldsens Skulpturen in das Museum. Über dem Haupteingang thront eine nach Plänen des Künstlers von seinem Schüler H. V. Bissen ausgeführte Quadriga, gelenkt von der Siegesgöttin Victoria. Die Bronzegruppe war ein Geschenk König Christians VIII. Die nach antiken Vorbildern entworfene Dekoration der Decken übertrug Bindesbøll Künstlern wie G. C. Hilker, Christen Købke und Jørgen Sonne, die Fußböden erhielten kunstvolle Mosaike und Terrazzoauslagen. Das Museum enthält eine umfassende Sammlung **antiker Plastiken**, erzählt über Thorvaldsens Leben und stellt seine eigene Sammlung von Gemälden und klassischen Antiquitäten vor, darunter Arbeiten von C.W. Eckersberg, Jens Juel und ein Porträt Thorvaldsens beim Modellieren von Horace Vernet.

In weißem Marmor gemeißelt: Bertel Thorvaldsens »Amor«

Märchenhaft: der chinesische Turm im Lichtermeer des Tivoli

★★ Tivoli

G 9

Lage: Vesterbrogade 3
S-Bahn-Station: København H
Buslinien: 2A, 5A, 6A, 10, 12, 14, 15, 26, 29, 30, 33, 40, 47, 48, 67, 68, 69, 173 E, 250 S

ⓘ Mitte April – Mitte Sept. tgl. 11.00 – 23.00, Fr. bis 0.30, Sa. bis 24.00, 16. Juni – 20. Aug. So. – Do. bis 24.00, Sa. bis 0.30 Uhr, auch Halloween und 10. Nov. – 30. Dez., Eintritt Erw. ab 8 Jahre 95 DKK, 0-7 Jahre frei, Aquarium: Erw., ab 4 Jahre zusätzl. 25 DKK, Fahrgeschäft-Multi-Ticket 199 DKK, Einzelfahrt 25 DKK, www.tivoligardens.com

Schon Hans Christian Andersen ließ sich vom Tivoli verzaubern, der seit 1843 nur einen Steinwurf vom ►Rådhuspladsen mit Pomp und Kitsch, Kirmes und Kultur, Fastfood und Gourmet, Lichterglanz und Blumenmeer seine Gäste begeistert. Mit alljährlich über 4 Mio. Besuchern ist der Tivoli die Nr. 1 unter Dänemarks Attraktionen.

Vergnügen pur

Der erste Besuch sollte abends beginnen, wenn 120 000 Glühlämpchen die Gebäude zwischen prachtvollen Blumenarrangements mit faustdicken Tulpen und den spiegelnden Wasserflächen der Garten-

Tivoli

VERGNÜGUNGSSTÄTTEN

1 Monsunen
2 Kamelkarawane
3 Kinderriesenrad
4 Drachenkarussell
5 Goldener Turm
6 Tempelturm
7 Drachenboote
8 Panda
9 Dämonen-Achterbahn
10 Oldtimer-Autos
11 Fliegender Koffer
12 Straßenbahn Linie 8
13 Autoskooter
14 Kleiner Flieger
15 Odin-Expressbahn
16 Star Flyer
17 Galeere
18 »Munteres Eck« mit Riesenadlern und 4 G-Feeling
19 Fun House
20 Diamantenmine
21 Älteste Holzachterbahn der Welt von 1914

teiche in allen Farben illuminieren und den Tivoli in einen **Lichtertraum** verwandeln. Mittags treffen sich Geschäftsleute hier zur Frokost, dem dänischen Lunch, Musikliebhaber und Ballettfreunde genießen das vielseitige Programm von Konzertsaal und Freilichtbühne und auf den Bänken sitzen Rentner und »schlecken Sonnenschein«, wie man in Dänemark das Sonnenbaden nennt. Seinen Namen verdankt der Park übrigens dem Tivoli-Park in Paris.

Carstensen-Denkmal

Vor dem Konzertsaal grüßt eine Bronzefigur von **Georg Carstensen** (1812 – 1857) mit Stock und Zylinder den Besucher. Den Geist des Tivoli-Gründers, einem Weltenbummler, Abenteurer und Lebemann mit Sinn für das Schöne, spürt man bis heute in der fantasievollen Architektur, die die orientalisch geprägte Kindheit und fernöstliche Vorliebe von Carstensen widerspiegelt.

Karussell und Achterbahn

Das Ringelspiel mit den Tieren, nostalgische Karussells und der fliegende Koffer aus Andersens Märchenwelt lassen seit Generationen Kinderaugen leuchten, in Oldtimerautos ziehen stolze Knirpse ihre Runden. Mehr Action bieten die 28 m hohe **Dämonen-Achterbahn**, Berg- und Talbahn, Riesenrad, ein fliegender Teppich, Elektro- und Ruderboote sowie der wilde **Flugsimulator** »Flight Control«. 80 m hoch ist der zentrale Mast des **»Star Flyer«**, dem höchsten Kettenkarussell Europas. Seine 12 Doppelsitze an einem sternförmigen Drehkranz vermitteln bei Tempo 70 km/h das Gefühl, zu fliegen – mit fantastischem Rundblick auf die Stadt. Petzi und seine Freunde Pelle, Pingo, Seebär und das Schiff Mary begeistern den Nachwuchs in **Petzis Welt** am Tivoli-See. Spannende Unterwasserwelten mit mehr als 1600 Fischen und Haien zeigt das riesige **Aquarium** neben dem Tivoli-Konzertsaal. Fürs leibliche Wohl sorgen 40 Restaurants in allen Preislagen, deren Speisekarte vom Pølser-Würstchen über gutbürgerliche Küche und chinesische Köstlichkeiten bis zur Haute Cuisine des Café Ketchup reicht. Wer will, kann auch im Tivoli übernachten, im märchenhaften Hotel Nimb mit 13 Luxussuiten (►S. 122). Carstensen schuf für die Pantomime eine eigene Heimstatt. Im **Pantomimentheater** geben der naive, weiß geschminkte Pierrot zusammen mit Columbine und Harlekin eine Vorstellung in der Tradition der italienischen **Commedia dell'Arte** – 15 Stücke gehören zum Repertoire der Bühne. Im **Konzertsaal** gastieren regelmäßig international bekannte Künstler mit dem Symphonieorchester des Tivoli. Zu hören sind Blasmusik, Jazzsessions und festliche Kammerkonzerte, auch Ballettgastspiele werden hier arrangiert. Internationale Stars treten vor bis zu 50 000 Zuschauern auf der **Freilichtbühne Plænen** auf; um 22.00 Uhr spielen dänische Bands zum **»Freitagsrock«** auf. Samstags um 23.45 Uhr

! BAEDEKER TIPP

Juletid im Tivoli

Im Advent verzaubert der Tivoli mit Gløgg und Glanz: Bunte Glühbirnen blinken an den Karussells, verwandeln die nostalgischen Theater und Lokale in Traumpaläste und tauchen das Weihnachtsdorf in weiches Licht. Seine 60 Hütten bieten Strickwaren und Schaffelle, Glasschmuck, Holzspielzeug – und Weihnachtsspezialitäten: »Brune Kager« aus Lebkuchenteig, kreisrunde »Peppernødder«, kleine »Æbleskiver« und warme »Klejner«. Für den Nachwuchs wird »Nissekøbing« gestaltet, ein animiertes Dorf für 136 spitzbübische dänische Weihnachtswichtel.

verwandelt das **Tivoli-Feuerwerk** im Sommer den Nachthimmel in ein funkelndes Farbenmeer. Zum 170. Geburtstag am 5. August 2013 schenkte sich der Vergnügungspark für 12 Mio. Euro die 1200 m^2 große Erlebniswelt **Det muntre Hjørne** zum Thema Sterne, Galaxien und Planeten, die vom dänischen Astronomen Tycho Brahe inspiriert wurden. Rasantes Highlight des »munteren Ecks« ist ein speziell für Tivoli entworfenes 4G-Fahrgeschäft, bei dem Besucher unter gewaltigen Zentrifugalkräften an Bord von Riesenadlern 11 m hinaufsausen und von dort die Welt auf dem Kopf sehen. Für Schmetterlinge im Bauch der Jüngsten sorgt der Drop Tower, der sie in ungewöhnlichen Luftschiffen auf 8 m Höhe trägt und in kreisender Fahrt in die Tiefe sausen lässt. Dritte Attraktion ist der Lille Flyver. Der Tivoli-Klassiker für kleine Kinder wurde modernisiert und in ein interaktives Karussell verwandelt, bei dem die Kinder mit dem Steuerknüppel selbst ihre Flughöhe bestimmen können.

***Tivoligarde** Wahrzeichen des Gartens ist die 1844 gegründete Tivoligarde: 110 Jungen im Alter von 9 bis 16 Jahren, uniformiert wie die königliche Leibgarde, mit eigenen Musikkorps, Fahnenwache, Marineartillerie und einer goldenen Kutsche, in der ein kleiner Prinz mit seiner kleinen Prinzessin sitzt.

❶ Mi., Sa., So. und an Feiertagen marschiert die Tivoligarde um 17.20 und 19.20 Uhr von der Fregatte im See durch den Park – außer im Juli, wenn die Garde Urlaub macht.

* Tycho Brahe Planetarium

F 9

Lage: Gammel Kongevej 10
S-Bahn-Station: Vesterport
Buslinien: 14, 15, 831
❶ Mo. 11.30 – 20.30, Di. – So. 9.30 – 20.30 Uhr
Eintritt Erw. inkl. Film im Space Theater 139 DKK, ohne Film 84 DKK, Kinder 89 / 59 DKK; am Wochenende kostenlose Führungen um 10.30, 11.40, 14.00, 15.10 und 16.20 Uhr. www.tycho.dk

Astronomie und Action verbinden sich am Südufer des Sankt Jørgens Sø, wo das nach dem dänischen Astronomen Tycho Brahe benannte Planetarium jährlich mehr als 400 000 Besucher in die unendlichen Weiten des Universums entführt.

Planetarium Eine 7-Mio.-Euro-Spende von Bodil und Helge Petersen ermöglichte 1989 den Bau des größten Planetariums Europas – Knud Munk entwarf es als modernen Zylinder am Südufer des Sankt Jørgens Sø. Herzstück ist sein **Space Theater** mit 240 Flugsesseln, in dem stündlich ein computergesteuerter Zeiss-Projektor den Nachthimmel mit 9000 Planeten, Galaxien, Kometen und Sternen projiziert. Auf der 1000 m² großen Leinwandkuppel des Dachs werden **IMAX-Filme** gezeigt, die die Besucher in die Tiefen des Meeres, den Dschungel oder ins All entführen. Mysterien des Kosmos erläutert die Dauerausstellung »Das aktive Universum«. Zum Angebot gehören auch Astronomie-Kurse, Infozentrum und das **Restaurant »Cassiopeia«**, benannt nach dem Stern, den Tycho Brahe (►Berühmte Persönlichkeiten) 1572 entdeckte: die Nova Cassiopeia.

Sankt Jørgens Sø

Drei Seen umschließen halbkreisförmig das Zentrum von Kopenhagen. Die Verbindung zwischen ihren baumbestandenen Uferstraßen stellen vier Brücken her. Im Sommer kann man auf den Seen segeln oder Ruderboot fahren, im Winter sieht man hier Schlittschuhläufer übers Eis gleiten. Südlichster See ist der St. Jørgens Sø, an dessen Ufer das Tycho Brahe Planetarium liegt. Vor der Brücke Gyldenløvesgade, die den benachbarten **Peblinge Sø** abgrenzt, ragen die Türmchen der stilvollen Disko Søpavillonen in den Himmel (►S. 53). Am nördlichen **Sørtedams Sø** kann man nach einem Spaziergang bei Kaffee und Kuchen ausruhen: im gemütlichen »Den franske Café«.

***Insel Ven**

Zur schwedischen Øresund-Insel Ven (dän. Hven) schippern im Sommer in einer Stunde Fähren von Spar Shipping ab ►Nyhavn – am Anleger kann man Fahrräder mieten, um die Insel zu erkunden. Auf Ven wurden die Ruinen der Sternwarten Stjerneborg und Uranienborg freigelegt, wo Tycho Brahe 20 Jahre lang forschte. Über das Wirken des Astronomen und die Wandlung des modernen Weltbilds von Kopernikus bis zu Newton erzählt das **Tycho Brahe Museum**.

Fähren: April – Sept. tgl. außer Mo. n. V., Tel. 33 33 93 55, Hin- und Rückfahrt Erw. 180 DKK, 4 – 12 Jahre 120 DKK, http://sparshipping.dk
Tycho Brahe Museum: 12. April – Sept. tgl. 10.00 – 16.00, 26. Juni – 20. Aug. bis 18.00 Uhr, Erw. 60 SEK, unter 15 Jahren frei, www.tychobrahe.com

* Vesterbro

E/F 9/10

Lage: Südwestlich vom Bahnhof
Metro-Station: Dybbølsbro
S-Bahn-Station: Kongens Enhave

Im ehemaligen Schlachthofviertel, wo einst billige Bordelle und Kellerlokale dominierten, ist seit der Sanierung zwischen Halmtorvet und ►Carlsberg-Brauerei ein lebendiges Quartier entstanden, das Subkultur, Avantgarde und Zeitgeist zu einem spannenden Mix vereint.

Junge Kunst und Szenetreffs

Kaum ein Lokal verdeutlicht die Verwandlung des Viertels zum Hotspot der Szene so sehr wie die Karriere-Bar (► S. 53) am **Flæsketorvet**. Donnerstag bis Sonnabend serviert die experimentelle Café-Bar nicht nur Cocktails, Kaffees und Cuisine, sondern inszeniert auch faszinierende Gegenwartskunst in der Interaktion mit Gästen. Spektakuläre Lichtobjekte von Olafur Eliasson schweben über den Gästen, den Bartresen lässt Jeppe Hein langsam von einer Seite zur anderen gleiten. Wenige Schritte weiter präsentierten die V1 Gallery (Flæsketorvet 69 – 71, www.v1gallery.com) und Dänemarks erste Fotogalerie DASK (Flæsketorvet 24, www.daskgallery.com) etablierte Künstler und vielversprechende Newcomer. Per Kirkeby, Georg Baselitz, Sigmar Polke, Jannis Kounellis und Helmut Federle sind bei Bo Bjerggaard (Flæsketorvet 85 A, www.bjerggaard.com) zu sehen. Ungeschminkte Alltagsansichten von Kopenhagen zeigen Tobias Wensien und Thorbjørn Hansen in ihrer Fotogalerie Kontraframe (Flæsketorvet 77-79, www.kontraframe.dk). Die Galleri Nikolai Wallner (www.nicolaiwallner.com) stellt in der alten Carlsberg-Brauerei am Ny Carlsberg Vej 68 dänische Gegenwartskünstler wie Jesper Just, Christian Schmidt-Rasmussen und Jens Haaning aus.

Futuristisch: Olafur Eliassons Lichtobjekte schweben in der Karriere-Bar wie Raumschiffe über den Köpfen der Gäste.

Weltküche und Dänisches

Fangfrische Meerestiere serviert **Kødbyens Fiskebar** am Flæsketorvet (►S. 71) – im Sommer mit herrlicher Sonnenterrasse. Die einst älteste Trinkstube der Schlachter heißt heute Mesteren & Lærlingen und ist eine angesagte Bar am Flæsketorvet 86 mit Soul, Funk und Hip Hop auf dem Plattenteller. In einer alten Leberpastetenfabrik an der Slagterboderne eröffnete 2009 Paté Paté (www.patepate.dk), Delikatessenshop, Weinbar und Kaffeeoase in einem. Laut und lebendig geht es bei Lê Lê (www.lele.dk) zu, einem Vietnamesen in der Vesterbrogade 40, den man eher in New York als in Kopenhagen vermuten würde. Großformatige Kunst und Familienbilder zieren die Wände, man drängt sich um kleine Tische und löffelt Leckeres aus dampfenden Schüsseln und Schalen. Dass es auch richtig ruhig zugeht im Schlachterviertel, beweist Tante T, ein nostalgischer Teesalon in Samt und Pastel, eingerichtet in einem alten Lebensmittelladen in der Viktoriagade 6 (http://tante-t.dk). Verdens Mindste Kaffebar (www.myspace.com/vmbar) serviert auf weniger als zehn Quadratmetern in der Tullinsgade 1 köstlichen Pascucci-Kaffee von einer Privatrösterei in Italien. Auch das Sort Kaffe & Vinyl (www.myspace.com/267503782) an der Skydebanegade 4 setzt auf schwarz geröstete Bohnen und spielt dazu Vinylschätze von Klassik bis Obskur.

Ausgefallenes für jeden Anlass

Vesterbros beste Shoppingadressen konzentrieren sich am Westende der **Istedgade** – Geschäfte wie Donn Ya Doll (Nr. 55, http://donnyadoll.dk), die mit ihren ausgefallenen Outfits Partygänger und Clubbesucher einkleidet. Ebenfalls an der Istedgade liegt der Laden der dänischen Designerin Katrine Sommerlund (Nr. 110), deren Label für Festtagskleider aus Satin und Seide steht. Fast schon Klassiker sind ihre gepunkteten Holderneck-Kleider im Stil der 1950er. »Genbrug« heißt gebraucht auf Dänisch, und genau dieses gibt es im gleichnamigen Secondhand-Shop der Superlative mit Kleidung, Schuhwerk und Taschen aller Stile für wenig Geld an der Vesterbrogade 79. Im Underwerket an der Slagtehusgade 44 bedruckt die dänische Designerin und Illustratorin Lisa Grue nicht nur T-Shirts und Tassen, sondern auch Teller, Tapeten und sogar Teppiche mit ausgefallenen Schwarz-Weiß-Illustrationen (www.underwerket.dk).

Halmtorvet

Der **Heumarkt**, wo einst das Vieh auf den Weg zum Schlachthof wartete, ist heute ein begrünter Platz, in dessen Cafés Künstler und Kreative ihren Kaffee schlürfen. In den ehemaligen Viehauktionshallen von 1920 wird jetzt Design, Fotografie, Mode und moderne Kunst spannungsreich in Szene gesetzt. Die Hallen gehören zum **DGI-byen**, einem Multifunktionskomplex mit Konferenzzentrum, Hotel, Bowlingbahn und dem Erlebnisbad Vandkulturcentret mit 100-m-Bahn, Wassertrampolin und Kletterwand am Sprungbassin.

DGI-byen: Mo. – Do. 6.30 – 24.00, Fr. 6.30 – 19.00, Sa./So. 9.00 – 17.00 Uhr, www.dgi-byen.dk

** Zoologisk Have

D 9

Lage: Roskildevej 32
Metro-Station: Solbjerg, Frederiksberg
S-Bahn-Station: Valby
Buslinien: 4A, 6A, 18, 26, 171E, 832
Nov.–März. tgl. 10.00–16.00, März, Ostern Sa., So. bis 17.00, April, Mai, Sept. Mo.–Fr. 10.00–17.00, Sa., So. 10.00–18.00, Okt. tgl. 10.00–17.00, 28. Juni–17. Aug. tgl. 10.00–21.00 Uhr, Eintritt Erw. 150 DKK, 3 – 11 Jahre 90 DKK, www.zoo.dk

Seit seiner Eröffnung 1859 hat sich der Kopenhagener Tierpark zu einem der größten Zoos in Europa entwickelt, in dem mehr als 3300 Tiere in naturnah gestaltenen Gehegen leben.

Ältester Zoo Skandinaviens

Der 1859 vom Ornithologen Niels Kjærbølling ins Leben gerufene Zoo von Kopenhagen wurde in den letzten Jahren erheblich modernisiert und erweitert. Bei der **Raubvögelschau** im Freilichttheater am Eingang werden nicht nur einheimische Jäger wie Falke und Bussard, sondern auch Exoten wie der australische Leatherbird vorgestellt. 2008 eröffnete das von Norman Forster entworfene **Elefantenhaus** mit großem Freigehege. Ein langer Glasgang bietet ungehindert Sicht auf das Leben der grauen Giganten. Taghell wird das Dickhäuterhaus durch zwei selbsttragende Glaskuppeln. Ein kleines Wissenschaftszentrum informiert über Geschichte und Leben der Elefanten, die 2013 Nachwuchs bekamen. Junge Errungenschaften sind auch das umgestaltete Seehundbecken und die Savanne mit dem Nilpferdhaus. Ende 2012 erhielt der Zoo eine neue Eisbärenanlage. Im Arcylglastunnel des **Arktiske Ring** lassen sich die Könige der Arktis hautnah beim Schwimmen und Tauchen beobachten. Am anderen Ende des Tunnels tummeln sich Robben im Salzwasser, nur durch eine Glasscheibe von ihrem Jäger getrennt. Im Herzen des Ringes ragt eindrucksvoll ein Vogelfelsen auf, auf dem Papageientaucher, Trottellummen und Tordalken hocken, in Brutkästen aus Eiern von Vögeln der Färöer aufgezogen. Finanziert wurde die Anlage durch eine großzügige Spende der Mc-Kinney Møllers-Stiftung, die zur 150-Jahr-Feier dem Zoo 2009 für jedes Jahr des Bestehens eine Millionen dänischer Kronen schenkte.
Einen guten Überblick erhält man auf dem 44 m hohen Aussichtsturm am Eingang und in der Miniatureisenbahn, die im Sommer durch den Zoo rattert. Der Nachwuchs liebt den Kinderzoo – hier gibt es **Zicklein zum Streicheln** und ein Kaninchendorf. Am Eingang wird ein **Zoo-Handy** als Fremdenführer verliehen, über dessen Menü man Fakten zu den Tieren anfordert, Themen-Touren auswählt, Tagesprogramme studiert und per SMS die Fütterungszeiten

Zoologisk Have

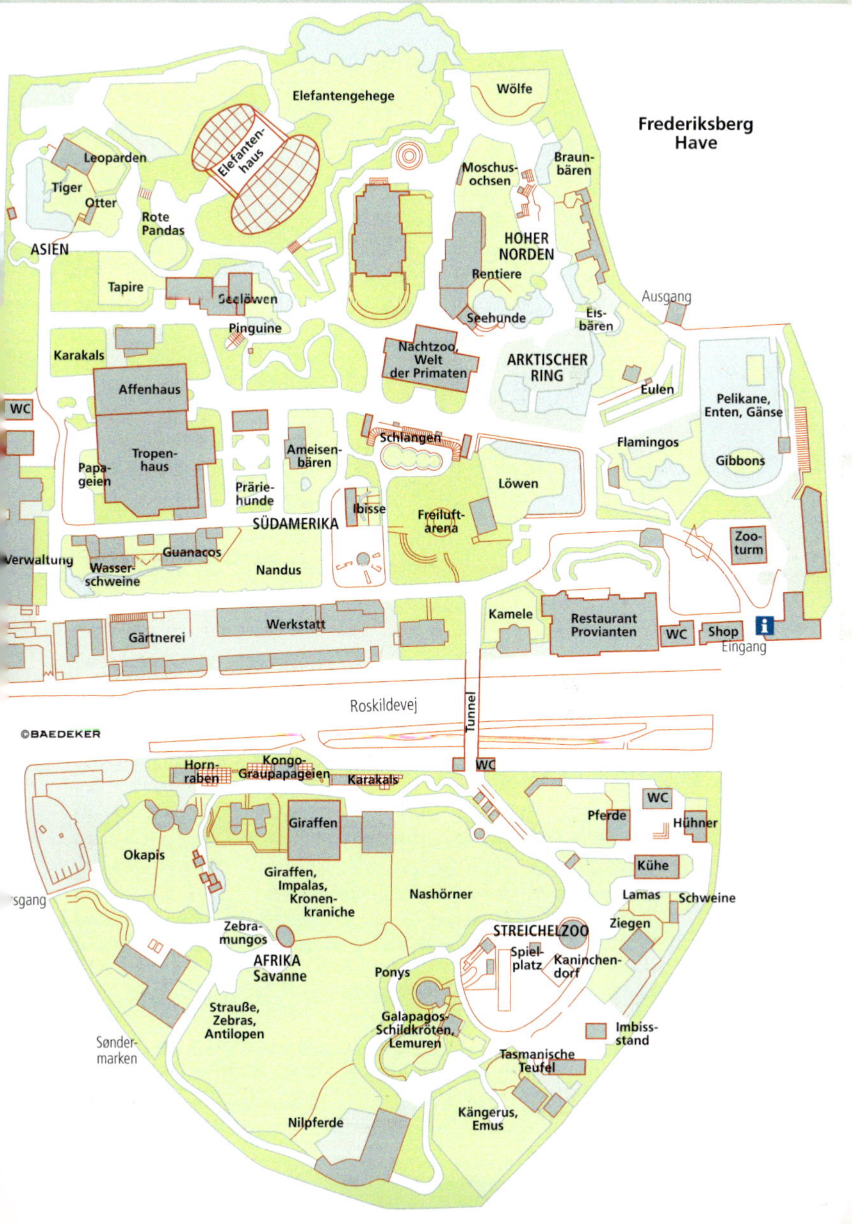

Familienglück: 2013 bekamen die Elefanten Nachwuchs.

abfragt. Beim mobilen Zoo-PC erfasst ein Satellit auf der digitalen Übersichtskarte metergenau, wo Sie sich gerade befinden. Am Vogelsee mit der Gibboninsel tummeln sich Störche, Pelikane und Gänse, gegenüber vom Löwengehege dösen einbeinig still rosarote Flamingos. Papageien, Fasane und scharlachrote Ibisse aus Südamerika können Hobbyornithologen in Volieren bewundern. Der hohe Norden ist mit Moschusochsen und Rentieren vertreten, der Ferne Osten mit **roten Pandas**, Marabus und Tapiren. Im Giraffenhaus kam in den letzten zehn Jahren mehr als ein Dutzend neue Kälber zur Welt. Freunde von Wildkatzen zieht es zu den Freigehegen der **Tiger** und den Käfigen der **schwarzen Panther**. In weitläufigen Gehegen leben Schabrackentapire, Wasserbüffel, Antilopen, Okapis, Strauße und Zebras, nicht zu vergessen die Nashörner, Nilkrokodile, Gnus und Kamele, Kängurus, Emus und Präriehunde. Zum **Nachtzoo** gehören Fledermäuse, südamerikanische Gürteltiere und afrikanische Galagos. Geschick beweisen die Schimpansen im **Affenhaus**, das mit Urwaldflora und tropischem Klima Dschungelfeeling vermittelt – ohne Probleme angeln sie aus den Holzklötzen, die in den Kletterbäumen hängen, verschiedene Leckereien heraus.

★ Zoologisk Museum

F 6

Lage: Universitetsparken 15
Buslinien: 4A, 18, 42, 43, 184, 185, 150 S
❶ tgl. 10.00 – 17.00 Uhr, Eintritt Erw. 75 DKK, Kinder 40 DKK, Führungen pro Person ab 120 DKK
http://zoologi.snm.ku.dk

Das 14 m lange Skelett eines Grönlandwals ist die Hauptattraktion des Zoologischen Museums, das eindrucksvoll Tiere in ihrer natürlichen Umwelt darstellt.

Tiere aus aller Welt

Vor mehr als 300 Jahren schuf Ole Worm (1588 – 1654) eine erste zoologische Sammlung in Kopenhagen, die Frederik III. in seine »Königliche Kunstkammer« übernahm und bis heute in Teilen im Zoologischen Museum aufbewahrt wird. Die 1770 gegründete, eigene zoologische Sammlung der Universität wurde in der zweiten Hälfte des 19. Jh.s der Öffentlichkeit zugänglich gemacht.
Im Museum erzählt **»Die Tierwelt Dänemarks«** von der Einwanderung von Tieren am Ende der letzten Eiszeit vor 15 000 Jahren und reicht über Dänemarks Naturräume mit ihrer typischen Flora und Fauna bis hin zu den Tierarten in städtischen Regionen. Die Abteilung **»Von Pol zu Pol«** schildert die Tierwelt in den Landschaftsräumen der Erde. Sie zeigt ebenso die Lebensbedingungen nahe der Pole wie in den endlosen Weiten von Taiga und Tundra, dokumentiert das Leben an der Küste, auf Inseln, in den Gebirgen, Wüsten, tropischen Regenwäldern, Süßwasserseen und Weltmeeren. Das 14 m lange **Grönlandwalskelett** hat 3 – 4 m langen Barten und wiegt 1981 kg.

PRAKTISCHE INFORMATIONEN

Was besagt das Jantelov? Welche Kopenhagen-Schmöker gehören ins Urlaubsgepäck? Und wie kann ich für wenig Geld viel erleben? Lesen Sie es nach – am besten schon vor der Reise!

Anreise · Reiseplanung

Mit dem Auto Durch mautpflichtige Brückenneubauten können Autofahrer seit Sommer 2000 den **Großen Belt** zwischen Fünen und Seeland und den **Øresund** zwischen Seeland und Südschweden überqueren und so von Flensburg bis Malmö durchfahren. Ab 2021 wird dies durch die Einweihung des Fehmarn-Belt-Tunnels auch von Puttgarden nach Rødby Havn möglich sein. Die **Vogelfluglinie** E 47 zwischen dem Fährhafen Rødby und Kopenhagen ist vollständig als Autobahn ausgebaut. Von Rostock wird nach Gedser übergesetzt, von dort auf der E 55 Kopenhagen erreicht. In der Hochsaison ist eine rechtzeitige Reservierung der Scandlines-Fähren ratsam. **Autoreisezüge** fahren ein- bis mehrmals wöchentlich von Lörrach, Sonthofen und München nach Hamburg. In der Schweiz bildet Chur den Ausgangspunkt, in Österreich die Stadt Villach.

Hinweis
Gebührenpflichtige Servicenummern sind mit einem Stern gekennzeichnet: *0180 ...

Mit dem Bus **Eurolines** bieten aus mehreren deutschen Städten günstige Busverbindungen nach Kopenhagen. Von Frankfurt/M., Hannover, Hamburg und Berlin geht es mit **Swebus** zum Kopenhagener Flughafen Kastrup und weiter nach Malmö. Von Berlin aus fährt die **Berolina**-Linie E55 täglich mit günstigen Tarifen in die dänische Hauptstadt und weiter nach Malmö.

Mit der Bahn Täglich verkehren mehrere Züge von Hamburg nach Kopenhagen über die Vogelfluglinie – zwischen Puttgarden und Rødby wird der Zug mit dem Fährschiff über den Fehmarnbelt befördert, ab 2021 im Tunnel unter der Erde – sowie über die Große-Belt-Verbindung. **ICE-Züge** verbinden in sechs Stunden Berlin via Hamburg und Puttgarden mit Kopenhagen. Über Nacht fahren täglich **EuroNight-Züge** (www.citynightline.de) von Basel via Freiburg, Karlsruhe und Frankfurt/M., von München via Nürnberg sowie von Köln und aus dem Ruhrgebiet nach Kopenhagen. Auskünfte auch über Spartarife erteilt die Deutsche Bahn AG.

Mit der Fähre Die kürzeste Fährfahrt von Deutschland nach Kopenhagen geht von Puttgarden in 45 Minuten über den Fehmarnbelt nach Rødbyhavn/Lolland. Von Rostock nach Gedser/Falster brauchen die Fähren rund 1 Std. 45 Min., die Schnellfähren 70 Minuten.

Mit dem Flugzeug Zum Flughafen Kopenhagen/Kastrup bestehen direkte Flugverbindungen u. a. von Berlin, Dresden, Düsseldorf, Frankfurt/M., Hamburg, Hannover, Köln, München und Stuttgart, von Wien sowie von

BAHN

Hauptbahnhof in Kopenhagen
Hovedbanegåden Bånegadspladsen 4
Tel. 33 14 17 01, www.dsb.dk
Bus 1A 2A, 5A, 6A, 10, 15, 26, 65E
sämtliche S-Bahn-Linien

Deutsche Bahn
Tel. *01805 99 66 33, www.bahn.de

Autoreisezug
www.dbautozug.de

BUS

Berolina
www.berolina-berlin.com

Eurolines Scandinavia
in Kopenhagen: Halmtorvet 5
Tel. 33 88 70 00, www.eurolines.dk

Swebus
www.swebus.se

FÄHRGESELLSCHAFT

Scandlines
Scandlines-Servicecenter in Deutschland:
Tel. *01805 11 66 88
www.scandlines.de

FLUGHAFEN KASTRUP

Københavns Lufthavn
Box 74, Lufthavnsboulevarden 6
DK-2770 Kastrup
Tel. 32 31 32 31, www.cph.dk
Vom Hauptbahnhof fahren alle 10 Min. S-Bahnen und Züge der DSB zum Flughafen. Von der City dauert es mit der Metro M2 rund 15 Minuten bis zum Terminal 3 von Kastrup (Fahrpreis 36 DKK). Zwischen der S-Bahn-Station Vesterport und dem Airport verkehrt die Buslinie 30, zum Tivoli und Rådhuspladsen fährt die Linie 250 S. Autofahrer finden rund 70 000 größtenteils überdachte Parkplätze. Unter 15 Min. ist das Parken kostenfrei. Info: Lufthavnsparkeringen, Tel. 32 52 83 00. Ein Taxi vom Flughafen in die City kostet rund 260 DKK.

FLUGGESELLSCHAFTEN

SAS
in Deutschland: Tel. *018 05 11 70 02
in Kopenhagen: Tel. 70 10 20 00
www.flysas.com/de

Lufthansa
in Deutschland: Tel. 069 86 79 97 99
in Kopenhagen: Tel. 70 10 20 00
www.lufthansa.com

Air Berlin
in D.: Tel. *01805 73 78 00
in Kopenhagen: Tel. 80 88 77 85
www.airberlin.com

Austrian Airlines
in D.: Tel. *0180 3 00 05 20
in Österreich: Tel. 05 17 89
in Kopenhagen: Tel. 70 11 30 00 www.aua.com

easyJet
in D.: Tel. *01805 66 60 00
in Kopenhagen: Tel. 89 88 10 32
www.easyjet.com

Germanwings
in D.: Tel. 0900 19 19 100
in Kopenhagen: Tel. 87 14 23 23 98
www.germanwings.com

Swiss
in Deutschland:
Tel. *01805 11 00 36
in der Schweiz: Tel. +41 848 70 07 00
in Kopenhagen: Tel. 70 10 50 64
www.swiss.com

Genf, Zürich und Basel. Billigflüge gibt es mit easyJet ab Berlin/Schönefeld, Basel-Freiburg und Genf. Germanwings startet von Ostern bis Oktober von Berlin-Schönefeld, Köln/Bonn, Klagenfurt, Salzburg, Wien und Zürich nach Kopenhagen. Die Flugzeit in die dänische Hauptstadt beträgt von Hamburg 55 Minuten, von Wien und Zürich aus knapp zwei Stunden.

EIN- UND AUSREISEBESTIMMUNGEN

Reisedokumente Dänemark ist Mitglied des **Schengener Abkommens** und hat die Grenzkontrollen gegenüber den anderen EU-Staaten abgeschafft. Für Bürger der Europäischen Union genügt der gültige **Personalausweis**, Schweizer benötigen einen gültigen Reisepass oder eine Identitätskarte. Mitzuführen sind Führerschein, Kraftfahrzeugschein und die Internationale Grüne Versicherungskarte. Für Fahrzeuge ohne EU-Kennzeichen sind ovale Nationalitätskennzeichen Pflicht.

Haustiere Für Hunde und Katzen braucht man einen **EU-Heimtierausweis**. Er enthält u. a. ein max. 30 Tage altes amtstierärztliches Gesundheitszeugnis, ein mindestens 20 Tage und höchstens elf Monate vor der Einreise ausgestelltes Tollwut-Impfzeugnis und eine Tierkennzeichnung mit Mikrochip. Für Hunde sind Maulkorb und Leine mitzuführen (www.amtstierärzte.de).

Zollbestimmungen Für den steuerfreien privaten Gebrauch gelten folgende **Höchstmengen**: 800 Zigaretten, 400 Zigarillos, 200 Zigarren oder 1 kg Rauchtabak, 10 l Spirituosen, 20 l Zwischenerzeugnisse, 90 l Wein, davon maximal 60 l Schaumwein, sowie 110 l Bier. Für Nicht-EU-Länder wie die Schweiz liegen die Freigrenzen für Personen ab 17 Jahren bei 200 Zigaretten, 50 Zigarren oder 250 g Rauchtabak; ferner 2 l Wein und 2 l Schaumwein oder 1 l Spirituosen mit mehr als 15 Vol.% Alkoholgehalt oder 2 l Spirituosen mit weniger als 15 Vol.% Alkoholgehalt, 500 g Kaffee oder 200 g Kaffeeauszüge, 100 g Tee oder 40 g Teeextrakt, 50 g Parfüm oder 0,25 l Eau de Toilette sowie Geschenkartikel im Wert von 300 €, Flugreisende bis 430 €, Reisende unter 17 Jahren bis 175 €. Bei der Wiedereinreise in die Schweiz liegt die Freigrenze für Spirituosen bei 1 l mit mehr als 15 Vol.% Alkoholgehalt oder 2 l Spirituosen mit weniger als 15 Vol.% Alkoholgehalt.

Krankenversicherung Versicherte deutscher Krankenkassen haben im Krankheitsfall in Dänemark Anspruch auf **ärztliche Behandlung**. Auch mit der **Europäischen Krankenversicherungskarte** muss meistens ein Teil der Arzt- und Arzneikosten selbst bezahlt werden. Gegen Vorlage der Quittungen erstattet die heimische Krankenkasse die Auslagen – allerdings nicht für jede Behandlung.

Auskunft

AUSKUNFT IN DEUTSCHLAND

VisitDenmark
(auch für Österreich und die Schweiz)
Glockengießerwall 2
D-20095 Hamburg
Tel. *01805 32 64 63
www.visitdenmark.com
Broschüren sind nur online bestellbar.

AUSKUNFT IN KOPENHAGEN

Copenhagen Visitor Centre
Vesterbrogade 4A
DK-1620 København V
Tel. 70 22 24 42
www.visitcopenhagen.com

Dansk Arckitektur Center
Strandgade 27 B, 1401 København K
Tel. 32 57 19 30, www.copenhagenx.dk
Wie sich Kopenhagen verändert, wo Neues entsteht, verrät das Dansk Arkitektur Center auf Christianshavn mit dem »Copenhagen XGuide«, fünf markierten Fahrradtouren (Amager, Amerika Plads, Frederiksberg, Südhafen und Ørestad), fünf MP3-Führungen als Podwalks (Norrebrø, Ørestad Nord, Amerika Plads, Cykelrute, Havnen, Metro) auf Dänisch und Englisch sowie kostenlosen Architekturführungen am Sonntag.

FUNDBÜRO

Mit etwas Glück lassen sich vermisste Gepäckstücke oder andere Gegenstände im Fundbüro wiederfinden. Flughafen: Nachforschungen über die jeweilige Airline oder online unter www.cph.dk/CPH/UK/MAIN/Facilities/Lost+and+Found.htm, wo die allerneusten Fundstücke einzeln aufgeführt werden. Busse: Merken Sie sich die Nummer des Busses und rufen Sie die HUR-Auskunft an, Tel. 36 13 14 15. S-Bahn: Die zentrale S-Bahn-Auskunft hilft weiter, Tel. 70 13 14 15. Metro: Fundbüro, Tel. 70 15 16 15, 8.00 – 16.00 Uhr. Gefundene Gegenstände werden drei Monate aufbewahrt, dann dem Greater Copenhagen Lost Property Office der Polizei übergeben, Tel. 38 74 88 22 (Mo. – Fr. 10.00 – 14.00 Uhr, E-Mail: kbh-hittegods@politi.dk, Slotsherrensvej 113, DK-2720 Vanløse).

DIPLOMATISCHE VERTRETUNGEN

Deutsche Botschaft
Stockholmsgade 57
DK-2100 København Ø
Tel. 35 45 99 00
Notfall-Tel. außerhalb der Öffnungszeiten: Tel. 40 17 24 90
www.kopenhagen.diplo.de

Österreichische Botschaft
Sølundsvej 1
DK-2100 København Ø
Tel. 39 29 41 41, www.bmeia.gv.at

Schweizer Botschaft
Amaliegade 14
DK-1256 København K
Tel. 33 14 17 96
www.eda.admin.ch/copenhagen

Dänische Botschaft
Rauchstraße 1, D-10787 Berlin
Tel. 030 50 50 0 00
http://tyskland.um.dk

WEITERE INTERNETADRESSEN

www.aok.dk
Tipps zu Unterkünften, Restaurants, Shopping und Events in Englisch und Dänisch

www.ctw.dk
Copenhagen this week in Englisch und Dänisch

www.hotelsincopenhagen.dk
Zimmerreservierung in Kopenhagen und Umgebung

www.daenemark.org
Die Homepage der dänischen Botschaft in Berlin informiert über Gesellschaft und Politik, Wirtschaft und Wohnen.

www.denmark.dk
Das dänische Außenministerium berichtet aus dem Königshaus, über Arbeits- und Studienmöglichkeiten.

www.dankultur.dk
Das Dänische Kulturinstitut informiert auf Deutsch und Englisch über Austauschprojekte.

www.kk.dk
Informativer Online-Auftritt der Kopenhagener Stadtverwaltung mit ausführlichen Infos rund um Kultur, Sport, Erleben und Verkehr

http://unlike.net/copenhagen
Modern und trendy wie das Layout ist der Inhalt der Kopenhagen-Plattform von Unlike City Guide, zu der es kostenlos auch die passende App gibt: Präsentiert werden Hotels, Lokale, Läden und Viertel, die angesagt und hip sind.

www.nordtour.wordpress.com
Im Skandinavienblog »Hej!« wird alle vier Tage Neues über Skandinavien berichtet, aus Kopenhagen natürlich auch.

Barrierefrei unterwegs

Reisen mit Handicap

Dänemark, und besonders auch Kopenhagen, ist sehr bemüht, Menschen mit Handicap die Integration so leicht wie möglich zu machen. Rollstuhlaufgänge in Museen sind genauso selbstverständlich wie Rampen an Bussen oder behindertengerechte Hotelzimmer. Welche Attraktionen, Restaurants und Hotels barrierfrei sind, verrät **Visit Copenhagen** auf seiner Website, bislang nur auf Englisch (www.visitcopenhagen.com). Die Website des dänischen Vereins **Foreningen Tilgængelighed for Alle** informiert ebenfalls, welche Orte auch mit Handicap gut besucht werden können.

DSI-Dachverband
Kløverprisvej 10 B DK-2650 Hvidovre
Tel. (00 45) 36 75 17 77
www.handicap.dk

Foreningen Tilgængelighed for Alle
Tel. 51 34 35 96
http://godadgang.dk

Elektrizität

Das Stromnetz in Dänemark führt eine Spannung von 220 Volt Wechselstrom (50 Hz). Die Steckdosen sehen zwar anders aus, aber Adapter sind nicht nötig.

Etikette

Höfliche Umgangsformen

Die Dänen sind überaus hilfsbereit, gastfreundlich und tolerant. Bis auf das Königshaus werden alle geduzt, nicht zu verwechseln mit Respektlosigkeit, denn man legt großen Wert auf Höflichkeit und **gute Manieren**. Gilt doch das ungeschriebene Gesetz des »**Jantelov**«, das besagt, dass man nicht glauben soll, aufgrund von Titeln oder Statussymbolen etwas Besonderes zu sein. Mit »hej« wird nur gegrüßt, wer sich kennt – und mag. In Cafés und Kneipen wird direkt am Tresen bestellt und das Getränk gleich mitgenommen; das Essen wird ausgerufen, teilweise aber auch an den Tisch gebracht. In Restaurants wird wie bei uns am Tisch bedient. **Trinkgelder sind nicht üblich**, wer besonders zufrieden war, rundet höchstens auf. Die Dänen neigen zum **gemütlichen Fahren**, deutsche Bleifußtaktiken lege man an der Grenze möglichst schnell ab, sonst liegen die Nerven blank – und es wird teuer: Die Radarüberwachung auf Dänemarks Straßen ist äußerst scharf, die Strafen sind drakonisch.

Geld

Währung

Währung ist die Dänische Krone (DKK) zu 100 Øre. Es gibt Banknoten zu 50, 100, 200, 500 und 1000 Kronen sowie Münzen mit und ohne Loch: 25 und 50 Øre aus Kupfer ohne Loch; 1, 2 und 5 Kronen aus Silber mit Loch sowie 10 und 20 Kronen aus Messing ohne Loch.

WECHSELKURSE

1 Euro = 7,46 DKK
1 DKK = 0,14 Euro
1 CHF = 6,06 DKK
1 DKK = 0,16 CHF

KARTE VERLOREN?

Einheitliche Notfall-Nummer für sämtliche sperrbaren Medien wie Bank- und Kreditkarten, aber auch für Handys ist die **+ 49 11 61 16**. In Deutschland ist die Nummer kostenlos, vom Ausland müssen die Gebühren übernommen werden.

Banken und Geldwechsel An dänischen **Geldautomaten** lässt sich mit **Bank- und Kreditkarten** rund um die Uhr Geld abheben. Gängige Kreditkarten werden von Banken, den meisten Hotels, Restaurants, Autovermietern und vielen Geschäften akzeptiert. Banken haben in Kopenhagen in der Regel Mo. – Fr. 9.30 – 16.00, Do. bis 18.00 geöffnet, die Wechselstuben am Bahnhof und Flughafen bis 22.00 Uhr.

Gesundheit

Ärztliche Hilfe Alle Reisenden haben Anspruch auf kostenlose Behandlung in dänischen Krankenhäusern (►S. 266). Die meisten Hotels stehen mit einem Arzt in Verbindung. Von 16.00 – 8.00 Uhr wird werktags unter Tel. 70 13 00 41 ein **Bereitschaftsarzt** vermittelt. Bei Zahnproblemen hilft der zahnärztliche Notdienst Tandlægevagten werktags 20.00 – 21.30, Sa., So. 10.00 – 12.00 Uhr (Oslo Plads 14, Tel. 35 38 02 51). 24 Stunden geöffnet ist die **Steno Apotek** in der Vesterbrogade 6 C beim Hauptbahnhof, Tel. 33 14 82 66, www.183.netapotek.dk.

Literatur & Film

Belletristik **Andersens Märchen.** Beltz & Gelberg 2012. Wundeschönes Hausbuch mit 43 Märchen, stimmungsvoll wie hintergründig mit 120 Bildern von Nikolaus Heiselbach illustriert.

Per Olov Enquist: Der Besuch des Leibarztes. Fischer Tb 2011. Dänemark 1766: Der labile Regent Christian VII. in der Hand des deutschen Leibarztes und Aufklärers Struensee, der seine revolutionären Ideale durchsetzt und als Geliebter der Königin ein Kind zeugt, ehe Putsch, Folter, Hinrichtung folgen: 376 Seiten Spannung über das eigentümlichste Kapitel der dänischen Geschichte.

Peter Hoeg: Die Kinder der Elefantenhüter. Rororo 2012. Mitten im Osterurlaub verschwinden plötzlich die Eltern einer scheinbar ganz normalen Familie – bei der Suchaktion stoßen die Kinder auf ein sorgsam gehütetes Geheimnis. Mit seinem abenteuerlicher Roman um Freiheit und Religiosität beschert der Autor von »Fräulein Smillas Gespür für Schnee« wieder ein tolles Lesevergnügen!

Crime Time **Jussi Adler-Olsen:** Verachtung. dtv 2012. Der dritte Fall für den unorthodoxen Polizisten Carl-Mørck – diesmal muss er das spurlose Verschwinden eines »leichten Mädchens« im Jahr 1987 aufklären. Dänemarks bestverkaufter Krimiautor nimmt sich damit eines der dunkelsten Kapitel der dänischen Geschichte an: den gut 10 000 Zwangssterilisationen auf der Insel Sprogø zwischen 1923 und 1961.

Emma Høgh: Eisnächte. Ullstein, 2011. Seit der Trennung von ihrem Mann lebt die eigensinnige Privatdetektivin Kit Sorel zurückgezogen in einem Wohnwagen am Stadtrand von Kopenhagen. Doch dann wird sie von einem Ehepaar gebeten, die Tochter zu suchen – und gerät dabei selbst ins Visier der Täter.

Dan Turèll: Mord in der Dämmerung. Lübbe 2006. Glücklich macht es Inspektor Ehlers nicht, als ein Gitarrist während des Kopenhagener Jazzfestivals tot von der Bühne fällt. Todesursache: Vergiftetes Morphium. Der siebte Band von Turèlls Krimiklassikern mit viel Ironie, schwarzem Humor und Gespür für die dänische Seele.

Sachbücher

Christoph Bartmann: Kopenhagen – Stadt der Dichter. Artemis & Winkler, 2005. Literarische Stadtspaziergänge auf den Spuren von H. C. Andersen, Dan Turèll, Karen Blixen und Peter Høeg.

Insa Reichenau: Architekturführer Kopenhagen. Dom Publishers 2013. 200 Projekte aus 300 Jahren Stadtgeschichte, kenntnisreich porträtiert von einer Architektin, die heute Mitglied im Think Tank Zukunftsinstitut in Frankfurt/Main ist.

René Rezepi, Phaidon by Edel: NOMA - Zeit und Ort in der nordischen Küche. Edel Germany 2011. Der Sternekoch des weltbesten Restaurants und Mitbegründer der neuen nordischen Küche verrät Küchengeheimnisse – und einige seiner besten Rezepte.

Film ab!

Vor den Toren der Stadt liegen die Studios von **Zentropa.** 1992 von Regisseur Lars und Produzent Peter Aalbæk Jensen für den Film »Zentropa« gegründet, hat sich das Studiogelände in Hvidovre, an dem seit 2008 der Kinobetrieb Nordisk Film beteiligt ist, zum **Hollywood Dänemarks** entwickelt. Zu den Erfolgsfilmen, die hier produziert wurden, gehörten neben allen Lars-von-Trier-Streifen (►S. 43) auch die Kinofilme »Italienisch für Anfänger« (2001), »Love is in the Air« (2012), das oscarnominierte Filmdrama »Die Königin und der Leibarzt« von Nikjolaj Arcel sowie die TV-Serie »Clown«. Bei Zentropa dreht auch Susanne Bier, deren Film »Nach der Hochzeit« 2006 ebenfalls für einen Oscar nominiert war. Sie machte einen dänischen Schauspieler zum Weltstar: Mads Mikkelsen war 2006 in »007: Casino Royale«, 2012 als Reformer, Liebhaber und königlicher Leibarzt Struensee zu sehen. Bei den Filmfestspielen in Cannes wurde der charismatische Blonde 2012 für seine Rolle als schuldlos verdächtigter Pädophiler in »The Hunt« als bester Darsteller geehrt und zum dritten Mal für den Europäischen Filmpreis nominiert.

Medien

Deutsche und dänische Zeitungen

Das große Zeitungssterben ist ein weltweites Phänomen, und so ist auch Dänemarks Pressemarkt stark unter Druck. Landesweit Nummer eins ist unangefochten die Tageszeitung **Jyllands-Posten** mit einer Auflage von rund 102 000. Älteste dänische Tageszeitung und Pendant zur FAZ ist die **Berlinske Tidende**, deren Auflage 2011 erstmals unter die 100 000-Marke rutschte. Die in Kopenhagen verlegte sozialliberale **Politiken** erreicht eine Auflage von rund 92 600 Exemplaren. Im gleichen Verlag erscheint das Boulevardblatt **Ekstra Bladet** mit durchschnittlich 74 000 Stück. Größter Konkurrent ist das Boulevardblatt **BT** mit etwa gleichhoher Auflage. Kostenlos im Stadtgebiet verteilt wird die Gratiszeitung MetroXpress. Deutsche Zeitungen und Zeitschriften sind an Kiosken und oft auch in großen Hotels am Erscheinungstag erhältlich.

Rundfunk, Fernsehen

Mit einer Einschaltquote von 70 Prozent gehört der öffentlich-rechtliche Sender **Danmarks Radio** (www.dr.dk) zu den größten europäischen Sendeanstalten. Von seinem Sitz in Søborg bei Kopenhagen und seinen neun Regionalstudios werden die **TV-Programme** DR 1 und DR 2 sowie sechs Hörfunkprogramme terrestrisch, digital und via Kabel gesendet. Große Bedeutung in Dänemark hat auch der Sender TV 2 (http://tv2.dk), dessen Programm einem Mix aus Sat.1 und RTL entspricht.

Notdienste

Pannenhilfe

Der dänische Automobilclub FDM leistet keine Straßenhilfe; im Schadensfall rufe man **Falck Euro-Service** an, der abschleppt oder vor Ort gegen Barzahlung repariert. Für deutschsprachige Touristen hat der ADAC einen Notruf beim Falck Euro-Service eingerichtet, den Sie täglich von 8.30 bis 18.00 Uhr erreichen.

Allgemeiner Notruf
Polizei, Feuerwehr und Ambulanz
Tel. 112

ADAC-Pannenhilfe
Tel. 93 17 08

Weltweiter Notdienst
in Deutschland
Tel. 49 89 22 22 22
(bei Fahrzeugschaden)
Tel. 49 89 76 76 76
(bei Erkrankung, Verletzung)

Post und Telekommunikation

Postämter sind Mo. – Fr. von 9.00 oder 10.00 bis 17.00 oder 18.00 Uhr, Sa. bis 12.00 Uhr geöffnet. Für eine Postkarte oder einen Brief bis 50 g kostet das **Porto** im Inland 8 DKK, als Luftpostbrief ins Ausland – markiert mit großem A als »prioritaire« – 12,50 DKK. Wer sparen will, versendet seinen Gruß auf dem Landweg mit großem »B« (économique), zahlt 11 DKK – und muss mit einer Lieferzeit von bis zu acht Werktagen rechnen.

Telefongespräche können von öffentlichen **Telefonzellen** und Postämtern mit 1-, 2-, 5- oder 10-Kronen-Münzen oder mit Telefonkarten geführt werden, die an Kiosken und in Postämtern zu 30 bis 100 DKK erhältlich sind. Telefoniert wird aber meist nur noch mit dem **Handy**. Je nach Anbieter variieren die Roaming-Gebühren stark. Bei längerem Aufenthalt empfehlen sich Prepaid SIM-Karten. Telefonieren im Fahrzeug ist nur mit Freisprecheinrichtung gestattet – sonst wird eine Geldbuße von 500 DKK fällig.

? BAEDEKER WISSEN

Julemærker

Im Dezember 1903 hatte der Postbeamte Einar Holbøll die glänzende Idee, wie Not leidenden Kindern in den Arbeitervierteln Kopenhagens zu helfen wäre: Auf die Weihnachtspost sollte jeder zusätzlich eine Marke von 2 Øre kleben, und aus dem Erlös könnte man eine Klinik für tuberkulosekranke Kinder bauen. Die Idee wurde ein Riesenerfolg, und so kommen die sogenannten »julemærker« seither jedes Weihnachten in den Handel, um Not leidenden Kindern zu helfen (www.julemaerket.dk).

VORWAHLEN

von Deutschland, Österreich und der Schweiz

nach Dänemark: 00 45
(+ achtstellige Teilnehmernummer; es gibt keine Ortsvorwahlen)

von Dänemark

nach Deutschland: 00 49
nach Österreich: 00 43
in die Schweiz: 00 41
(Null der Ortsvorwahl entfällt!)

Auskunft

Inlandsauskunft: Tel. 118
Auslandsauskunft: Tel. 113

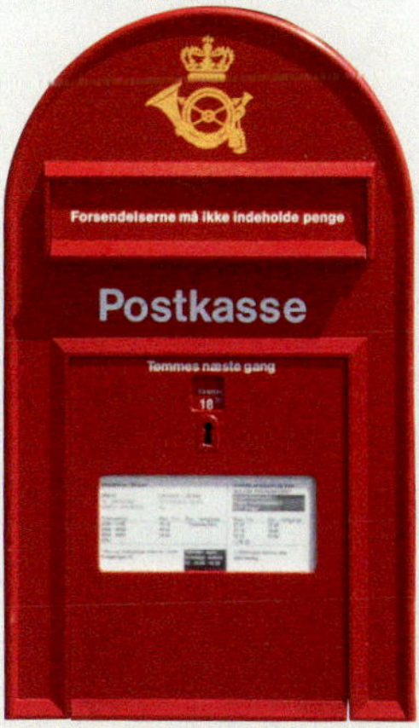

Preise und Vergünstigungen

Teures Reiseland

Dänemark ist ein teures Reiseland. Dass die Kaufkraft des Euro nicht einmal knapp so hoch ist wie in der Heimat, macht sich auch in Kopenhagen immer wieder bemerkbar. Doch das sollte die Entdeckerfreude nicht mindern – schließlich bietet die Hauptstadt auch viele kostenlose Erlebnisse an! Sport- und Outdoorbekleidung bekannter Hersteller wie Jack Wolfskin, Helly Hansen oder H2O, aber auch fangfrischer Fisch direkt im Hafen gekauft, sind oft günstiger als in Deutschland.
In Kopenhagen können nicht nur Kinder unter 18 Jahren, sondern auch Erwachsene an bestimmten Tagen die staatlichen **Museen** kostenlos besuchen. Im Nationalmuseum und dem Statens Museum for Kunst wird kein Eintritt erhoben; mittwochs entfällt für Erwachsene der Eintritt in der Ny Carlsberg Glyptotek (auch So.), im Tøjhusmuseet, Den Hirschsprungske Samling, Post & Tele-Museum, Thorvaldsens Museum sowie Orlogsmuseet von 17.00 – 21.00 Uhr. Dienstags ist der Besuch des Stadtmuseums kostenfrei.

? BAEDEKER WISSEN

Was kostet wie viel?

Einfache Mahlzeit ab 150 DKK
3-Gänge-Menü ab 350 DKK
1 Tasse Kaffee ab 45 DKK
1 Bier ab 50 DKK
Doppelzimmer ab 800 DKK
Benzin: 1 l Super ab 12,30 DKK

▸Preise für Restaurants S. 67
▸Preise für Hotels S. 117

Copenhagen Card

Die **CPH Card** lohnt sich nur, wenn man viel den Nahverkehr nutzt und intensiv die Museen besucht. Den Kauf sollte man vorher überlegen, denn viel lässt sich zu Fuß erledigen. Die Karte amortisiert sich nach dem Besuch von drei Museen pro Tag. Mit der Karte hat man freie Fahrt im Nahverkehr, kostenlosen Eintritt in mehr als 75 Museen und Sehenswürdigkeiten sowie Ermäßigungen bei den Fähren nach Schweden. Sie ist für 24 Stunden (299 DKK, Kinder 10 – 15 J. 159 DKK), 48 Stunden (449 DKK, Kinder 10 – 15 Jahre 199 DKK), 72 Stunden (529 DKK, Kinder 10 – 15 Jahre 293 DKK) oder 120 Stunden (749 DKK, Kinder 10 – 15 Jahre 349 DKK) unter www.copenhagencard.de oder vor Ort am Flughafen, Hauptbahnhof und beim Copenhagen Visitor Centre in der Vesterbrogade 4A erhältlich.

Reisezeit

Mildes Klima

Kopenhagens Klima unterscheidet sich kaum von dem in Norddeutschland, allerdings weist Seeland die Eigenarten eines Inselklimas auf: Die Winter sind nicht zu kalt, die Sommer selten heiß, der

Herbst ist lang und mild, und die Frühlingswärme setzt erst spät ein. In den Sommermonaten zeigt »Wonderful Copenhagen« sein strahlendstes Gesicht, ist aber wegen der vielen Festivals und Veranstaltungen auch meistens überlaufen; schönere Reisemonate sind daher Mai und Juni, wenn die Stadt einem Blütenmeer gleicht, sowie der ruhige, meist warme, sonnige September. Sehr stimmungsvoll ist der Besuch auch im Advent, wenn Lichterketten und Kerzen Kopenhagen in ein Lichtermeer verwandeln, der Duft von heißem Gløgg durch die Gassen zieht und zahlreiche Weihnachtsmärkte mit Kunsthandwerk und kulinarischen Spezialitäten locken.

▸Klimadiagramm S. 17

Sprache

Dänisch ist nicht einfach zu lernen, aber durch die Verwandtschaft zum niederdeutschen Platt leicht zu lesen. Viele Dänen sprechen Deutsch – das auf der Schule gelehrt wird – oder Englisch, sodass es eigentlich nie Verständigungsschwierigkeiten gibt. In der alphabetischen Reihenfolge folgen æ, ø und å am Ende nach dem z. Zur Erleichterung der Aussprache sind alle dänischen Wörter mit einer einfachen Aussprache (in eckigen Klammern) versehen.

Leichte Verständigung

Kleiner Sprachführer Dänisch

Auf einen Blick

Ja./Nein./Vielleicht.	Ja. [ja]/Nej. [nei]/Måske.[moskeh]
Bitte	Vær så venlig [wär so wännli] Vær så god [wärs' goh]
Danke/Vielen Dank	Tak. [tack]/Mange tak [mange tack]
Gern geschehen.	Det var så lidt. [deh war so litt]
Entschuldigung!	Undskyld! [onnsküll]
Wie bitte?	Hvad behager? [wa behar]
Ich verstehe Sie/dich nicht.	Jeg forstår Dem/dig ikke. [jei forstohr dämm igge]
Können Sie mir bitte helfen?	Undskyld, kan De hjælpe mig? [onnsküll, kann die jälpe mei]
Ich möchte ...	Jeg vil gerne ... [jei will gärne]
Das gefällt mir (nicht).	Det kan jeg (ikke) lide. [deh kann jei (igge) lie]
Wie viel kostet es?	Hvad koster det? [wa koster deh]
Wie viel Uhr ist es?	Hvad er klokken? [waär kloggen]

Zahlen

0	nul [noll]	20	tyve [tühwe]
1	en [ehn]	21	enogtyve [ehn-ou-tühwe]
2	to [toh]	22	toogtyve [toh-ou-tühwe]
3	tre[treh]	30	tredive [trähdwe]
4	fire [fier]	40	fyrre [föhr]
5	fem [fämm]	50	halvtreds [hallträss]
6	seks [säks]	60	tres [träss]
7	syv [süw]	70	halvfjerds [halljährs]
8	otte [ohde]	80	firs [fiers]
9	ni [nie]	90	halvfems [hallfämms]
10	ti [tie]	100	et hundrede [et hunnrede]
11	elleve [älwe]	200	to hundrede[toh hunnrede]
12	tolv [toll]	1000	et tusinde [et tuhsinn]
13	tretten [trätten]	2000	to tusinde [toh tuhsinn]
14	fjorten [fjohrten]	10000	ti tusinde [tie tuhsinn]
15	femten [fämmten]		
16	seksten [seisten]	1/2	en halv [en hall]
17	sytten [sütten]	1/4	en fjerdedel [en fjehredehl]
18	atten [atten]		
19	nitten [nitten]		

Kennenlernen

Guten Morgen!	God morgen! [goh morn]
Guten Tag!	Goddag! [goh däh]
Guten Abend!	God aften! [goh aften]
Hallo! Grüß dich!	Hallo!/Hej! Dav! [halloh/hei/dau]

Wie ist Ihr Name, bitte?	Undskyld, hvad er Deres navn? [onnsküll, wa är däres naun]
Mein Name ist ...	Mit navn er ... [mit naun är]
Wie geht es Ihnen?	Hvordan har De det? [wordann har die deh]
Danke. Und Ihnen/dir?	Godt tak. Hvad med Dem/dig? [gott tack. Wa med dämm/dei]
Auf Wiedersehen!	Farvel! [fahrwäll]
Bis morgen!	Vi ses i morgen! [wi sehs i morn]

Auskunft

links/rechts	venstre/højre [wänstre/heure]
geradeaus	lige ud [lie ud]
nah/weit	tæt/fjernt [tätt/fjärnt]
Bitte, wo ist ...?	Undskyld, hvor er ...? [onnsküll, wor är]
... der Hauptbahnhof	... hovedbanegården [hohwed-bähnegohren]
... die U-Bahn	... S-toget [äss-touet]
... der Flughafen	... lufthavnen [lofthaunen]
Wie weit ist das?	Hvor langt er der? [wor langt är der]

Tankstelle

Wo ist bitte die nächste Tankstelle?	Undskyld, hvor er den nærmeste tankstation? [onnsküll, wor är den närmeste tankstaschohn]
Ich möchte ... Liter ...	Jeg vil gerne have ... liter ... [jei will gärne häh ... liter]
... Normalbenzin	... oktan 93 [oktahn tre-ou-hallfämms]
... Super	... oktan 95/98 [oktähn fem-ou-hall-fämms/ohde-ou-hallfämms]
... Diesel	... diesel [diesel]
... bleifrei	... blyfri [blüfrie]
Volltanken, bitte.	Vær venlig at fylde helt op. [währ wännli att fülle hehlt opp]

Unfall/Panne

Hilfe!	Hjælp! [jälp]
Rufen Sie bitte schnell ...	Tilkald hurtigt ... [tillkall hurdit]
... einen Krankenwagen	... en ambulance [en ambulangse]
... die Polizei	... politiet [politiet]

... die Feuerwehr	... brandvæsenet [brannwähsnet]
Es war meine/Ihre Schuld.	Det var min/Deres skyld. [de var mien/dähres sküll]
Geben Sie mir bitte Ihren Namen und Ihre Anschrift.	Vær venlig at give mig Deres navn og adresse. [währ wännli att gie mei dähres naun ou adrässe]
Ich habe eine Panne.	Jeg har en skade på bilen. [jei hahr en skähde po bielen]
Würden Sie mir bitte einen Abschleppwagen schicken?	Vil De være venlig at sende mig en kranvogn? [will die währe wännli att sänne mei en krahnwoun]
Wo ist hier in der Nähe eine Werkstatt?	Hvor er der et værksted? [wor är der et wärksted]

Arzt

Können Sie mir einen guten Arzt empfehlen?	Kan De anbefale mig en god læge? [kann die anbefähle mei en goh lähje]
Ich habe hier Schmerzen.	Jeg har ondt her. [jei hahr onnt her]

Einkaufen

Wo finde ich ...?	Hvor finder jeg ...? [wor finner jei]
... eine Apotheke	... et apotek [et apotek]
... eine Bäckerei	... et bageri [et bäjeri]
... Fotoartikel	... fotoartikel [fotoartikel]
... ein Kaufhaus	... et varehus [et wahrehuhs]
... ein Lebensmittelgeschäft	... en købmand [en köbmann]
... einen Markt	... torret [torwet]

Bank

Wo ist hier bitte ...	Undskyld, hvor er der ... [onnsküll, wor är der]
... eine Bank?	... en bank? [en bank]
... eine Wechselstube?	... et vekselkontor? [et wäkselkontohr]
Ich möchte ... Euro (Franken) in Kronen umwechseln.	Jeg vil gerne veksle Euro (schweizerfrancs) til kroner. [jei will gärne wäksle euro (schweizerfrancs) till kroner]

Post

Was kostet ...	Hvad koster ... [wa koster]
... ein Brief ...	... et brev ... [et brew]
... eine Postkarte ...	... et postkort ... [et postkort]
... nach Deutschland?	... til Tyskland? [till tüsklann]

Essen/Unterhaltung

Wo gibt es hier ...	Hvor er der ... [wor är der]
... ein gutes Restaurant?	... en god restaurant? [en goh resdaurang]
... eine gemütliche Kneipe?	... et hyggeligt værtshus? [är der et hüggelit wärtshus]
Reservieren Sie uns bitte für heute Abend einen Tisch für 4 Personen.	Vil De være venlig at reservere et bord til i aften til fire personer. [will die währe wännli att reserwehre et bohr till i afften till fier personer]
Auf Ihr Wohl!	Skål! [skohl]
Bezahlen, bitte.	Jeg vil gerne betale. [jei will gärne betähle]
Wo kann man hier tanzen gehen?	Hvor kan man gå hen at danse? [wor kann mann goh hänn att danse]

Übernachten

Können Sie mir bitte ... empfehlen?	Kunne De anbefale mig ... [kunne die anbefähle mei]
... ein gutes Hotel	... et godt hotel? [et gott hotel]
... eine Pension	... en pension? [en pangschon]
Ich habe bei Ihnen ein Zimmer reserviert.	Jeg har reserveret et værelse her. [jei hahr reserveret et währelse her]
Haben Sie noch ein Zimmer frei?	Har De ledige værelser? [hahr die ledige währelser]
... ein Einzelzimmer	... et enkeltværelse [et enkeltwährelse]
... ein Doppelzimmer	... et dobbeltværelse [et dobbeltwährelse]
... mit Dusche/Bad	... med brusebad/bad [med bruhsebad/bad]
... für eine Nacht	... for en nat [for en natt]
... für eine Woche	... for en uge [for en uhe]
Was kostet das Zimmer mit ...	Hvad kostet værelset med ... [wa koster währelset med]
... Frühstück?	... morgenmad? [mornmäd]

Spisekort (Speisekarte)

morgenmad	**Frühstück**
sort kaffe [sort kaffe]	schwarzer Kaffee
kaffe med mælk [kaffe med mälk]	Kaffee mit Milch
koffeinfri kaffe [koffeinfri kaffe]	koffeinfreier Kaffee
te med mælk/citron [teh med mälk/sitrohn]	Tee mit Milch/Zitrone
urtete [urte-teh]	Kräutertee
chocolade [schokoläde]	Schokolade
frugtsaft [fruktsaft]	Fruchtsaft
et blødkogt æg [ett blökokt äg]	ein weiches Ei
røræg [röhr-äg]	Rühreier
bacon og æg [bäkon ou äg]	Eier mit Speck
brød/rundstykker/ristet brød [bröd/ronnstöckär/ ristet bröd/horn]	Brot/Brötchen/Toast
horn	Hörnchen
smør [smöhr]	Butter
ost [ost]	Käse
pølse [pölse]	Wurst
skinke [skinke]	Schinken
honning [honning]	Honig
marmelade [marmeläde]	Marmelade
mysli [müsli]	Müsli
yoghurt [joghurt]	Joghurt
frukt [frukt]	Obst
suppen	**Suppen**
ærtesuppe [ärtesobbe]	Erbsensuppe
kærnemælksuppe [kärnemälksobbe]	Buttermilchsuppe
øllebrød [öllebröd]	Bier-Brot-Suppe
forretter	**Vorspeisen**
butterdejspostej [budderdeis-postei]	Blätterteigpastete
fiskesalat [fiskesaläht]	Fischsalat
forskellige forretter [forskällije forrätter]	Diverse Vorspeisen
hønsesalat [hönsesaläht]	Geflügelsalat
kold steg [koll stei]	Kalter Braten
leverpostej [lewerpostei]	Leberpastete
pålæg [polläg]	Aufschnitt

røget sild [reuet sill]	Bückling
sildeanretning [sille-anrättning]	Heringsplatte

fisk og skaldyr	**Fisch und Schalentiere**
ål [ohl]	Aal
blåmuslinger [blomusslinger]	Miesmuscheln
brisling [brisling]	Sprotte
fiskeboller [fiskeboller]	Fischklößchen
flynder [flünder]	Flunder
gedde [gedde]	Hecht
helleflynder [hälleflünder]	Heilbutt
klipfisk [klippfisk]	Stockfisch
nordsøhummer [nohrsöh-hummer]	Kaisergranat
ørred [örred]	Forelle
pighvar [piggwahr]	Steinbutt
rejer [reier]	Krabben, Garnelen
rødspætte [rödspätte]	Scholle
sandart [sandart]	Zander
sild [sill]	Hering
torsk [torsk]	Dorsch

kødretter	**Fleischgerichte**
bajerske pølser [beierske pölser]	Würstchen
bedekølle [behdekolle]	Hammelkeule
benløse fugle [behnlöse fuhle]	Rouladen
biksemad [bicksemäd]	Labskaus
engelsk bøf [engelsk böff]	Rumpsteak
flæskesteg [fläskestei]	Schweinebraten
frikadelle [frekadelle]	Frikadelle
kalveskank [kalweskank]	Kalbshaxe
kødboller [ködboller]	Fleischklößchen
lever [lehwer]	Leber
mørbrad [mörbra]	Schweinelende
nyrer [nühr]	Nieren
medisterpølse [medisterpölse]	Bratwurst
svinekotelet [swienekotelett]	Schweinekotelett

vildt og fjerkræ	**Wild und Geflügel**
agerhøne [äjerhöhne]	Rebhuhn
and [ann]	Ente
due [due]	Taube
gås [gohs]	Gans
hare [hahr]	Hase
hjort [johrt]	Hirsch
kalkun [kalkuhn]	Truthahn
kylling [külling]	(Brat-)Huhn/Hähnchen
rådyr [roddühr]	Reh
salater	**Salate**
agurkesalat [agurkesaläht]	Gurkensalat
blandet salat [blannet saläht]	Gemischter Salat
endiviesalat [endiviesaläht]	Endiviensalat
grøn salat [grönn saläht]	grüner Salat
italiensk salat [italiehnsk saläht]	Gemüsesalat
julesalat [juhlesaläht]	Schikoree
karrysalat [karrüsaläht]	Heringssalat mit Curry
smørrebrød [smörbröd]	bunt dekoriertes belegtes Brot
det kolde bord [deh kolle bohr]	Kaltes Buffet, bei dem es auch warme Gerichte gibt
grønsager	**Gemüse**
ærter [ärter]	Erbsen
blomkål [blommkohl]	Blumenkohl
brunede kartofler [bruhnede kartoffler]	glasierte Kartoffeln
gulerødder [gullerödder]	Möhren
kartoffelmos [kartoffelmohs]	Kartoffelbrei
pillekartofler [pillekartoffler]	Pellkartoffeln
(syltede) rødbeder [sültede röhbeder]	(eingelegte) Rote Bete
rødkål [rödkohl]	Rotkohl
rørhatte [röhrhätte]	Steinpilze
savojkål [saweukohl]	Wirsing
svampe [swampe]	Pilze
efterretter	**Dessert**
bondepige med slør [bonnepije med slöhr]	Apfelauflauf mit Schlagsahne [wörtlich: Bauernmädchen mit Schleier]

citronfromage [sitrohnfromähsche]	Zitronencreme
frugtsalat [fruktsaläht]	Obstsalat
is [ies]	Eis
jordbæris [johrbähries]	Erdbeereis
piskefløde [piskeflöhde]	Schlagsahne
rødgrød (med fløde) [rödgröd med flöhde]	Rote Grütze (mit Sahne)
æblegrød [äblegröd]	Apfelmus
boller [boller]	süße Brötchen
kanelkrans [känelkrans]	Zimtkuchen
kransekage [kransekäje]	Mandelhörnchen
kvarkkage [kwark-käje]	Käsekuchen
lagkage [laukäje]	Sahnetorte
napoleonskage [näpoleonskäje]	Sahneschnitte
roulade [rohlähde]	Biskuitrolle
småkager [smo-käjer]	Teegebäck, Kekse
wienerbrød [wienerbröd]	Kopenhagener Plundergebäck

Vinkort (Getränkekarte)

alkoholfrie drikke	**Alkoholfreie Getränke**
kaffe [kaffe]	Kaffee
te (med citron) [teh med sitrohn]	Schwarztee (mit Zitrone)
æblemost [äblemost]	Apfelsaft
mineralvand [minerahlwann]	Mineralwasser
juice [djuhs]	Fruchtsaft
mælk [mälk]	Milch
chokolade [schokoläde]	Schokolade
kakao [kakäo]	Kakao
appelsinjuice [abbelsiehn-djuhs]	Orangensaft
appelsinvand [abbelsiehn-wann]	Orangenlimonade

alkoholiske drikke	**Alkoholische Getränke**
øl [öl]	Bier
fadøl [fad-öl]	Fassbier
brændevin [brännewien]	Branntwein
snaps [snaps]	Aquavit
vin [wien]	Wein
hvidvin [widwien]	Weißwein
rødvin [rödwien]	Rotwein
hedvin [hedwien]	Dessertwein

Toiletten

Kopenhagens öffentliche Toiletten präsentieren sich von außen blau mit weißem Stadtwappen, drinnen meist blitzblank – und mit Wickeltisch versehen. Das Angebot für die Allerjüngsten gehört auch zum Standard der Toiletten in zahlreichen Restaurants, Museen und Kaufhäusern, im Magasin du Nord gibt es sogar einen Stillraum.

Verkehr

Autofahren Die dänischen Autobahnen (Motorvej) und die nummerierten Hauptstraßen (Hovedvej) sind in gutem Zustand. Rund um Kopenhagen herrscht dichter Verkehr. Digitale Infotafeln geben Fahrzeiten in der City an. Maut wird nur an den Brücken über den Großen Belt und den Øresund erhoben. Wird man schuldhaft in einen Unfall verwickelt, wende man sich in Kopenhagen an den DFIM – Dansk Forening for International Motorkøretøjsforsikring (www.dfim.dk). Beim Benzin werden in Dänemark statt der Namen die Oktanzahlen des jeweiligen Kraftstoffs angegeben. Normal Bleifrei entspricht 92 Oktan (Blyfri 92), Super 95 Oktan, Super-Plus 98 Oktan.

Verkehrsregeln Es besteht **Gurtpflicht** auf allen Sitzen! Kinder unter drei Jahren müssen in einem anerkannten Kindersitz auf dem Beifahrersitz sein, Motorradfahrer einen **Schutzhelm** tragen. In Dänemark ist es vorgeschrieben, ein Warndreieck mit sich zu führen. Autos und Motorräder müssen rund um die Uhr mit **Abblendlicht** fahren! Andernfalls ist mit einer Geldstrafe zu rechnen. Das Telefonieren mit dem Handy während der Fahrt ist verboten. Die Höchstgrenze für den Blutalkoholgehalt liegt bei **0,5 Promille**.

Die meisten Verkehrsschilder entsprechen internationalem Standard. An Straßeneinmündungen bedeuten weiße Dreiecke (Haifischzähne) auf der Fahrbahn »Vorfahrt gewähren«. Kreisverkehr hat Vorfahrt. Innerorts beträgt die **Höchstgeschwindigkeit** 50 km/h, auf Land- und Schnellstraßen 80 km/h, auf Autobahnen 130 km/h, um Großstädte herum 110 km/h und für Pkw mit Anhänger 70 km/h. Vorsicht: Es gibt viele Geschwindigkeitskontrollen – selbst geringe Verstöße werden mit hohen Geldstrafen vor Ort geahndet. Lassen Sie das Auto am besten stehen – Kopenhagen kann man wunderbar zu Fuß erkunden. Die City ist in drei **Parkzonen** (blau, rot, grün) eingeteilt – je weiter vom Zentrum entfernt, desto günstiger wird der Stellplatz. Parkscheine gibt es mit Münzen aus den Automaten. Die Strafen für Falschparker sind hoch, in vielen Fällen lässt die Polizei das Fahrzeug auch abschleppen (www.parkering.dk).

MIETWAGEN

Avis
Flughafen: Tel. 70 24 77 04
Kampmannsgade 1, Tel. 70 24 77 07
in Deutschland:
Tel. *018 05 21 77 02
www.avis.de

Europcar
Flughafen, Tel. 45 32 50 30 90
Gammel Kongevej 13, Tel. 33 55 99 00
in Deutschland:
Tel. *01805 80 00
www.europcar.de

Sixt
Flughafen: Tel. 45 32 48 11 00
Vester Farimagsgade 33, Tel. 32 48 11 00
in Deutschland: Tel. *018 05 23 22 22
www.e-sixt.de

ÖFFENTLICHE VERKEHRSMITTEL

Metro Kundenzentrum:
Tel. 70 15 16 15, www.m.dk
DSB S-Bahn: Tel. 70 13 14 15
www.dsb.dk/s-tog
Copenhagen Water Taxi (Flyvefisk)
Tel. 32 96 49 64
www.copenhagenwatertaxi.com

S-Bahn und Metro

Das S-Bahn-Netz ist sehr dicht, die Metro im Ausbau. Die wichtigsten Plätze in der Innenstadt sind bis 2018 Baustellen – Kopenhagen will bis dahin den **Cityring der U-Bahn** mit 17 Stationen fertigstellen (www.metrocityring.dk). Am Kongens Nytorv und in Frederiksberg werden die neuen Linien M3 (blau) und M 4 (orange) die bestehende M1 und M2 schneiden. Durch den Cityring erhält auch der Hauptbahnhof Anschluss ans U-Bahn-Netz. Kopenhagens Flughafen ist mit der computergesteuerten Metro in 15 Minuten erreichbar (►S. 265). Die wichtigsten touristischen Ziele liegen fast alle in den Zonen 1-2. Ein Zweizonenticket kostet 24 DKK, Sparfüchse kaufen ein Zehnerheft mit Zweizonentickets für 145 DKK.

►Metroplan s. hintere Umschlagklappe

Stadt- und Hafenbusse

Die emissionsfreien Elektro-Busse der Linie 11A fahren alle 7 Min. auf einer Ringlinie durch die Innenstadt. Am Nyhavn besteht Umsteigemöglichkeit auf die **Hafenbusse**. Die Linien 901, 902 und 903 pendeln zwischen Nordre Toldbod, Oper und der Kongelige Bibliotek. Linie 904 schippert ab Nyhavn in 30 Minuten bis zum südlichen Hafenende bei Teglholmen – ein **Sightseeing-Törn** der Extraklasse!

Fahrrad

►S. 107 und ►Baedeker Wissen S. 108

Zeit

In Dänemark gilt die Mitteleuropäische Zeit (MEZ), für die Sommermonate von Ende März bis Ende Oktober die europaweite Sommerzeit (MEZ + 1 Std.)

Register

D

I

J

K

BAEDEKER WISSEN

atmosfair

Reisen verbindet Menschen und Kulturen. Doch wer reist, erzeugt auch CO_2. Der Flugverkehr trägt mit bis zu 10% zur globalen Erwärmung bei. Wer das Klima schützen will, sollte sich nach Möglichkeit für die schonendere Reiseform entscheiden (wie z.B. die Bahn). Gibt es keine Alternative zum Fliegen, kann man mit atmosfair klimafördernde Projekte unterstützen.

nachdenken • klimabewusst reisen
atmosfair

atmosfair ist eine gemeinnützige Klimaschutzorganisation unter der Schirmherrschaft von Klaus Töpfer. Flugpassagiere spenden einen kilometerabhängigen Betrag und finanzieren damit Projekte in Entwicklungsländern, die den Ausstoß von Klimagasen verringern helfen. Dazu berechnet man mit dem Emissionsrechner auf **www.atmosfair.de** wieviel CO_2 der Flug produziert und was es kostet, eine vergleichbare Menge Klimagase einzusparen (z. B. Berlin – London – Berlin 13 €).

atmosfair garantiert die sorgfältige Verwendung Ihres Beitrags. Alle Informationen dazu auf www.atmosfair.de. Auch der Karl Baedeker Verlag fliegt mit atmosfair.

Verzeichnis der Karten und Grafiken

Bildnachweis

Admiral Hotel S. U3 unten, 72, 121
AKG S. 89, 210
Baedeker Archiv S. 38, 40, 145 rechts, 235
Bilderberg/F.J. Alcoceba S. 237 rechts unten, 238
Bilderberg/Frieder Blockle S. 79
Bilderberg/H.-J. Ellerbrock S. 12
Bilderberg/J. Modrak S. 6, 14
Cheap Monday S. 101
DuMont Bildarchiv /Holger Leue S. 3 links unten, 5 links Mitte, 64, 115, 139, 166, 171, 220, 227
Fotolia/A. Lein S. 61 oben
Fotolia/Picture Factory S. 21
Fotolia/Christian Schwier S. 60
Geranium S. 58
Gettyimages/Jon Arnold S. 13
Gettyimages/Anders Blomquist S. 146, 251
Gettyimages/Altrendo Panoramic S. 25
Gettyimages /Frank Seifert S. 22
Hotel Scandic Palace S. 122
Hotel Scandic Webers S. 124
Huber Bildagentur S. 2 rechts oben, 4 rechts oben, 180, 204
Huber/Gräfenhaln S. 2 rechts unten, 193
Huber/Spiegelhalter S. 145 links
Hans Joachim Kürtz S. 5 rechts oben, 111, 152, 162
laif/Glaescher S. 196
Udo Haafke S. 237 links oben
Mauritius Images S. 10, 207
Peter Mross S. 49, 128, 165, 222
picture-alliance S. U4, 151, 229 links Mitte, rechts unten und rechts oben, 244
picture-alliance/dpa-Fotoreport S. 34, 41
picture-alliance/POLFOTO/Ehrbahn Jacob S. 63
Dr. Madeleine Reincke S. U3 oben, 1, 2 links unten, 3 links oben, 5 rechts unten, 7, 8, 9, 20 (2 x), 26, 29, 37, 43, 44, 57, 76, 80, 84, 87, 90, 93, 97, 98, 102, 105, 112, 125, 126, 140, 147, 158, 172, 183, 185, 186, 190, 199, 203, 208, 211, 215, 216 (3 x), 218, 224, 225, 228, 229 links oben, links unten und rechts Mitte, 230, 237 rechts oben, oben Mitte und rechts Mitte, 247, 250, 260, 262, 273, U8
Royal Smushi Café S. 75
VisitCopenhagen/Karriere-Bar S. 256
VisitCopenhagen/Jens Markus Lindhe S. 54
VisitDenmark S. 61 unten
VisitDenmark/I. Cyranek S. 83
VisitDenmark/C. van Roeden S. 156, 169
VisitDenmark/Jørgen Schytte S. 132
VisitDenmark/Ukendt S. 4 links, 242
Wonderful Copenhagen S. 46, 71, 106, 116
Wonderful Copenhagen/Christian Alsing S. 19, 239, 249
Wonderful Copenhagen/C. Bacling Schmit S. 52
Wonderful Copenhagen/Morten Bjarnhof U7
Wonderful Copenhagen/Fritz Hansen S. 30

Titelbild: GlowImages/ImageBroker/NielsDK

Impressum

Ausstattung:
131 Abbildungen, 24 Karten
und grafische Darstellungen,
eine große Reisekarte
Text:
Dr. Madeleine Reincke
und Hilke Maunder
Bearbeitung:
Baedeker-Redaktion
(Dr. Madeleine Reincke)
Kartografie:
Franz Huber, München
MAIRDUMONT Ostfildern (Reisekarte)
3D-Illustrationen:
jangled nerves, Stuttgart
Infografiken:
Golden Section Graphics GmbH, Berlin
Gestalterisches Konzept:
independent Medien-Design, München
Chefredaktion:
Rainer Eisenschmid, Baedeker Ostfildern

12. Auflage 2014
Völlig überarbeitet und neu gestaltet

Printed in China

Trotz aller Sorgfalt von Redaktion und Autoren zeigt die Erfahrung, dass Fehler und Änderungen nach Drucklegung nicht ausgeschlossen werden können. Dafür kann der Verlag leider keine Haftung übernehmen.
Kritik, Berichtigungen und Verbesserungsvorschläge sind jederzeit willkommen. Schreiben Sie uns, mailen Sie oder rufen Sie an:

Verlag Karl Baedeker / Redaktion
Postfach 3162
D-73751 Ostfildern
Tel. 0711 4502-262
info@baedeker.com
www.baedeker.com

FSC®
www.fsc.org
MIX
Papier aus verantwortungsvollen Quellen
FSC® C017606

Die Erfindung des Reiseführers

Als **Karl Baedeker** (1801 – 1859) am 1. Juli 1827 in Koblenz seine Verlagsbuchhandlung gründete, hatte er sich kaum träumen lassen, dass sein Name und seine roten Bücher einmal weltweit zum Synonym für Reiseführer werden sollten.

Das erste von ihm verlegte Reisebuch, die 1832 erschienene **Rheinreise,** hatte er noch nicht einmal selbst geschrieben. Aber er entwickelte es von Auflage zu Auflage weiter. Mit der Einteilung in die Kapitel »Allgemein Wissenswertes«, »Praktisches« und »Beschreibung der Merk-(Sehens-)würdigkeiten« fand er die klassische Gliederung des modernen Reiseführers, die bis heute ihre Gültigkeit hat. Der Erfolg war überwältigend: Bis zu seinem Tod erreichten die zwölf von ihm verfassten Titel 74 Auflagen! Seine Söhne und Enkel setzten bis zum Zweiten Weltkrieg sein Werk mit insgesamt 70 Titeln in 500 Auflagen fort.

Bis heute versteht der Karl Baedeker Verlag seine große Tradition vor allem als eine Kette von Innovationen: Waren es in der frühen Zeit u. a. die Einführung von Stadtplänen in Lexikonqualität und die Verpflichtung namhafter Wissenschaftler als Autoren, folgte in den 1970ern der erste vierfarbige Reiseführer mit professioneller Extrakarte. Seit 2005 stattet Baedeker seine Bücher mit ausklappbaren 3D-Darstellungen aus. Die neue Generation enthält als erster Reiseführer Infografiken, die (Reise-)Wissen intelligent aufbereiten und Lust auf Entdeckungen machen.

In seiner Zeit, in der es an verlässlichem Wissen für unterwegs fehlte, war Karl Baedeker der Erste, der solche Informationen überhaupt lieferte. In der heutigen Zeit filtern unsere Reiseführer aus dem Überfluss an Informationen heraus, was man für eine Reise wissen muss, auf der man etwas erleben und an die man gerne zurückdenken will. Und damals wie heute gilt für Baedeker: Wissen öffnet Welten.

Baedeker Verlagsprogramm

- Ägypten
- Algarve
- Allgäu
- Amsterdam
- Andalusien
- Argentinien
- Athen
- Australien
- Australien • Osten
- Bali
- Baltikum
- Barcelona
- Bayerischer Wald
- Belgien
- Berlin • Potsdam
- Bodensee
- Brasilien
- Bretagne

- Brüssel
- Budapest
- Bulgarien
- Burgund
- China
- Costa Blanca
- Costa Brava
- Dänemark
- Deutsche Nordseeküste
- Deutschland
- Deutschland • Osten
- Djerba • Südtunesien
- Dominik. Republik
- Dresden
- Dubai • VAE
- Elba
- Elsass • Vogesen
- Finnland
- Florenz
- Florida
- Franken
- Frankfurt am Main
- Frankreich
- Frankreich • Norden
- Fuerteventura
- Gardasee
- Golf von Neapel
- Gomera
- Gran Canaria
- Griechenland
- Griechische Inseln
- Großbritannien
- Hamburg
- Harz
- Hongkong • Macao
- Indien
- Irland
- Island
- Israel
- Istanbul
- Istrien • Kvarner Bucht
- Italien
- Italien • Norden
- Italien • Süden
- Italienische Adria
- Italienische Riviera
- Japan
- Jordanien
- Kalifornien
- Kanada • Osten
- Kanada • Westen
- Kanalinseln
- Kapstadt • Garden Route
- Kenia
- Köln
- Kopenhagen
- Korfu • Ionische Inseln
- Korsika
- Kos
- Kreta
- Kroatische Adriaküste • Dalmatien
- Kuba
- La Palma
- Lanzarote
- Leipzig • Halle
- Lissabon
- Loire
- London
- Madeira
- Madrid
- Malediven
- Mallorca
- Malta • Gozo • Comino
- Marokko

- Mecklenburg-Vorpommern
- Menorca

- Mexiko
- Moskau
- München
- Namibia

- Neuseeland
- New York
- Niederlande
- Norwegen
- Oberbayern
- Oberital. Seen • Lombardei • Mailand
- Österreich
- Paris
- Peking
- Piemont
- Polen
- Polnische Ostseeküste • Danzig • Masuren
- Portugal
- Prag
- Provence • Côte d'Azur
- Rhodos
- Rom
- Rügen • Hiddensee
- Ruhrgebiet
- Rumänien
- Russland (Europäischer Teil)
- Sachsen
- Salzburger Land
- St. Petersburg
- Sardinien
- Schottland
- Schwarzwald
- Schweden
- Schweiz
- Sizilien
- Skandinavien
- Slowenien
- Spanien
- Spanien • Norden • Jakobsweg
- Sri Lanka
- Stuttgart
- Südafrika
- Südengland
- Südschweden • Stockholm
- Südtirol
- Sylt
- Teneriffa
- Tessin
- Thailand
- Thüringen
- Toskana
- Tschechien
- Tunesien
- Türkei
- Türkische Mittelmeerküste
- Umbrien
- USA

- USA • Nordosten
- USA • Nordwesten
- USA • Südwesten
- Usedom
- Venedig
- Vietnam
- Weimar
- Wien
- Zürich
- Zypern

BAEDEKER ENGLISH

- Berlin
- Vienna

Viele Baedeker-Titel sind als E-Book erhältlich: shop.baedeker.com

Kurioses Kopenhagen

Kopenhagen bietet seinen Besuchern nicht nur königliche Residenzen, Europas längste Einkaufsmeile und den ältesten Vergnügungspark der Welt, sondern auch Erstaunliches und manch seltsame Blüten.

►Zu langweilig ...

... fand Christian IV. den just von Hans Steenwickel fertiggestellten Bau der Børsen. Ein Hingucker musste her! Doch damit beauftragte der Monarch nicht seinen Hofarchitekten, sondern den Meister der höfischen Feuerwerke. Was jener ersann? Einen Drachenturm, der zu einem Wahrzeichen der Hauptstadt wurde.

►Ei oder Schwan?

Dänisches Design ist weltberühmt, nimmt gerne die Natur zum Vorbild – und sorgt schon mit den Namen der Entwürfe für gute Laune. Nicht überzeugt? Dann setzten Sie sich doch einmal aufs »Ei«, die »Ameise« oder den »Schwan« – diese Sessel sind Verkaufsschlager! Ihr Designer: Stararchitekt Arne Jacobsen..

►Tierfreier Zoo

Keine Tiere, sondern handgefertigte Unikate, die garantiert nicht von der Stange kommen, gibt's im Designerzoo – einer Fabriketage in Vesterbro, wo acht Kunsthandwerker auf 800 Quadratmetern von Ort ihre Designerstücke herstellen.

►Gemaltes Geld

Kunst = Kapital postulierte Joseph Beuys, Kunst = Geld sagt Lars Kræmmer. Seine Währung: Art Money – von Künstlern gestaltete, 12 x 18 cm große Unikate, die er über seine Bank of International Art Money zum Einheitspreis von 27 Euro verkauft – unter http://artmoney.org, in seinem Showroom im Thurøvej 3, im Outlet am Runden Turm und im Ibsen-Hotel.

►Hafenhexe

Kopenhagens Wahrzeichen hat eine Schwester unter Wasser: Zur Lille Havfrue hat sich die Havhexen gesellt, ein 200 m langes, künstliches Riff für Taucher, von Lene Jensen und Gitte Bjørn aus großen Granitblöcken und feinem Geröll im Øresund in der Gestalt einer Meereshexe gestaltet.

►Skål!

Es begann mit einer Flasche Tuborg. Heute steuern selbst Besucher Unikate für die Sammlung bei: Mit 20 000 Bierflaschen ist die Carlsberg-Kollektion die größte der Welt. Jährlich kommen 300 Exemplare hinzu. Das Guinness-Buch der Rekorde meint dazu: Weltrekord. Zu sehen ist die eindrucksvolle Sammlung im Besucherzentrum der Brauerei.